捂紧口袋防诈骗

冯敏飞　著

中国青年出版社

图书在版编目（CIP）数据

捂紧口袋防诈骗 / 冯敏飞著.—北京：中国青年出版社，2009.5

ISBN 978-7-5006-8773-3

I.捂… II.冯… III.金融－诈骗－通俗读物 IV.D914.04

中国版本图书馆 CIP 数据核字(2009)第 077539 号

书　　名：捂紧口袋防诈骗
丛 书 名：薪青年经济危机理财指导书
作　　者：冯敏飞
责任编辑：庄　庸
特约编辑：叶　子
装帧设计：高永来
出版发行：中国青年出版社
社　　址：北京东四十二条 21 号
邮　　编：100708
网　　址：www.cyp.com.cn
门市部电话：(010)84039659
印　　刷：三河市君旺印装厂
经　　销：新华书店

开　　本：700 × 1000　1/16
印　　张：22.5
插　　页：1
字　　数：300 千字
版　　次：2009 年 9 月北京第 1 版 2009 年 9 月河北第 1 次印刷
印　　数：1-10,000 册
书　　号：ISBN 978-7-5006-8773-3
定　　价：35.00 元

目录

第四章 银行卡诈骗 [125]

第五章 借贷诈骗 [173]

序

防金钱诈骗要用“心”

陈彩虹

你有多少种形式的钱，你有多少种使用钱的方式，就有多少种诈骗钱的行径——每种形式或每种方式都会有相伴随的诈骗发生。

给他人作品写序之事，我很少为之。一则名气不够，不足以让作者“沾光”，有请为之者大多推拒；二则性格直率多于委婉，于自己信仰、理念或知识结构所不认同的书稿，多有抵触，拟序也就不知如何落笔，更不知如何成章。接敏飞先生新作的作序之邀，我没有任何的推辞，欣然命笔。作品的资料丰富至极，写作的方式轻松畅达，文字功夫又十分到位，尤其是所及之事、之理颇具社会生活价值，无需“名序”增加光彩；加上本人对发生在当今社会生活中的诈骗行为深恶痛绝，还不时听得并亲自处理过发生在“银行门口”的许多金钱诈骗事项，给“防诈骗”之作写个序，要说的竟是许多，当然乐于为之。

钱是货币的俗称。当钱作为社会财富的一般代表时，诈骗金钱的行为也就相伴随出现了，“骗钱”不过是“谋财”的别名而已。从今天的社会生活来看，钱的本质应当说并没有多么明显的变化，它还是社会财富的一般代表，但钱的形式却是花样翻新、千姿百态的——既有实物形式的（如黄金），又有纸制形式的（如纸币），还有数字形式的（如银行存款、储蓄卡），等等。使用钱的方式也是日新月异，用现金，开支票，电话交费，网络付款，等等，多多是也。钱的形式和使用钱的方式越是多样化，诈骗的方式也相应地多样化起来，好像这个世界只有正面的发展，没有反面的陪衬就不成其为世界一样，你有多少种形式的钱，你有多少种使用钱的方式，就有多少种诈骗钱的行径——每种形式或每种方式都会有相伴随的诈骗发生。如果说，在一个社会里，金钱的诈骗超过金钱的正常使用，这个社会是不可能进步的。经济学告诉我们，只有诈骗的社会，只会使已有的社会财富在不同的人之间进行再分配，并逐渐被消费掉，社会新的财富生产不出来或很少生产出来，由于对付过多的诈骗还要大大增加社会财富的耗费，社会进步当然无从谈起。

因此，每个正常发展的社会都有对付金钱诈骗的法律制度、管理组织体系，当然也少不得对社会大众的道德教化。所有这些，都是试图约束人们的行为，从严厉的惩罚威慑到择善为人的人性反省，减少人群中从事诈骗者的比重，造就社会正常发展的环境。这是一个社会宏观上对付诈骗的办法。对于具体的个人、家庭而言，现代社会中金钱诈骗的不可消除性，仅仅由宏观办法并不足以保障人们不受到被骗的困扰，即使事后会有法律对行骗者严惩，被骗的损失终究是不可完全挽回的，被骗的心理伤痕更是难以弥合的。如何在社会生活中有关金钱的事项上不被诈骗？这就是敏飞这部作品的用意所在。它主要从个人的角度，微观地提供了防止金钱诈骗的一些思考，并具体提供了一些“高招”，大有与我们这个社会宏观上防止诈骗的方法形成结合之势的意图，其社会价值是巨大的。更何况这种防止金钱诈骗思考的缜密与“高招”的丰富！

防金钱诈骗要有警惕意识。骗子实施骗术是用“心”的，他们通常会给自己好好地包装起来。一经包装，人模狗样，识破就会有困难。更要命的是，一些骗子不要包装就很能迷惑人。敏飞在书中列出了许多种类型的骗子，他们或是美丽，或是先进，或是可亲，或是可信，就是不像骗子。常人没有警惕，容易上当受骗。不过，骗子既然是冲着金钱来的，目的非常明确，也就不会不露出马脚的，时刻保有一种警惕意识，是防止受骗的关键。

防金钱诈骗要有知识。钱的形式的多样化，使用钱的方式的多样化，掌握一些关于它们的基本知识，是防止受骗的重要基础。人总是会受一些诱惑的吸引，在现代市场经济社会中，金钱的诱惑、获利的诱惑是很大的，社会可以也有必要教育人们不要过于被诱惑左右。但人人都完全地拒绝这样的诱惑，市场经济也就不成其为市场经济了。这也就是金钱诈骗活动能够有市场的最基本环境。如何在谋取合理的市场利益中，不受骗，掌握关于金钱形式和使用金钱方式的基本知识，必不可少。敏飞在书中介绍了各种形式金钱的知识和使用钱的知识，由于文字朴实、好读易懂、贴近生活经验，并不需要花费读者多么大的精力和时间，是防止受骗非常值得的“时间投资”。

防金钱诈骗更要有智慧。什么是智慧？智慧就是生活的高超技巧或艺术。防止诈骗的智慧是从警惕意识和知识准备中升华出来的，更是从现实生活的经验中总结出来的。敏飞在书中提供的智慧，并未明确分类地写在某章某篇中，却贯穿于全书的各个故事和细节里，贯穿于警惕的提示和知识的介绍里。相信每一位细心的读者都能体会到这样的智慧。

敏飞的这本书是一部体系相当完备的防止金钱诈骗的读物，也是一本体系相对完备的防止金钱诈骗的手册。敏飞用他的“心”，广泛地搜集资料，精心地打造，奉献给了社会一份特殊财富。他要告诉大家最核心的意思是，唯有用“心”防诈骗，用警惕、用知识、更用智慧，防诈方可成功，这正如敏飞自己用“心”写作此书必定取得相当的成功一样。

书写得很翔实，却不可能包括一切的骗术和防骗之术。你用心在防诈，骗子们也在用心制骗。因此，这本书更要引动大家之“心”的，是催生一种持久的意识，在市场经济社会时，在强调与人为善的交往中，莫忘记还有诈骗金钱的骗子们。毕竟，钱仍然还是社会财富的一般代表。

（本文作者系中国金融学会理事、中国投资学会常务理事、北京师范大学等兼职教授、中国建设银行董事会秘书）

引　言

一眼看穿金钱骗子

一、曾以为坏人都丑陋

我父亲是个小知识分子，但生不逢时，一个错案一错就几十年。第一次见父亲，那是个倾盆大雨下得昏天暗地的白天，他刑满释放从大门外进家来，挑着被子之类，又戴副眼镜，把我吓得直往妈怀里躲……

当时我老家那个小镇，戴眼镜的屈指可数。乡亲们似乎反感眼镜，有些人叫我父亲“四眼狗”，有的会藏起他的眼镜捉弄他。

更重要的背景是当时的电影，我发现戴眼镜的总是坏人。那些美帝国主义、日本鬼子、国民党军官、苏修坏蛋、地富反坏右分子之类，一个个总是尖嘴猴腮，衣服扣不好帽子也戴歪，端着枪还驼着背，一点光彩没有。相反，凡是好人都长得仪表堂堂（女人有些例外，漂亮的都是美女蛇，妖里妖气），挺胸昂首，言语洪亮……

正是在这种文化氛围中，我曾长期以为父亲是坏人——叩请他在天之灵饶恕我，以为只有坏人才“破相”（天生长不好、猥琐甚至包括戴眼镜、拄拐杖之类），而冠冕堂皇的一定是好人。直到改革开放后，各方各面开始逐步恢复正常，我年龄也大些，这才逐渐发现以貌取人是件挺危险的事。陈佩斯和朱时茂是一对优秀的老搭档。有回演汉奸和八路，自然是陈佩斯演前者，朱时茂演后者，可是一换衣服，角色换过来，也惟妙惟肖。这自然是笑话。跟“样板戏”不同的是，小品只为博人一笑，并没有要求把它当学习教材。

记得有回在街上，看到刑车上押个眉清目秀的小伙子，我的心强烈地颤抖起来：这么清楚的人怎么会犯死罪？这种情形，常可以从电视新闻中看到。网上有帖说，长沙运钞车抢劫杀人案首犯张某，血债累累，人称“杀人魔王”，在他落网后竟然还有女郎公然表示爱他。美国“9·11”事件发生后，本·拉登像瘟神一样令人唯恐避之不及，而某国却有位女郎到大使馆闹着要嫁给他做他第八第九个妻子，如果他被处死那么通过人工授精怀上他的孩子也好。外貌与品质，实如河水与井水。看多了警匪新闻，我们走在大街上更加困惑：什么样的人是坏人？

也有另一种情况，这就是看到一些伟大人物的老照片并非帅哥靓妹，则又会想：这么“土”的人怎么会才华横溢，那么崇高？

还是马克思一句话让我警醒。他在评论路易·波拿巴政变这一段历史的时候写道：

像法国人那样说他们的民族遭受了偷袭，那是不够的。民族和妇女一样，即使有片刻疏忽而让随便一个冒险者能加以强奸，也是不可宽恕的。这样的言谈并没有揭穿哑谜，而只能是把它换了一个说法罢了。还应当说明，为什么三千六百万人的民族竟会被三个衣冠楚楚的骗子弄得措手不及而毫无抵抗地做了俘虏呢。

（《马克思恩格斯选集》，第一卷，第608页）

读这段话的时候，我正思考“文化大革命”这一段刚过去不久的历史。我思索的问题是：为什么我们十几亿人的民族竟然会被四个衣冠楚楚的骗子弄得措手不及而毫无抵抗地做了俘虏呢？

从此，对政治方面“衣冠楚楚的骗子”，我常会旁观一两眼；而对金钱方面“衣冠楚楚的骗子”，则有着切肤之痛……

曾有个多年未见的老乡，同宗同族，论辈分我得叫他叔叔，说是在外做生意，手头很紧，突然来找我借500元钱周转。我说没钱，他以为我信不过他，便拿出一个1万元的存折连密码交给我，说是怕出外不安全（怕车匪路霸），请我先帮他借点，等他在外面联系好货后给我电话，帮他取钱电汇去。见他说得如此恳切，我便转请我上司借了钱给他。没想到，再也不见他的人影。等到不耐烦时，跑到银行一问才发现：这个化名的存折也是涂改过的（这存折上实际仅有1元钱，我当时不在银行部门工作，害我被当地农业银行的人调查了好几天）。那时500元是我好几个月的工资啊，幸好老天有眼让我阴错阳差中了个大奖1000元，及时还清了这笔冤枉债……我对这冤枉债仍耿耿于怀，便于1994年年底以此为素材创作了《信用卡》的小说，发表在1995年3月号《福建文学》杂志。这小说还得了个小奖，算是又得了点补偿。

对此事，我确实铭心刻骨，不然不会写这个小说。当然，写小说不能拘泥于亲历，加以大量的艺术虚构，希望读者关注这样一个问题：我们需要钱与钱之间的信用卡，更需要人与人之间的信任。

然而，几乎是在创作这个小说的同时，我又遭遇一次金钱方面“衣冠楚楚的骗子”。当时，我在县政府办公室工作。有位从沿海来的商人到我县某镇投资兴办养鳗场，说是资金差点，实际上也为给我们单位弄点福利，要我们个人集点资，一年后按很高的比例分红，而且由所在镇政府用一辆小车担保。办公室主任交由大家讨论。我们想：养鳗利润可观，这人来路可靠，何况有镇政府小车做担保——再怎么样这镇政府也没胆子吃他顶头上司啊！因此，我们纷纷集资。我手头很紧，还是借钱投资8000元。我们非常关心这个养鳗场的经营情况。记得我到这个镇下乡，主任还特地要我顺便到这个养鳗场看看。前几个月，确实正常。然而，鳗鱼的国际市场突然变化，这个养鳗场的老板亏不起，什么时候溜了都不知道。找了两三年找不到那老板，我们只好向法院起诉该镇政府，要求用抵押物赔偿。本来政府是不能做担保的，但当时这种情况较普遍，因此国务院要求已做担保的必须承担法律责任。可是，该镇政府的这辆小车并不只抵押给我们，同时还抵押给几个单位。将它拍卖，钱先赔给谁？按比例分，又没有几个钱。更现实的问题是，有位县领导还忠告说：逼着把人家唯一的一部小车拍卖，是不是太不近人情？好像还是我们理亏。就这样，我们赢了官司并没有赢回本钱。又拖一两年，将那养鳗场场地处理，收回了点钱，按比例瓜分，我得800元。不久，又分得500元。我平生这头一回“投资”，纯亏老本6700元。

这不久我调银行工作后，才知道这实际上就是所谓“非法集资”，法律不予保护，吃一个哑巴亏。

上一次受骗，换得一篇《信用卡》。那么，这一回受骗我能换得些什么呢？

我想换回千千万万的读者不再受骗！

防诈骗实用指南

- 别以貌取人。骗子特别会伪装，特别要用心去防“衣冠楚楚的骗子”。
- 别轻信人。我们需要钱与钱之间的信用卡，更需要人与人之间的信任，但别轻信人，否则熟人都可能骗倒你，这就是“杀熟”。
- 任何时候都别参与任何形式的“非法集资”。法律不予保护。

二、骗子看起来挺“可爱”

骗子分布太广，涉及社会生活的各个方面。早在一千年前，大文豪苏轼就大发感慨：“宠辱能几何，悲欢浩无垠。回视人间世，了无一事真。”（《用前韵再和孙志举》）在他眼里，骗子无所不在。

到四五百年前，研究骗子的人也开始多起来。明人张应俞以笔记小说的形式，写成《江湖奇闻杜骗新书》，揭露24种骗行与骗术，即：脱剥骗、丢包骗、换银骗、诈哄骗、伪交骗、牙行骗、引赌骗、露财骗、谋财骗、盗窃骗、强抢骗、在船骗、诗词骗、假银骗、衙役骗、婚娶骗、奸情骗、妇人骗、拐带骗、买学骗、僧道骗、炼丹骗、法术骗、引嫖骗。由此可见，对骗子还挺不便分类，但多数以钱财为目的。

从形式逻辑角度说，对金钱骗子分类挺困难。比如以骗术分类，那类型数不胜数，几乎无法穷尽。我想，官场骗子关键环节在于骗你选票（非民主国家另当别论），情场骗子关键在于骗你解带，金钱骗子关键则在于骗你掏钱。为此，本书分类与其他相关书不同，主要着眼于金钱的支付形式，比如用钱币支付、用外币支付、用存折（单）支付、用银行卡支付、用票据支付、用股票（基金）支付、用黄金支付等，着眼于把握最关键也是最后的关口。当然，涉及面非常广，包括发生在街头ATM机边、消费场所POS机边、交易谈判桌边，等等。

防诈骗实用指南

- 骗子无所不在，但多数以钱财为目的——牢记这点，捂紧口袋。
- 官场骗子关键环节在于骗你选票，情场骗子关键在于骗你解带，金钱骗子关键则在于骗你掏钱。
- 无论他怎么骗，把握住“掏”钱的关口——防诈骗，要着眼于把握最关键也是最后的关口，即金钱的支付。

那么，金钱骗子具体啥模样？

对不起，我无法给这类歹徒下个明确的定义，无法画个具体的脸谱，只能试着揭露以下几个特征：

1. 骗子挺“美丽”

骗子不仅不丑陋，相反往往一表人才，在异性看来还很诱人。马来西亚一鞋帽公司在福建晋江分公司业务员黄某某，冒充其老板打电话给陈埭镇的陈某，约定在晋江市中心的天华大酒店613号客房交易美钞。陈某提着30万元人民币到来，没等开口谈生意，黄某某便用铁锤将这个少妇击倒，将她那30万元装进自己的提包。

谋财害命后，黄某某逃亡，到安徽合肥歇脚。有天，他闲逛到一家健身中心，仍有艳遇。《生活·创造》杂志发表的通讯描述：“由于黄××既有一张明星脸又有一副健壮的体魄，加上有诱人的香港老板身份和出手大方的派头，使得健身中心那个芳龄二十、高挑个儿、大专院校毕业的舞蹈教练江×很快就被迷住了。江×对他柔情似水激情如火，而黄××生性风流，自然不会放过此等送来的艳福，没多长时间，两个人就同居了。就这样，黄××在合肥有了个既能避难又温馨浪漫的处所。”

2. 骗子挺“先进”

“衣冠楚楚”是个象征性说法，不仅指穿戴清楚，还包括有身份（或伪装）。湖北威格实业集团董事长兼总经理林某，《人民公安报》在报道中对他写有这样一句：“善良的人是很难将身高1.8米多、仪表堂堂的林××与狡诈罪犯联系在一起的。”这个骗子身上还有一大串耀眼的光环：先后被评为武汉市优秀青年、湖北省优秀青年、武汉市优秀企业家，被授予“全国优秀青年企业家”称号，威格集团也多次被评为省、市十佳企业。如此人物，在审判庭亮相之前，很可能出现在不少美女的春梦里！

武汉无业人员陈某，在地摊上私刻“深圳鸿发电脑实业公司湖北市场部”的公章，印制“2000年鸿发幸运卡”，收集6大本全国各地通讯名录，给北京、广东、四川、河北、新疆、黑龙江、深圳等地8万多名“幸运者”寄上“深圳鸿发公司500万元大奉献”的信函，说是把他们收到的卡刮开，如果是“868”的号码，只要向武汉市场部邮汇108元“奖品邮寄费”，即可收到一部价值3000元的电脑。为了让人们更轻易地相信，这骗子还计划印上“庆祝建国50周年”的字样，只因印刷量太大，时间来不及，才没印上。但他并不罢休，改为“喜迎澳门回归”的标签，还是披上一件“爱国者”的外衣。

3. 骗子挺“可亲”

金钱骗子与杀人越货者不同。凶手装也得装出一脸杀气，而骗子装也得装出一脸亲善。骗子最基本的技能是能说会道，甜言蜜语，简直能叫你认贼为父，骗你还能让你千恩万谢，以身相许，以命相报。

上海女骗子贾某，几乎每星期都到一家美容院做头发，每次都要花一两百元，另给50元到100元小费。这家美容院老板薛某是来自黑龙江的年轻姑娘，对贾某颇有好感。贾某经常嘘寒问暖，送饭送菜，陪她说话，照料她的生活。薛某生病住院，贾某到医院看望。贾某还说，她只有儿子没有女儿，要认薛某做干女儿。薛某感动不已。

薛某生日，贾某把她接过来，频频向她敬酒，祝她生日快乐。酒后耳热之时，贾某这才说："我以前一直是做外贸生意的，国外的订单很多。现在我在泰国的表哥要到上海来开一家公司，委托我做董事长。你做美容赚不了多少钱，又那么辛苦，不如把钱投到我的公司里，可以分百分之一百的红利。"看薛某有些犹豫，贾某又说："将来公司开张了，我安排你到公司上班，工作又轻松，薪水又高。你是我的干女儿我才挑你，要是别人我还不肯呢！"就这样，薛某将8万元存款交给贾某。交钱以后，贾某鬼影子都不见了。

4．骗子挺"可信"

骗子的看家本领就是作假，但他们仿佛施展魔法，往往能让你信誓旦旦，不思其反。

中央电视台《今日说法》曾播出一个案例：北京牛某成立"北京纪元创智贸易有限公司"，声称发明了一套赚钱理论，叫"三维营销法"，说只要投资3300元，20天左右就能拿到520元纯利。来听课的人，每天二三十个，多时四五十个，纷纷打开自己的口袋。短短3个月，就有527人参与，非法募集资金1200多万元。原来，"三维营销法"是上线吃下线，用后入股资金返给早期的股民，牛某自己也不否认这种方法类似传销。在北京市东城区法院门口，记者采访前来领取被骗款的群众，发现"几乎所有来领钱的当事人都不承认自己是上当受骗"。当着摄像机镜头，一位受骗者说："我还认为经理是好人。"另一位受骗者说："我觉得他没坑我们。"

5．骗子挺"富有"

没有一个金钱骗子会显示穷相。即使露出困境，那也只是一时资金周转不灵，有张巨额存单没取，有箱外汇未兑，有座金佛等着变现。不仅富有，而且还像观音显世，普度众生，要救你出苦海。

河南郑州的赵某，多年在外行骗，不知嫁了多少人，60来岁还不肯"退休"。她到获嘉县，自称是美国洛杉矶国际投资有限公司副董事长，前来实地考察，想同该县合资兴建一个防弹衣厂。她持美国护照，有一张中国农业银行漯河市支行营业部签章的3年期2000万元储蓄存单，还有“建设世界和平大佛”的批示和印章。这样，从官方到民间，无不信任她，无不想讨好她。出租车司机吕某高攀上这位富婆，她许诺说：“你的车我包了，一个月1万块钱。”她说她3万元贷款到期，而在广州那几千万元存款一时取不出，骗吕某拿房产给她担保贷款。结果，吕某7个月不仅工资没得分文，还背上3万元冤枉债。

被捕后，司法部门考虑她年龄偏大，又患有高血压等多种疾病，安排她到河南省建筑职工医院进行看管医疗，并同意她请一个保姆。在这看管病房里，她打电话从广州调鲜花来摆阔。这样，人们还相信她是富婆，包括企业家、社会名流和政府官员，仍然接踵来探望。她给人们新的诺言是：“只要我能出去，想要多少都是小菜一碟”、“我将来出去，你们都跟我干，保证吃香喝辣”。然而，她逃跑后，哪儿“考察”去了也不知道。

6. 骗子挺有“本事”

如果认为骗子只是吃嘴巴子饭，真本事没有，那就大错特错。应当承认，骗子不仅不可能是傻子，而且往往比一般人聪明能干。民谚说：“贼是小人，智过君子。”古代兵法说：“兵不血刃，不战而胜者为上。”从这个角度说，骗子比小偷、强盗之类技高几筹。

比如江苏邳州某银行的软件维护员孙某，设计一套自动给自己增加存款的程序，每当余额低于5万元时，该系统就会自动增加3万元。一劳永逸，钱会像山泉一样源源不断地流进他的户头。银行有多少钱，他孙某也就可以有多少钱。不费一枪一弹，银行等于他私人的，足以让武装抢劫银行的匪徒俯首称臣。

对骗子张某，警方惊呼遇上绝顶高手。张某1964年考入某部队外语学院，毕业后在军方情报部门工作，曾经担任领导职务，而且是业务尖子。1978年转业，先后担任中国银行上海培训中心常务副主任、市北支行副行长，1991年因受贿被判刑。张某不仅有丰富的社会阅历，还有广泛的人际关系，对金融业务非常熟悉。警方叹道：我们这点“手艺”不在他话下。张某最终落到警方手里，还不肯服输。

7．骗子挺有“来头”

赵某经营的天津市专用电机厂发展很好，产品出口创汇。有天，内弟带他认识了一个东北人。这人不仅倒卖外币，而且告诉赵某：“国家要解冻国民党逃往台湾时留在大陆的大批金银财宝。解冻资金的经费要在民间筹措，谁对解冻资金有功就安排要职。”不久，有位自称是高干子弟的朱某来找赵某。朱某说，他是“币主先生”身边的人。“币主先生”是原国民党要员，手里有大量外币，现在着手搞那笔资产解冻。赵某动心。朱某不时给赵某吹风：“‘币主先生’病了，国家领导人某日专程看望”，“先生今天见了中央某某领导人，资产解冻已受到国家有关领导人的关注和支持”。就这样，朱某以解冻资产急需资金为名，通过支票、汇票、现金和信用卡等方式，先后60余次从赵某手中骗走人民币790.5万元。

挺美丽，挺先进，挺可亲，挺可信，挺富有，挺有本事又挺有来头，你说这该是一个怎么样的人?

这样的人，看去、听去、感觉去，都没有什么不好。他们好像什么优点都不缺，唯缺一颗良心。

防诈骗实用指南

- 骗子可能会以外表和身份(挺有来头)做伪装。
- 骗子最基本的技能是能说会道，甜言蜜语。
- 没有一个金钱骗子会显示穷相。即使露出困境，那也只是一时资金周转不灵。

三、骗子啊，你该当何罪

有个笑话说，甲偷杀乙的鸡，请乙一块吃，吃完才说这鸡是你家的。这只是笑话，真正的骗子是一点“回扣”都不给的，吃人不吐骨头。

黑龙江省哈尔滨退休教师井某，办个公司，经营不善，出现亏损，转而搞“内部集资”，通过关系办一张经某银行审批的《企业集资审批表》，以20%～60%的年息为诱饵大肆集资，使2600多人上当，骗取资金2926万元。最后，井某被判处死刑。井某之死不足惜，可怜的是众多居民的血汗钱如入虎口。南岗区公司街的居民王某，带着11.47万元找井某，特地说：“井总，这些钱是我和我老婆用了近10年时间，给南方客商加工刺绣赚的，都是一针一针绣出来的……”井某拍着胸口说：“放心！我老井的信誉是不容置疑的！”结果，王某这笔集资款连本钱也没要回一分一厘。这一针一针绣出来的10多万元，你想象一下那凝聚着王某夫妇多少心血，竟然就这样给骗得香消玉殒，无影无踪！

《笑林广记》记有一则笑话：有个人好玩将一串佛珠挂到猫的脖子上，老鼠们见了十分高兴，奔走相告：“猫老官已经吃斋念佛，不会再吃我们啦！”它们跑到大厅上欢呼雀跃，被猫看见，连吃几个。老鼠们哭丧着脸说：“我们以为它念佛心慈，没想到假意修行。”骗子就如此，那美丽、先进、可亲、可信、富有、本事和来头等，只不过是他们的佛珠。

骗子并不比强盗仁慈。碰上强盗，我们自认倒霉。而遭遇骗子，虽然一般没有生命危险，但往往更不堪忍受。北京大学金融法研究中心教授白建军描述道：

桌上摊放着100个故事，100个银行如何被骗的故事。

一遍一遍翻阅这些真实的金融诈骗案件，脑子里晃来晃去的倒不是那些骗局设置者的贪婪面孔，而是那些被害银行行长们可怜的、惊诧的、不知该责恨谁的表情。从某种意义上说，作为被害人，这些行长们的处境还不如抢劫、盗窃等犯罪的被害人。因为在这些传统犯罪中，加害发生时或得逞后，被害人即使放弃反抗，他至少知道自己正在或刚刚被害。可有些被诈骗的行长们惨就惨在犯罪发生时甚至发生后，竟然不知道自己正在或已经被害。

对银行客户来说也如此。在受骗之后不仅造成经济损失，更糟的是还带给我们莫大的精神损失。比如：

——某某还是我什么什么亲戚啊，他怎么也敢骗我？

——我做事一向谨慎，这回是看准没错啊，怎么还会受骗？

亲戚、朋友、同学、同事、战友或其他看上去那么可信任的人，笑里藏刀，突然反戈一击，令你赔了夫人又折兵，怎不比凶神恶煞更可恨？

中国股市颇不正常，许多下岗职工和退休职工拿着“保命钱”挤入，实指望能换来安定的晚年，哪知骗子竟然对他们这些可怜的钱也不放过。钱（外）币诈骗也多针对老年人。有天我在小街上曾听说，刚有个卖生姜的老人被骗，一个小伙子用一张百元钞买两斤生姜，老人找一大把零钱，小伙子刚转身，旁人就提示这张百元钞是假的，老人马上叫住那小伙子，可他骑上摩托车扬长而去，老人号啕大哭。骗子可从来不考虑什么人该骗什么人不该骗的问题。

——去年底，重庆一对农民工夫妻领到两人在工地打工挣来的2400多元工资，但今年1月初，他们意外地发现24张百元大钞中，有19张都是假的，一年的劳动心血换来一沓废纸。

——武汉现年34岁的郭某，服役期间不幸患上慢性肾炎，造成五级伤残，去年确诊为尿毒症，家人东拼西借筹集12.5万元资金准备为其换肾。2009年2月，他收到一条手机短信：“你在新世界消费了9300元钱，这笔交易将于两月内从你账户扣除。”郭某随后打电话询问，接话的女子称：短信是假的，你的银行卡密码出了问题，要到银行去“升级保护”。按照那女子的话，郭某到银行新办两张卡，在自动取款机上将12.5万元转入两张新卡，然后按那女子的指示一步步操作“密码升级”。回家后，他把转账一事讲给家人听，家人觉得不对劲，于是跑到银行咨询，12.5万元全部在深圳被人取走。因为钱被骗走，郭某无法换肾，父亲又卧病在床，母亲为此发疯。他向记者哭诉道：“这是我的救命钱啊，现在只有等死！”

诚如公信网（www.g × w.com.cn）上有个帖说：“赖债给债权人带来的精神和经济伤害，远比偷盗为甚。从民权被侵害程度而言，赖债人比盗贼更可恶。”赖债是骗子伎俩之一。

经济骗子的社会影响，不可小视：

——路边那些以各种名义行乞的人，有些是行骗。出于受骗的恼怒，我在无法区分真假时，对真正需要接济者也丢失了怜悯。

——在ATM机边，有人请求指导他用卡，可他借机骗走了我的卡。一朝被蛇咬，十年怕井绳。再有人求助于我我就不再理会了，人与人变得越来越互不信任。

——被一张假汇票骗了，下一趟生意稍有风险我就宁愿少赚不赚；被一个假外商骗了，再来投资的稍微不放心我就宁愿不要这个项目，而这样又非常可能坐失许多发展的良机……

这绝不是假设问题！网上热传一个题为《2008最新诈骗手段，请大家小心！》的帖，揭露：一位小姐在下班回家的路上看到一个小孩子一直哭，很可怜，就过去问那小朋友怎么了。小朋友说：“我迷路了，你能带我回家吗？”然后拿一张纸条给她看，说那是他家地址。她就好心带小孩去。到那个所谓小孩子家，一按铃，门铃像有高压电，她就失去知觉。醒来发现被脱光在一间空屋，身边什么都没了。

对于国人在海内外经济生活中形形色色、大大小小的欺诈行为（或美其名曰“小聪明”）所造成的社会影响，知名经济学家陈彩虹曾从理论高度这样指责：

如果说，中国这块国土之上的人们对于自身可称之为“道德建设”

的事业不予以极大关注，基于我们这个社会中也无可例外地存在着的“道德风险”，其发展未来，就是大面积的“不道德”行为的出现，就是一个难以顺利运作的市场经济体系出现，我们就将在协调、监管、控制等方面耗费过大的成本而大大地推迟中国走向繁荣的时间。同时，又在给予那些身在海外却根在中国且仍然心系“祖国”的外国人，有着源自于“祖国”的不良德道意识与观念，并不时地受到他种民族不可避免的批评与指责。

人们的良知，就这样渐渐被蚕食……

我们的人文环境，就这样渐渐恶化……

防诈骗实用指南

- 别诈骗发生时甚至发生后，竟然不知道自己正在或已经被骗。
- 在受骗之后不仅造成经济损失，更糟的是还带给我们莫大的精神损失。
- 形形色色、大大小小的欺诈行为，正在蚕食人们的良心和信任。

四、骗子仍可能增多

如同官场堆着政治骗子，美女身边围着爱情骗子，钱财旁自然挤着金钱骗子。

金钱骗子的历史，跟金钱的历史一样悠久，几乎是孪生兄弟。古代有个故事很有“中国特色”，相信用外语翻译都困难。有个人到油漆店买10两生漆，付给1两银票，说：“你到钱庄兑换银子，我过一会儿就来取生漆。”接着，那人又到烟土店，买10两7钱的鸦片烟土，叫烟土店的伙计跟他到油漆店取款。到了油漆店，那人问："我那张银票兑换了吗？"油漆店伙计说："兑换了。"那人又问："是10两漆吗？"那伙计回答："是10两漆。"然后，那人指着烟土店伙计说："那好，你把它交给他。"说着，那人说有急事先走。不一会儿，油漆店伙计拿出生漆给烟土店的伙计，烟土店伙计莫名其妙地说："那个人在我店里买了10两7钱的烟土，说烟土钱由你店里付，你给我生漆干什么？"生漆店伙计说："他买我店的生漆，付了1两银票，已经没数，我只知道要把零钱给你。"两个人争吵半天，才发现同是受骗者。

骗子有骗子的祖宗。今天的骗局，好些是历史的翻版。千百年过去，依然惊人地相似。明代张应俞的《骗经》，收集了当时社会五花八门的骗术，分为24类，如"丢包骗"、"换银骗"、"假银骗"等。丢包骗类的《丢包于路行脱换》一文描述：

江贤，江西临川县人。钱本稀少，每年至七月割早谷之后，往福建崇安（注：今武夷山市）地方以绱鞋为生。积至年冬，约有银壹拾余两，收拾回家。

中途偶见一包，贤捡入手，约有银二三两，不胜喜悦。从前一人曰："见者有份，不许独得。可藏在你箱中，待僻静处拿出来分。你捡者得二分，我见者得一分。"贤意亦肯，况银纳置己箱，心中坦然无疑。行未数十步，忽一人忙赶到来，啼哭哀告曰："我失银三两包，是措借纳官司的。你客官若拾得者，愿体天心还我，阴功万代。"前见者故作怜悯之容，曰："是此绱鞋财主拾得，要与我均分。既是你贫苦之人的，我情愿不分，你可出些收赎与他，叫他还你。"贤被人证出，只得开箱，叫失银者将原银包自己取去，但得其一收赎钱，亦自以为幸；不知自银已被棍（注：即恶棍，指骗子）将伪包换去矣。至晚到乌石地方，取出收赎银还酒，将剩者欲并入大包。打开只见铜铁，其银一毫也无，只得大哭而罢。

该书作者批注："贤所赚银，必早被棍觑见，故先伪设银包套合。"将这个故事跟现在各地大小报刊经常披露的丢包骗局对比一下，除了银两变成人民币之外，你看还有多少区别？

我曾查阅过民国时期的档案，觉得霉味刺鼻。可是读起这类古籍，我又变得好像读隔日报纸。

更值得注重的是，随着金融创新增多，世界各国交流增多，金钱骗子也日益增多。

席卷全球的金融危机，越来越明显地影响到世界各地普通民众的日常生活。在这危难的日子里，金钱骗子又雪上加霜。迈入2009年，头一件有全国性影响的大事，似乎被HD90系列假币抢占，媒体惊呼“假币恐慌”……

岂止假币！

岂止中国！

在这人心惶惶的日子，世界各地的生产订单减少，就业岗位减少，即使在岗工资福利也往往减少，唯独金钱骗子增多。2009年3月25日，美国联邦调查局（FBI）局长罗伯特·米勒向国会表示：“目前联邦政府为应对经济衰退所调配的金融资源已达到前所未有的水平，这将不可避免地造成经济犯罪和公共腐败案件数量持续飙升。”为此，联邦调查局已投入大量人力物力调查抵押贷款诈骗、政治腐败和恐怖主义案件，而更多经济犯罪案件的出现将牵扯其更多精力。同时，参议院司法委员会主席帕特里克·莱希表示，参院将在4月批准一项立法提案，将每年对联邦调查局和其他执法机构资助2.45亿美元，用于打击经济犯罪。

那么，我们社会的金钱骗子是否也随之增多？

媒体已给出答案。且让我们随意浏览一下2009年4月28日一南一北两则新闻：

——中新社记者从广东警方获悉，该省警方自年初以来共破获电话诈骗案468起，打掉犯罪团伙46个，缴获现金人民币245万多元，冻结涉案银行存款940万元。该报道说：“警方介绍，目前利用网络虚拟电话诈骗，尤其是利用‘改号软件’技术进行诈骗的现象增多，犯罪人员利用这种软件，将来电显示成金融、电信、政法等部门，乃至党政官员、受害人的亲戚朋友的电话号码，骗取事主信任后，进行诈骗并屡屡得手。”

——《北京晚报》报道标题就是《电话诈骗又出新骗局。冒充证监会推荐炒股代理》，说当天上午，北京南磨房派出所和地区综治部门、辖区各银行联合举行防范诈骗活动，通报近期该地区接到13起以欺骗事主汇款形式进行的电话诈骗案件，其中五成是电话欠费诈骗，此外是冒充熟人诈骗、威胁恐吓诈骗，还有一种新型的冒充证监部门以炒股票为名进行的诈骗案件（百度一下可知：“XX诈骗又出新骗局”之类句式常出现在新闻标题中）。

我自己也在所居的小城观察到一个现象：市街头上的“牛皮癣”（非法小广告），以往虽然多，但种类单一，无非是办各类假证，但去年以来增加一类办贷款——那不说假也是高利贷，近些天我吃惊地发现又多了一类：假币！批量供应假币的广告，公然上街了！

防范金融诈骗，是个历久弥新的话题，吸引着无数的专家学者在那里皓首穷经。1988年美国总统大选刚结束，就暴露存贷社经理进行诈骗活动，洗走纳税人5000亿美元，引起20世纪最大金融灾难。对此，美国政府进行了彻底调查，媒体进行广泛报道，金融专家基蒂·卡拉维塔写了《白领犯罪——金融业巨额诈骗及权术》一书，以“白领犯罪”指那种“受社会尊重并具有较高的社会地位或经济地位的人在其职业活动中牟取不法利益而破坏刑事法律的行为”。白领犯罪在某种意义上讲是“智力犯罪”。程金华撰文说：

夜黑，风高，葛巾蒙面；麻袋，铁撬，银行铁栅栏……

窗明，几净，西装革履；键盘，密码，金融电脑房……

这样的场景很容易使人想起两部风格迥异的好莱坞影片，前者大多反映美国开拓西部时期的牛仔劫匪，后者则以《豪门俱乐部》为代表，有着哈佛背景的男主角在高级商住楼里玩弄法律游戏，犯罪于千里之外。

其实，诚如大家所言，文学、艺术作品往往是现实生活的写照，实际上的金融犯罪也大抵经历了从“街头犯罪”（Street Crime）到“白领犯罪”(White-collar Crime)、智能犯罪的发展。

“白领犯罪”的提法，在学术界颇有争议，但我觉得这与马克思“衣冠楚楚的骗子”之说有异曲同工之妙。

前几年，国家监察部驻金融系统监察局、中国人民银行保卫局、中国人民银行条法局、中国人民银行合作金融机构监管司、中国农业发展银行保卫部、中国工商银行保卫部、中国农业银行保卫部、中国银行保卫部、中国建设银行保卫部、交通银行保卫部、公安部经济犯罪侦查局和中国政法大学联合组织编写一册《金融诈骗识别与防范百答》。其曰：

(1) 金融诈骗犯罪具有国际性特点，在世界上任何国家和地区都存在。犯罪人的作案区域也因全球经济一体化进程而跨越了国与国的界线。许多我国目前还尚不多见的犯罪手法，肯定会在不远的将来出现，金融部门和司法部门应该早做准备。

(2) 金融诈骗的犯罪人不会因法律的严惩而放弃已经产生的犯罪动机，他们往往会调整犯罪手段，捕捉作案机会，集中全部智力和金融部门的防范体系较量。

尽管已经看过大量惊心触目的案例，这段话还是让我不寒而栗。对此，我很信服，更坚定编写这本书的信心，且还有一种紧迫感。

欧元是世界上最年轻的货币。2002年1月1日欧元现钞才开始流通，同月3日就在德国西部发现了第一张欧元假钞，2月7日在中国银行沈阳分行营业部发现我国第一张欧元假钞。可以说，金钱骗子已率先实现“全球经济一体化”。

在我国来说，金钱骗子还率先实现“两岸三地一体化”。据统计，台湾地区平均每天发生114件诈骗案，有867万元落入诈骗集团口袋，几乎每个人都有亲友被骗的经历，反诈骗专线已成台湾警察全新的“客服中心”。近年来，岛内诈骗集团还瞄准了祖国大陆。深圳市警方曾破获一起境内外勾结利用“中奖”短信息诈骗的案件。该团伙总部设在台湾，挂名

“香港某国际投资集团深圳办事处”，公司表面设在深圳，实际是在厦门活动。他们还利用其两岸警方不能正常互动的特点，搞起跨海峡诈骗，以“公安局经济犯罪调查科人员”的身份转接跨海峡电话，要求受害人汇款转账，仅台中一个骗子团伙涉及金额就超过1亿元人民币。金钱骗子在我国大量存在。中央电视台《今日说法》曾披露：仅厦门市以低价交易为名从对方储蓄卡中骗取货款的案例，在高峰期每天接报警达40起左右，播出《廉价商品的诱惑》公开揭露后，每天仍有十多起。

据新华社报道，在西安始发的长途客车上，几乎每天都有外币诈骗；

另据报道，在河北省石家庄火车站，几乎每天都要发生几次以零钱换整钱的诈骗；

在全国各地大小媒体的社会新闻中，每天都有不少金钱骗子的“杰作”……

这还是在我国金融业相对较落后的背景下。据悉，目前世界各大银行经营的金融品种达2万多种，而我国商业银行推出的合法金融产品仅60来种。如今，金融品种的引进步伐必将日益加快。比如支票，目前仅限于企事业单位使用，不久肯定会扩展到个人。我们的金融服务日趋丰富，可以预见，金钱骗子也非常可能随之增多，除非像我这本书一样揭露他们的信息大为普及。

金融防诈，对我们显得尤其迫切。

防诈骗实用指南

- 重视前车之鉴。今天的骗局，好些是历史的翻版。
- 关注新型诈骗。比如新型的冒充证监部门以炒股票为名进行的诈骗案件。
- 多看社会新闻。在全国各地大小媒体的社会新闻中，每天都有不少金钱骗子的“杰作”……

五、期待先哲在天之灵道歉

中国人最会骗人吗？

对于这个问题，我想都不愿意去想。然而，有一个幽灵逼着我去想。这幽灵名叫孟德斯鸠(1689—1755)，是18世纪法国伟大的思想家、法学家。他居然白纸黑字说中国人“生活完全以礼为指南，但他们却是全球上最会骗人的民族”。

无独有偶，德国著名哲学家康德（1662—1722）具体说中国人卖鸡往鸡嗉子里填沙子，秤砣上作假。德国另一位杰出哲学家黑格尔（1770—1831）也曾说中国人爱骗人。

尽管孟德斯鸠、康德和黑格尔都是外国伟大学者，我仍然不愿意接受他们的指控。我没在他们那个时代生活过，我不知道那个时期的祖先是否真像他们说的那样。更重要的是，其他国家的骗子从古到今无疑也数不胜数，但我无从比较，无法判断国人是最会骗人，还是最不会骗人。

夜深人静之时，冷静想想，我倒是觉得国人在某些方面肯定为孟德斯鸠、康德和黑格尔补充了论据。比如大跃进时期那样从上至下堂而皇之全国说谎，肯定是其他国家不曾有也不可能会有的。转而改革开放，到处又似乎有这么一种社会思潮：谁如果能从银行“弄”到贷款谁就算有本事。国有企业逃废银行债务，不少都得到当地政府的公然支持。法国路易十五那句名言“我死后，哪怕洪水滔天”，倒是在我们某些官员身上体现得很充分。为了自己出“政绩”，他们不惜破坏生态环境，也不惜破坏社会环境。

正如古人愤然指责“窃钩者诛，窃国者侯”。个人信用卡恶意透支千百元要受追究，例如广西南宁的林某，做水产品生意，因资金周转困难，常为钱的事发愁。后来，她听说向银行办理信用卡，可以先用钱后还款，她觉得可以在这上面“做文章”。于是，她到某银行办了两张信用卡，透支共约2万元，但一直不还款。银行便以她涉嫌信用卡诈骗罪，向公安局报了案。她这才急坏了，四处筹钱，在公安机关立案后还清透支款项的本息，但仍然被法院“从轻”判处有期徒刑2年缓刑3年，并处罚金人民币2万元。然而，那些骗掉银行贷款上千万上亿元的国有企业负责人及其上司呢？则非常可能换得升迁。这种事在外国会不会有？所幸的是，随着改革的深入，中国的官员越来越难指使商业银行了。

最近，网上盛传一帖《中国各大城市骗子排行榜》。对于这个帖子，我第一反应是质疑，稍认真一想，又觉得不无道理。至少，我这本书的案例表明：诈骗货款的骗子，似乎全是福建省安溪人，写作中常令我有一种羞为福建人之感；“打美国佬”外币诈骗，则集中在江西丰城。这证明，金钱骗子确实存在地域特征。

一个家庭出现个把骗子，很难说家长有什么直接责任。而如果一家子出现两三个骗子，那么这个家庭一定有问题，家长肯定失职。以此推论，骗子村的村长、骗子乡的乡长、骗子县的县长，肯定得负一定责任。至少是教育无方，导致当地社会公德沦丧，荣辱颠倒，见恶思齐……

金钱骗子的地域特征既然能形成，也能消除。试想，改革开放不久，福建石狮曾经假货横行，也是全国出名，现在不是很久没听说了吗？可见，只要当地政府真下狠心治理，金钱骗子的地域特征只能是昙花一现。可以相信，历史终将证明：中国人并不是最会骗人的民族，也不会有某个省或某个县市的人最会骗人的现象。

让我们期待孟德斯鸠、康德和黑格尔诸位先哲在天之灵向中国人道歉！

防诈骗实用指南

- 别动辄扯上“国民劣根性”。中国人不是“全球上最会骗人的民族”！
- 防诈骗需要体制和机制。

金钱骗子的地域特征既然能形成，也能消除。

六、政府、金融部门及相关企业应尽更多责任

金钱骗子不仅骗百姓大众，也骗银行，而且一骗就是巨额。说银行不努力防骗绝对是冤枉的。早在1994年5月15日，针对金融犯罪活动突出，严重干扰、破坏金融改革顺利进行的严峻形势，国务院专门召开“防诈骗、防盗窃、防抢劫，保资金安全”的全国电话会议，部署“三防一保”工作。资金是银行的生命线。银行讲究“三性”，一是安全性，二是流动性，三是效益性。没有资金的安全，银行也就没有生命。可以说，防范骗子是银行整个工作的重中之重。但也确实还有待进一步努力的余地，比如：

——申先生向《北京日报》反映说：“我又把新版50元当成10元给出去了。一个月里，类似的事我遇到3次！”申先生还反映，他到商场买光盘时，看见一位顾客和摊主在争吵。顾客说，他给摊主50元，摊主没找他钱，摊主却说给的是10元，两人谁也说服不了谁，最后顾客说句“新版的50块太像10块了”，悻悻地离开。为此，该报记者采访了七八位出租车司机，他们全都遇到过这样的事。有乘客付车钱时给错的，有找钱时出错的。神气出租车公司的王师傅还特地把一张50元和一张10元放在一起指给记者看：“你看这钱的正面，除了‘50’和‘10’有差别外，其他的图案都一样。50元是绿色的，10元是浅蓝色的，昏黄的灯光下，稍微一马虎，就容易出错。”他说，以前他收了钱都直接放在钱包里，现在他得把钱放在明处，和乘客发生纠纷好拿出来对一对。该记者还专门采访了中国人民银行货币经营管理局的有关负责人。这位负责人说，对于第五套

人民币出现的这种情况，他们没有预料到。在设计这套人民币时，充分考虑了中国的传统文化和人们的习惯，每一种面值的规格和主色调都有较大的区别，按道理说50元和10元是不容易弄混的。现在他们只能提醒百姓，进行现金交易时一定要仔细辨认面值。无意都容易错的东西，对骗子来说不是更有可乘之机？

——《中国青年报》记者在报道一个银行卡失窃案时，采访北京实现者律师事务所律师张捷。这位熟悉银行卡业务的律师，有着10年芯片设计经历，参与过重要部门的系统安全设计，并和另一位律师一起起诉过牡丹交通卡存在的严重问题。张律师说："客户丢的是一个密码，而银行丢的是密码本。"他分析，银行卡诈骗分子所使用的"写卡机"，在国外是作为比枪支还重要的物品管理的。而在我国，则可以随便买到。他说，有了"写卡机"，卡很容易被"仿真"。有了相关程序，就跟复印一样。客户是无意丢密码，可更大的责任是造卡程序。这个程序里有不同银行的编码规则。如果犯罪嫌疑人没有拿到银行的编码规则，是造不出卡的。那么，有关方面管理"写卡机"，能否也像我国管理枪支弹药那样从严？

——不论存折还是银行卡被冒领，最要命的是密码失窃。这责任固然主要在于用户自己，但由此也可见，我们银行系统的保密措施仍显得落后。银行部门能否推广使用更为先进的密码系统？如动态密码认证技术，在欧美等发达国家已经得到广泛的应用。我国在这方面起步较晚，但起点很高。网泰金安信息技术有限公司与中科院DCS中心合作开发出第三代动态密码认证系统——"安驿信NP—3000动态密码认证系统"。经测试，该系统性能已经达到国际先进水平。该系统与传统静态密码相比，具有显著优点：口令依据安全算法程序自动生成，每分钟变换一次，任何人无法预知，保证一次一密；密码实物化后，一旦遗失立即知情，用户可以及时采取防范措施；动态密码认证系统把密钥生成和管理完全交由系统自动完成，减少人为因素造成的泄密事故。目前，在中国建设银行的网上银行系统已开始应用，效果良好。能否加快推广？又如指纹识别用户技术，在美国各地银行是最普遍使用的。在我国，据报道中国银行河北保定北城办事处的储蓄业务也已应用，能否推广？美国银行协会最近还推出更为先进的人体特征识别系统，我们能否尽快引进？

——各类银行卡诈骗案，最普遍伪造之一是身份证。而据《北京晨报》报道，北京市各大银行已普遍使用身份证鉴别仪，仅某银行宣武支行广安门分理处在两个月里，就利用这种鉴别仪发现使用假身份证取款的3条犯罪线索，为国家和群众挽回损失4万多元。这种仪器，能否尽快在全国银行业推广？

——加快货币电子化步伐。尽管电子货币本身也会遭到骗子暗算，但相对来说，安全系数较高。现在问题是，一方面有部分客户（主要是年纪较大的）对看不见摸不着的钱不敢信任，另一方面是银行自助设备申办或操作过于复杂，令人望而生畏。国务院发展研究中心研究员陈淮无疑是银行最为推崇的高端客户之一，而他对媒体公开抱怨说："在下不才也是博士，会两门外语，每天都在网上办公，如果我花了20个课时没玩转×行的网上银行，不知道他们是给谁设计的。"他在美国申请过网上银行，因此进而说："在美国只需要输入用户名和密码就可以登录了。如果美国银行也这样折腾客户，我得买多少张飞机票啊？"

白建军教授撰文说，学理上，金融犯罪可以分为两类：针对银行的犯罪和利用银行实施的犯罪。研究结果表明，诈骗得逞率最高的是混合型诈骗，也就是针对银行的诈骗与利用银行的诈骗交织在一起时的情况，得逞率高达96.2%；其次是利用银行实施的诈骗，得逞率为76.5%；最低的是针对银行的诈骗，得逞率为52.6%。而在得逞的案件中，针对银行的诈骗发案率最高，为44.1%；其次是混合型诈骗案件，为36.8%；最少的是利用银行实施的诈骗案件，占19.1 %。白教授进而分析：

混合型诈骗之所以最危险，一个重要原因可能是在这类骗局中，银行不仅作为直接被侵害的对象，而且也是间接利用的工具。从这个意义上说，间接的是最危险的。为什么？这需要对金融在现代经济生活中的特殊地位有所了解。在经济生活中，金融是核心，是纽带，是一切以货币形式存在的物质财富的集散地。作为可能的直接被侵害对象，银行具有天然的戒备驱动和强大的防范机制。因此，单纯地针对银行的诈骗很难得逞。然而，当银行作为被利用的工具时，情况就发生了变化：一方面，由于不是直接针对银行的诈骗，银行强大的防范机制往往未被“激活”；而另一方面，由于被利用的是银行，其他企业（包括其他银行）对银行的依赖、信赖在起作用，因而也容易对诈骗的企图放松警惕。这两个消极之间，正是骗局得以生存的最佳空间。

由此可见，银行的防诈机制应当进一步“激活”，应当像防范针对银行的犯罪那样防范利用银行实施的犯罪。

同时，政府也应尽更多责任。相关法规迟迟未能完善，监管尚不力，应尽快改进。国务院反假货币联席会议办公室秘书处处长潘隽在2009年1月的记者会上表示，目前只有少数验钞机的生产企业技术合格。同时，央行货币金银局局长叶英男在记者会上具体指出，有一些验钞机生产企业为了追求低成本和满足低层次商户需要，验钞机的检验标准很低，因而识别伪钞能力相对较差。据介绍，部分验钞机生产企业为降低成本，只针对伪钞的某一特征或两三种特征设计、生产，而这些产品只能对伪钞的水印、磁性和紫光进行鉴别。为此，央行将继续加强与国家质量技术监督局联合推动，提高验钞机的生产质量。2009年3月6日，中国人民银行行长周小川又强调：“一些人所谓的高仿真纸币，其实仿真程度并不高。他说，央行的科技系统是有巨大投资的，科技成分在纸币上和其他方面是相当高的，也不是能够轻易攻破的。总体来讲，即使加上一部分外来假币，假币在中国整个货币流通量中的比重还是非常小的。”

外国一些做法可资借鉴。在美国，公众一旦从提款机拿到假钞，一般立即与该银行联系，并通知执法部门。一般情况下，美国的银行会弥补顾客的损失。另外，当事人一旦遭遇假钞，还可以查一下自己的租房或居家保险条款，这些保险公司的政策中，基本都有反假钞条例，给予顾客理赔。有了银行和保险公司的保护，可以有效降低民众对假钞的恐惧。对于这些做法，我们能否“引进”？

对于集资诈骗及福建安溪那样带有地方特点的诈骗来说，当地政府显然得加大打击力度，千万不可助长地方保护主义。

防诈骗实用指南

- 进行现金交易时一定要仔细辨认面值。无意都容易错的东西，对骗子来说更有可乘之机。
- 不论存折还是银行卡被冒领，最要命的是密码失窃。
- 应当像防范针对银行的犯罪那样，防范利用银行实施的诈骗。

七、别指责受骗者“贪心”

说到犯罪，往往总要加上一句：“法网恢恢，疏而不漏。”其实，这只是一句警告，相当于老妇女对天诅咒：“骗我钱的人，不得好死噢！”挺解气的，但无济于事。本书所提及的骗子，自然大都是落网之徒，而且大都可以加上一笔被处怎样的刑罚。然而，现实生活中确实有不少漏网之鱼，轰轰烈烈、捷报频传的网上追逃运动就是证明。国外再高明的警察，破案率也不可能百分之百。新加坡法治之严是出名的，也发现有合法金融机构骗中国民工大批的钱。法治再严，也还会有人作案。著名法学家霍姆斯有言曰：法律的生命在于经验，而非逻辑。这话也许可以理解为，法律总是滞后于现实。

更何况，我们的法治现实常常让人不敢恭维。中央电视台曾报道，河南郑州的王某晚上乘出租车，下车时将身份证、交通银行储蓄卡等物遗失在车内。第二天一大早，她赶赴交通银行营业网点办理挂失手续，卡内2.5万元存款已被人分4次通过ATM机和银行柜台取走。银行向记者和王某展示银行监控系统记录的4次取款图像资料，王某指认冒领存款者正是那出租车司机。原来，她将身份证上的生日设为储蓄卡密码，让骗子很容易骗过银行。她立即想到报案。她说：“都说有困难找警察。我相信公安机关一定会帮我破案，挽回损失的，所以俺首先想到的是到派出所报案。”然而，找警察本身也并非不困难。从上车地所属的派出所到下车地所属的刑侦中队，从刑侦大队到区公安局，从110报警中心到市公安局控申处，都说此事不归自己管。三天后，王某被推至郑州市公安局法制室。该法制室主任说，此事应该由人民法院受理。王某来到邙山区人民法院，法院也搬出有关规定，认定这起案件完全应由公安机关立案查处。就这样，王某和她的男朋友五天中来来回回跑了一二十趟，且不说破案，连个立案的地方都没找着。

立案了又如何？梁某某是北京农业大学的副教授。在人们印象中，他是个非常朴实的人。他穿着也不讲究，整天骑着个破自行车去上课。在科研方面的能力也可以，每年都能申请到科研经费。前两年，他声称申请下国家农业部的一个研究项目，有好几百万的经费，但先期需要一笔启动资金，还出示项目证明复印件，上面写着他是该项目的第一人，并盖了农大动物医学院的公章。他以此向数十位亲戚、朋友、同事借款，许20%到50%不等利息的承诺，总数达数百万元。有些人是把房子和车抵押出去的，以解他的燃眉之急。然而，他突然从人间蒸发。人们找到他的家，只能在防盗门上用白色油漆写上“还钱”的字样。防盗门右侧的白墙壁则写:“被骗人联合起来”的字样异常醒目，下面还留有几个电话号码，再是一幅“梁××大骗子”的漫画。7名债权人把梁某某告到海淀区法院。法院在梁某缺庭的情况下判决他7日内偿还欠款，但只是把传票贴到他家门上。债权人也纷纷找到属地派出所报案，希望警方能够协助找到梁某某，但警方表示，需要先到海淀区刑侦队的经济分队立案，但能立上案的可能性并不大。曾经借款20万元给梁某某的律师郭女士表示，事情的关键在于是否能够确定梁某某构成诈骗罪，而由于梁某某给每一位债主都开具了欠条，并说明还款日期，过期不还只能作为民事纠纷到法院起诉，并不能构成诈骗罪。另外，已经收到法院判决书的债主必须撤销法院诉讼才能再到公安机关立案，这在法律上操作起来很麻烦。总之，索债比借钱出去难多了，连要回来的希望都渺茫。

作为骗子，十之八九不会等着你去报警。然而，骗子被抓被判被杀了又如何？钱已经被骗子挥霍掉，别人不会赔给你。何况有些情况你本身也不合法，比如参与非法集资，政府明令禁止，国家有关部门负责人曾明确表示：“因参与非法集资活动受到的损失，由参与者自行承担，法律不予保护，国家不会代偿。”

所以，防骗主要还得靠我们自己，防患于未然。

说到受骗，往往总要告诫人们戒贪，就像不教鱼儿识别渔人的阴谋而要求其禁食。在“中国警务报道”（www.china110.com）上，不少报道的标题就要求人们戒贪，如：《莫贪小，贪小反失大》、《欲贪小便宜，被骗万余元》、《贪财不成反受骗，9万元真币换白纸》、《女大学生贪玩贪喝，不法歹徒趁机行不轨》。有篇文章报道，上海闵行区发生街面诈骗案数十起，犯罪分子利用一些人的“轻信和贪小心理”，采用扔“炸药包”方式，用假外币、假药材、假金银财宝等手段进行诈骗，文章最后献上这样一首打油诗：

天上不会掉馅饼，路上不会长黄金。
发财好事送上门，非亲非故为何因。
联档撬边设陷阱，当心贪小被斩进。
不熟之人要警惕，不要轻易相信其。
不贪小利免是非，不是我物不归己。
子虚乌有没好事，加强防范须警惕。

“不贪小利免是非”，你说这是什么理论？

不“贪”存款赚利息自然不会有被冒领的是非，不“贪”方便用银行卡自然不会有被调包的是非，不“贪”做大买卖用票据自然不会遭遇假汇票，肯定不会，这可能吗？

我总觉得这有我们传统文化的幽灵在作祟。

宋朝中国出现“理学”。人问寡妇可否再嫁，著名理学创始人程颐说：“饿死事小，失节事大。”到了他的弟子朱熹，有过之而无不及。朱熹最著名的言论是：“革尽人欲，复尽天理。”为生存着想是应当复尽的“天理”，为享受着想就是应当革尽的“人欲”。举一反三，点电灯而不点油灯，看电视而不看经书，用电脑而不用传统的“文房四宝”，统统属“人欲”，难怪我们连电都懒得去发明。

宋明以来，中国人防“温饱思淫欲”，丝毫不亚于防“穷山恶水出刁民”。

不要盲目指责“贪心”。鲁迅说，不满是向上的力量。人类从驯兽代步到发明自行车、汽车、飞机、宇宙飞船，无不是“贪心”的结果。

指责受骗者“贪心”也是不明智的。车毁人亡的悲剧，全世界每天都在发生，可是汽车生产和乘车人数仍然每天在增长。美国“9 · 11”浩劫发生后，飞机乘客骤然减少，全世界航空业都受重创。然而，并没有哪个国家的飞机停飞。美国波音公司公布的一项航空旅客民意调查显示，绝大多数旅客仍觉得飞行是安全的。根据对“9 · 11”事件以来经常乘坐飞机的2100名旅客的调查，91%的人认为现在乘飞机很安全，96%的人认为美国人应该享有安全飞行的自由，92%的人认为航空业对美经济发展有至关重要的作用。在被调查的人中，96%的人表示他们的公司对乘坐飞机没有提出任何限制，92%的人相信美国的航空业将很快恢复正常。事实现已证明。诈骗也这样，尽管存款诈骗、银行卡诈骗等在各地都常有发生，但与把钱藏在家里相比，把钱存在银行、存在卡里仍然更安全，更方便。

所以，我们的精力不要放在指责“贪心”上，而要放在识破诈骗上。就像大鱼教小鱼，如果一味教它戒“贪心”，它不饿死也会饿得皮包骨头；而如果鼓励它积极去觅食，去寻欢作乐，同时教它如何识别鱼钩、鱼网等等，它才可能真正生活得好。

防诈骗实用指南

- 走出防诈骗的两种误区：“法网恢恢，疏而不漏”；“不贪小利免是非”。
- 防骗主要还得靠我们自己，防患于未然。
- 我们的精力不要放在指责“贪心”上，而要放在识破诈骗上。

八、我们自己能做些什么

首先冒广告之嫌说：请读读我这本书吧！

这本书不是学术性著作，不是有关金钱诈骗的大全书，或者说防骗大全。我只是以一个作家和银行职员的感觉（包括使命感）来写。在这本书中，我要突出的是：

1. 与百姓经济生活密切相关的，换言之是普通百姓在自家门口都可能碰上的案例。

2. 最新发生的，也就是说今天在我福建发生的闻所未闻的奇案，很可能明天、后天就会出现在你北京、天津。

骗子不是傻子，且“勤奋好学”。北京的胡某，曾被判刑20年，狱中脱逃。这人老谋深算，常常自诩：“一万个人中也找不到一个我这样的脑袋。”为精心策划京城诈骗案，他专门研究了一堆金融管理的书籍。湖南株洲的喻某，从江西萍乡市教育学院毕业，因诈骗被处以劳动教养2年。对于这次劳教，他得到的教训不是认识到不该行骗，而是认为自己骗术不高。于是，劳教回来，他买了全套法律专业的教材苦读，并多次到法院旁听，下苦功提高自己的骗术。

骗子如此，你不“跟上”，吃亏的就只有你了。在ATM机上伪造银行公告之类，骗持卡人将自己的存款转到骗子账户上，这种案例前几年就开始出现，并公开揭露了，但到现在还时有发生。黑龙江某职业学校学生胡某，从南方一份报纸上看到有人伪造银行通知骗得钱，便如法炮制，晚上到哈尔滨南岗区大直街一家银行分理处、中央大街某银行分理处及经纬街经纬分理处等地，将内容为“我行的自动提款机发生故障，请按以下程序处理……”的假通知，张贴在ATM机上，一夜骗得3350元。骗子能从报纸上反面“学习”，你为什么不能从正面学习呢？

银行实现全国联网后，有一类骗子利用ATM机取款，专门针对出差、求学在外的人，冒充医院之类给他们家里挂电话，说他们在外的亲人出车祸或突然发病，要求火速汇一笔款到某账号。等家里人明白真相，骗子已在外取款消失。仅江西省鹰潭市公安机关就连续接到江西、安徽、四川、贵州、浙江、江苏、河南、山东、湖北、陕西、重庆、上海等十多个省市这类报案26起，有12人果真将钱汇到骗子的账号，还有20个家庭扶老携幼千里迢迢赶到鹰潭市人民医院。那么，什么人会上当，什么人不会受骗呢？

春节前夕，福建武夷山的农民龚某，等着在长春建筑工程学院读书的女儿回家，却接到电话说她途经黄山时突患脑溢血，要求火速从农行汇1万元到某账号，以便尽快安排手术。龚某凑足钱赶到当地农行汇款，经办员陈某说他们已遇到不少类似情况，劝他等查清对方账号后再汇款。结果，一查就查出疑点。但龚某救女心切，仍然租车要连夜赶去黄山医院，最后才听从警方劝告等女儿如期到家。这个案例有两点教训值得吸取：

1. 知道这类诈骗案的人，如该案例中的银行职员陈某，不仅自己不会上当，而且能帮助他人不受骗。

2. 不知道这类诈骗案的人，如该案例中的农民龚某及其家人，不仅在一般情况下容易上当，而且在银行和警方劝阻的情况下仍然可能受骗。

正是“且莫怨东风，东风正怨侬”。

我国内地银行业的服务固然尚有诸多不周，但不少质疑是与实不符的。比如对于银行卡安全问题，我就认为有些客户对潜在的骗子信任有余，而对银行信任不足。人机思维互动网站网民雷达(www.2007times.com)“互联网”分类排行榜消息发现，2009年3月，中国十大互联网新闻因转载网站众多(监测中国境内500家主流新闻网站)，而备受网民关注，其中第三条内容是：“信用卡曝惊天支付漏洞，仅需后三码即可消费。网友sky6517so讲述：2月3日，自己的信用卡消失了6000元，打到客服部门，被告知卡主提供银行卡号和最后的三位数字，核对一下个人信息就可以消费了，不需要实物卡也不需要密码！sky6517so形容此为‘惊天支付漏洞'。"对此，我虽然不了解详情，但认为那不可能。我还是坚信接着写的一段话："广州警方称，不少市民在接到自称信用卡中心打来的电话时，都会觉得只要不说密码就不危险，但有时会被套去生日、手机号等信息。这些信息对不法分子实施诈骗起到了关键性作用。"这有大量的案例可以证明。随手举两例最新的：

——2009年4月25日《扬子晚报》报道，4月19日，靖江退休教师许某急匆匆地赶到靖江八圩派出所报警称，自己用来存取工资的银行卡，一直保留在身边，卡号以及密码也未曾告诉过外人，可本月银行卡突然少了6000余元。同样遭遇贼手的，还有包括73岁的董老师在内的其他6名老师，被盗金额近4万元。银行方获悉后，在对他们所在辖区所有退休工资逐笔核对后发现，258名教师中共有7人工资卡上的资金被盗，总金额近4万元。经警方初步调查，258名退休教师的工资卡是2001年在该银行统一办理的，7人的工资卡的密码均为其本人的出生日期，被盗"刷"地点全在广东。

——2009年5月3日《重庆商报》报道，北碚东阳街道女子李某在一次酒宴中认识了无业男子赵某，随即同居。今年1月17日晚，两人到一家舞厅，趁女子于某不备，将她放在沙发上的绒线挎包偷走。两人翻包发现，里面装有400元现金和两张银行卡以及于某的身份证，身份证显示于某出生于80年代。平分现金后，两人持卡到胜利街一家银行试卡。第一张银行卡被吞卡后，赵某突然灵机一动，猜测80年代出生的人常喜欢用自己的生日做银行卡密码，结果他用身份证上的出生日期试密码时，成功取出卡上的10700元，只因这次分赃不均求助110才被抓。

其实，在申办领取银行卡之时，银行职员一般均有当场明确提示：领取后自行修改密码，但不要以自己的出生日期做密码，不要与自己身份证放一起。同时，媒体经常公开报道以出生日期为密码失盗的案例。为什么一而再，再而三还有人把银行的忠告当耳边风呢？

我曾犹豫要不要写这本书。可以预见骗子也会从这本书中学些作案手法，骗子很可能因此多几个。可是，我不写这本书骗子就会少几个吗？

不可能！

而有了这样一本书，千千万万读者的眼睛亮起来，就断了许许多多骗子的“财路”，且有些骗子也可能因为被识破的风险增大或者良心发现而金盆洗手，从良自新，骗子应该会更少些。我深信！所以，我最后还是决心写。

新加坡黄美娇接到一个诈骗电话，差点被骗走所有存款。惊醒之余，她写一篇文章《差点被骗》发在早报网，详述经历，最后写道：“真心希望警方、相关单位正视此事。也希望报章多报道此事，以免更多人上当！”

山西太原某退休教师被一个骗子冒充学生上门骗了，他儿子回来，首先想到的是叫父亲立即打电话告知其他老师，以防他人再受骗。

《五灯会要》记载，鼎州梁山缘观禅师问：“家贼难防时如何？”对曰：“识得不为冤。”

只有不懂那是骗术，你才会受骗。这是很简单的道理。

法国大文豪巴尔扎克曾说：“傻瓜旁边必须有骗子。”换言之，骗子只能骗傻瓜。

看了这话，你别觉得有伤自尊。当一两回傻瓜，并不影响你做聪明人。美国总统林肯就当过金钱骗子的“傻瓜”。由于政治上失意，林肯与人合伙在新萨拉姆开一个杂货店。因为不善经营，难以为继，只好将这店转让。有对兄弟买这店，林肯收下1000美元的支票，事后发现这是一张空头支票，而那两个骗子早跑了。债主纷纷索债，合伙人又跑了，丢下所有的债务，林肯花了17年时间才还清。然而，这并没影响他后来当总统，而且被公认是伟大的总统。我国著名作家叶辛也当过一回这样的“傻瓜”，被一个熟人骗走50万元存款，以致跟中国民生银行上海分行打官司，闹得沸沸扬扬，但没影响他继续当作家。

林肯说过一句非常出名的话：“你能在所有的时候欺骗某些人，也能在某些时候欺骗所有的人，但你不能在所有的时候欺骗所有的人。”我没有读这话的前言后语，但是推测这只是针对政治骗子说的。对于爱情骗子和金钱骗子来说，他们根本没有在所有的时候欺骗所有的人的野心，而只想欺骗你一个或部分人一部分时间，一旦达到目的撒腿就跑，根本不想像政治骗子那样在他目的达到之后还要欺骗下去。

俗话说："聪明一世，糊涂一时。"对于骗子来说，只要你糊涂那么一时。你糊涂一时，他糊涂一时，骗子就可能富裕一世。当然，你要多糊涂几时，骗子绝不反对。

具体如何防范糊涂那么一时，请具体翻翻这本书。许多骗术其实并不高明，如同魔术，一点就破，而不点破你就永远给蒙在云里雾里。

这本书试图让你在糊涂那么一时之前警醒！

让你了解提防当下各类金钱骗子的基本要领！

同时，鼓励并引导你进一步利用银行相关业务为自己的现代经济生活服务！

并且，我还努力让你读得轻松些，——我喜欢写小说，自己也讨厌说教，我把主要精力花在典型案例上，以便让你基本可以把这本书当做一个个精彩的小故事来读，甚至当做一串串酸酸甜甜的葡萄来品尝。

防诈骗实用指南

- 多研究诈骗案例。骗子能从报纸上反面"学习"，你为什么不能从正面学习呢？
- 知道某类诈骗案的人，不仅自己不会上当，而且能帮助他人不受骗。
- 在糊涂那么一时之前警醒！比如，媒体经常公开报道以出生日期为密码失盗的案例。为什么一而再，再而三还有人把银行的忠告当耳边风呢？

第一章

钱币诈骗

一、趣话“钱币”

对于钱，人们再熟悉不过。只要懂事，没有不知钱的。

人类社会早期，以物易物，比如用两把石斧、80斤小麦等实物交易一只绵羊。可想而知，那极不方便。因此，社会稍发展，就在两把石斧、80斤小麦等实物与一只绵羊之间找到一种媒介，这就是钱币。

有了钱币，人类的交易活动就方便得多。我只要怀里揣上一些钱币，就可以交易到你一只绵羊，而不必肩挑80斤小麦等实物。有了钱币，几乎就有身外的一切。

晋人《钱神论》，阐释得淋漓尽致：

昔神农氏，黄帝、尧、舜教农桑，以币帛为本。上智先觉变通之，乃掘铜山，俯视仰视，铸而为钱，故使内方象地，外圆象天。钱之为物，有乾有坤，其积如山，其流如川，动静有时，行藏有节，市井便易，不患耗折，难配象寿，不匮象道，故能长久。为世神保，亲爱如兄，字曰孔方。失之则贫弱，得之则富强。无翼而飞，无足而走。解严毅之颜，开难发之口。钱多者处前，钱少者居后。诗云：“哿矣茕独”，岂是之谓乎？钱之为言泉也，百姓日用，其源不匮，无远不往，无深不致。京邑衣冠，疲劳讲肆，厌闻清谈，对之睡寐，见我家兄，莫不惊视。钱之所佑，吉无不利，何必读书，然后富贵？由是论之，可谓神物。无位而尊，无势而热，排朱门，入紫闼。钱之所在，危可使安，死可使活；钱之所去，贵可使贱，生可使杀。是故仇诤辩讼，非钱不胜；孤弱幽滞，非钱不拔；怨仇嫌恨，非钱不解；令闻笑谈，非钱不发。谚云："钱无耳，可使。"岂虚也哉！

民谚说："有钱能使鬼推磨。"一语中的。

现代人则说："钱不是万能的，没钱是万万不能的。"虽有几分理性，但更多是无奈。

有趣的是，古今中外也有许多人诅咒钱。中国古代有"铜臭"之说。东汉时，崔烈用500万钱买得"司徒"一职。有天，崔烈问他儿子崔钧说："我高居三公之列了，人们怎样议论？"儿子回答说："议论的人都嫌你'铜臭'。"后来，人们就用"铜臭"一词来讥讽用钱买官或有钱的人。

钱本身是可爱的，就像是美女。如果要遭骂，那只是因为她被崔烈们变为妓女了。

伟大的思想家培根说："不要信任那些自称蔑视财富的人。因为他们之所以蔑视财富也许只是因为他们没有财富。假如他们一旦搞到钱财的话，恐怕没有人比他们更敬奉财神了。"这跟吃不到葡萄就说葡萄酸一个道理。

蔑视金钱还有另一种情况。钱币另一个别名叫"阿堵物"，缘自《世说新语》，说是王夷甫情趣高雅，常痛恨家人言钱，自己从来没说个"钱"字。老婆气不过，叫奴婢们把大堆钱币撒在王夷甫的床前。早上，王夷甫醒来，下床就得踩着钱，但仍不肯称"钱"，只是说："你们把这些阿堵物给我扔开！"从此，王夷甫美名大扬，钱币也多一个名字。我们可以推测的是，王夷甫有奴婢使唤，有钱币撒满床沿，自然有资本蔑视钱，就跟酒肉餐餐有的人讨厌肥肉是一个道理。

还是宋时有句诗道出人世真情："爱酒苦无阿堵物，寻春奈有主人家。"

货币是多种多样的。一般地说，分为以下三种：

一是贵金属货币。最初，不少材料做过货币，如金、银、铜、铁、锡、铝、锑、陶、镍、纸、笮、骨、贝壳，等等。优胜劣汰，人类最后选择金银等贵金属，因为它们具有质地均匀、可分割、不怕酸碱、不会腐烂，又有体积小、价值大、便于携带等优点。银元、铁钱之类，如今只流行于收藏界。银制币在纪念币中仍有用武之地。黄金在当今仍然是一种特殊货币。我们现在的硬币，主要是用镍材料制成的。

二是纸币。相对来说，贵金属也太沉，携带不便。当今世界上，人们日常使用的，主要还是纸币。

三是信用货币。对于现代经济生活来说，纸币也太沉。比如要进一车的货，价值几十万上百万元，那纸钞不说用麻袋也得用大皮包装，仍然显得不方便。于是人们发明"支票"、"汇票"之类，将百万千万元变为一张纸。我们一般日常生活，如果要百元券十元券、元硬币角硬币之类带着逛街，把钱包塞得鼓鼓的，也不是件舒适的事。于是又发明"银行卡"之类，千元万元之囊以区区一卡代之。支票、汇票、信用卡等等，就是"信用货币"。货币的发展趋势，是实现"无纸化"。

钱币诈骗，古已有之。

有个人常到钱庄去兑换银子，比市价低一些。比如市价每元7钱3分，他就兑7钱2分，市价一降他跟着降。他每次总是兑一二百元，不会太多。人家问他怎么老是兑银子，他说自己会造银子。有个大富听了，眼红得很，也找他兑200元，特地请外国化学专家检验这些银元，发现丝毫不假。于是，大富把那人请到家里，要求传授造银技术。他说要靠这技术养家糊口，不肯传授。大富又要求代造银元，那人怕被偷看技术，也不肯。大富只好提出先付钱，订个契约，以后专门为这大富造，以1元成本7钱、每天造三四千枚计算，先支付7000两银子定造1万枚银元。那人勉强同意，酒足饭饱，约定三天后交付银元。第三天，大富派几条汉子到那人家挑银元，却发现那家人不知去向。

钱币收藏中的诈骗，也早有。清朝乾隆年间（1736—1796）制作的铜钱，有的会把"隆"字里面铸成"缶"。那是偶尔写的别字，并没有什么特别的含义。然而，有个人到江苏海门，对各家钱庄说，他要收购铸有"缶"字的铜钱，以20文换1文，并预付100个银洋为定金。于是，各钱庄拼命到乡下收集这种钱，用10文买1文。等人们收集成百上千铸有"缶"字的铜钱时，那人早已不知溜到哪里去，各钱庄都赔了大把钱。后来人们才醒悟，原来是那人自己带大量铸有"缶"字的铜钱来，一方面骗人去收购，另一方面又自己去出售。

在现代来说，主要是以假乱真，即使用假币。假币是个国际性的大难题，许多国家和地区都被假币搅得焦头烂额。

如前所述，伪造人民币现象也是非常严重的。尽管国家对制、贩假币犯罪惩治严厉，但还是有不少人铤而走险，而且手段越来越多，技术越来越高，已经出现犯罪集团化趋势，制假、藏假、加工、贩卖的地点严格分开，给从源头破获假币案增加很大的难度。

国家统计局中国经济景气监测中心的一份调查显示，有11%的受访者宣称曾经遭遇假币。在国务院所列的惩治行为表中，排在第一位的是假冒伪劣产品，第二位就是假币。

广州市统计局万户居民调查网络曾有调查显示，65.5%的广州人本人或者家人在市场经济活动中蒙受过损失，其中“收到过假币”、“购买到假冒伪劣产品”、“轻信不实广告受损”分别占53.3%、33%和9.8%。遭受损失后，七成半的消费者没有主动交涉。不交涉的主要原因分别是“太麻烦”、“损失不大，不值得交涉”、“不知道如何交涉”、“怕对方不认账，惹生气”。该调查还显示，那些执著交涉的市民收获不大，有51.1%的交涉没有任何结果，29.6%挽回部分损失，只有19.3%可以挽回全部损失。

以广东、浙江、河南等16个省区为重点，全国开展声势浩大的打击制贩假币犯罪联合行动，取得显著成效。但公安部门指出，打击假币犯罪不仅是一项综合工程，还是一项长期而艰巨的斗争，不仅是公安、银行及企事业单位的事情，还需要铁道、交通、民航等部门组织专门力量，相互配合，堵塞贩运渠道，减少假币扩散和蔓延。同时也离不开广大人民群众的参与和支持。

为防范假币，银行、商场及一些个人也添置验钞仪器。这就像给我们配备专职警察，自然是好。然而，当今中国无所不假，验钞仪也无法依赖。天津市技术监督局组织有关部门对市场上销售的伪钞鉴别仪进行监督抽查，结果发现抽样检验合格率竟为零!这主要是验钞机生产企业为降低成本，只是针对伪钞的某一项特征或两三种特征设计、生产。这些中低档产品只能对伪钞的水印、磁性和紫光进行鉴别，综合鉴别能力差。

这样，关于真假钞的纠纷时有发生。河南平顶山武术研习院教师王某在妻子和同事的陪同下，带着2500元现钞到市中心商场买一台冰箱。冰箱价格是2650元，但售货员吴小姐为促销，愿意个人先垫150元。于是，王某将钱递给吴小姐去收银台交钱。收银员用验钞机验，发现五六张百元钞是假币。王某认为是吴小姐调包，吴小姐则认为王某是骗子，大叫："有人拿假钱来买东西了!"于是，双方扭打起来，商场扣押王某等3人。几小时后，商场从银行请来专业验钞员，当众验钞，却发现张张是真钱。钱完好无损，双方的心却伤透了。

第五套人民币百元券正式流通后，一些不法商贩在点钞机上做文章。据揭露：

其一，原紫光、磁性二重检伪点钞机结构不变，简单更换程序芯片。这种方法是根据新旧版纸币纸质及颜色的不同，自动开关磁性检伪功能来实现新旧版兼容混合点验，实际是在清点新币时关掉相当重要的磁性检伪功能。

其二，将原紫光、红外、磁性三重检伪功能的点钞机，对机芯程序简单修改，然后宣称对新币仍具有三重检伪功能。其实这种机器在清点新币时只有紫外光一种检伪功能。当遇到旧币时，穿透功能根据纸质识别为旧币，三种检伪功能同时工作；当遇到新币时，穿透功能根据纸质识别为新币，机器内部立即自动关闭磁性和穿透检伪功能而不报警，只有紫光检伪功能工作，这样新币就可以顺利"通过"。

而这样的点钞机被一些不法商贩吹得神乎其神，价格还高出1000多元，甚至翻倍。如此，发生平顶山中心商场这样的尴尬也就不奇怪。

防诈骗实用指南

- 防钱币诈骗主要防假币。在国务院所列的惩治行为表中，排在第一位的是假冒伪劣产品，第二位就是假币。

- 别盲目迷信验钞仪。某些中低档产品只能对伪钞的水印、磁性和紫光进行鉴别，综合鉴别能力差。

◆ 减少假币的扩散和蔓延，离不开你的参与和支持，别怕麻烦。遭受假币损失后，七成半的消费者没有主动交涉。不交涉的主要原因分别是“太麻烦”、“损失不大，不值得交涉”、“不知道如何交涉”、“怕对方不认账，惹生气”。

二、横行的假币

2009年的中国，可谓假币猖獗之年。

现代任何一种纸币都有编号。人民币前两位英文字母叫做冠字，后八位阿拉伯数字叫号码。26个英文字母去掉V，还有25个。A到J的十个一组，KLMNO五个一组，P到Z十个一组。这三组互相之间搭配，或者自己与自己搭配，形成九个大组。人民币印制的批次就是按照大组顺序。具体的第四套和第五套对大组的命名还不同，第四套AP开头的是第一大组，PA开头是第二大组，PK开头是第三大组，AK开头是第四大组，KP开头是第五大组，AA开头是第六大组。每组如果印全了是100个冠字或50个冠字，但是一般不是所有的号都会发行。第五套人民币是将AA开头的100个称作第一大组。至于号码，每个冠字从00000001开始，印制到100000000结束，一共是1亿张。一般来说，是不能从字母和数字的搭配判断真假的，除非字母出现V，或者数字位数不对。

2009年年初，国内近20个城市惊现以“HD90”编号开头的百元假钞。以同一组编号开头、同时在全国各大省市出现。出现的频率如此密集，这在以往的假币案件中非常罕见，媒体惊呼发生假币恐慌。人们惊魂未定之时，百元假币再次出现新版本——以“TJ38”打头，仿真程度与此前出现的“HD90”字头相似。该版本假钞继在澳门、广州两地出现后，又在海南省海口等地出现。差不多同时，福建省福州市公安局又宣布，该局经济犯罪侦查支队摧毁一个购买、出售假币犯罪团伙，缴获100元、50元、

20元、10元等假币面值103万元。其中百元假币编号多以CE86、CH31开头，其仿真度比此前出现的HD假钞稍高。不过，第二天，中国人民银行福州中心支行就紧急向新华社记者表示，该报道部分失实，福州并未发现比HD90版假币仿真度更高的假币，称“这些假币银行点钞机均能识别，并非媒体报道的所谓高仿真”。有美国媒体称，假钞泛滥可能会影响人民币的国际信誉，并对人民币走向国际化产生影响。

为此，2009年1月8日，央行货币金银局局长叶英男在北京举行记者招待会，对有关HD90版假币的传言进行澄清。HD90版假人民币并不像媒体所说的“高仿真”，其假币的特征可凭肉眼识别。并非HD90编号的百元面值人民币就一定是假钞，仅凭冠字号码来判别货币的真假不准确。HD90版假币并非新发现的假币，早在2006年就发现过HD90版假币，2007年曾揭掉过制造HD90版假币的窝点。

对于央行的安慰，社会公众不太满意。资深媒体人士杨耕身在《东方早报》发表《公众怎么成了假钞唯一受害者》的时评，称那“总像在自说自话”，正如专家指出的，“去扮演永远教大家怎么识别假币的角色，其实是一种责任推卸”。认为“中国反假钞所面临的最大困境，就是如何摆脱让公众成为最大受害者的现实”。

1.购物

三名青年男子骑着摩托车走进海口陈小姐的商店，不停询问店内香烟、洋酒的价钱。一名男子说要买香烟，并拿出100元钞票买一包芙蓉王香烟。陈小姐将钱收后仔细辨认，并用验钞机进行确认是真币。正当她准备找钱时，该男子突然要求将钱退回，说不买了。该男子接过钱后，在店内转了一圈，仅几秒钟的时间，该男子又说还是要买烟。就在此时，两名男子不停地要求陈小姐拿不同品牌的洋酒来看。她一时分神，以为要买烟男子递上的100元还是之前那张，因此没放进验钞机检验就找了钱。一找完钱，他们立即骑摩托车走了。当她回过神来，将钱放进验钞机才发现是张假钞。

2. 做生意

以盛产柑橘闻名的浙江衢州万冈乡，面对堆积如山的柑橘，橘农们愁眉不展。就在这时，来了几个陌生人，一副一掷千金的派头，开价大方。他们扔下一捆捆50元大钞，拉走一车车柑橘。当农民喜滋滋捧着“血汗钱”准备存入信用社时，用验钞机一验，发现全是假钞。

3. 发工资

山东青岛的渔贩子李某到济南贩鱼，100公斤鲜鱼换来1800元假币。他不甘自认倒霉，与包工头韩某商量，这1800元由韩某出手，只需还1000元。韩某认为有利可图，便在给民工李某发工资时夹入7张百元假钞。民工李某将5000元钱拿到青岛城市合作银行华鑫支行鞍山路办事处储蓄，被银行服务员当场识破。

4. 买彩票

郑某和张某购得50元面值的假币，得知元旦期间福建尤溪发行500万元福利彩票，便来到尤溪，用假币购买彩票。由于参加彩票销售工作的学生涉世未深，不识真假，给他们以可乘之机。当这两个骗子企图用假币再次购彩票时，被工作人员发现，当场擒获。

5. 缴税

辽宁锦州国税局凌河分局所辖的6个中心税务所，均发现税款中混有假币。假币以假乱真，令这个全国税务系统先进集体的姑娘们防不胜防，稍不注意就得自己掏腰包堵窟窿。

6. 喝喜酒

陕西大荔城关镇王某的小孩满月，邀请亲朋好友前来祝贺。按当地风俗，这些亲朋好友争着给小孩送“添岁钱”。为招待这些亲朋好友，王某花2000多元在饭店摆丰盛的酒席，好不热闹。可是，王某去银行存这些礼钱，被告知其中夹杂着面值为100元、50元的假钞，共450元。

这种情形似乎有蔓延之势。近年，浙江宁波、宁海、温州、台州等沿海地区，结婚喜宴收红包，时兴跟银行一样使用点钞机和验钞机。如果验钞机响起报警，人们颜面扫地。有的人也反对这种做法，一名冯姓新郎说："这样说白了，就是不相信亲朋好友。放个点钞机在那儿，办婚礼到底是为了结婚，还是为了收钱？"可是无奈。

7．骗情人

四川女子杨某到上海，在街上闲逛想找工作，碰到一名姓刘的男子。刘某说在上海赚了一些钱，由于做生意很忙，想找一个人帮忙烧烧饭，问杨某愿不愿意。杨某一口答应下来。到住处，刘某迫不及待地向杨某求婚，还从枕头里拿出一大沓钞票。杨某见钱眼红，不顾自己已有家室，当晚就跟刘某睡在一个被窝里。第三天早上，杨某趁刘某有事出去，将枕头里的钞票卷走，当天跑回老家。可是，当她使用这些钱时，却被告知是假币。

8．骗出租车

沈阳北市的出租车司机王某，车行驶至惠工广场附近时，两名年轻女子站在路边招手上车。坐前座的黑衣女子张某，操着南方口音套近乎："大哥，这一天累不累呀!"说着，还把身子凑过去，要摸方向盘。王某赶紧制止她："别乱动，危险!"由此，王某马上怀疑她们有问题。车到北市场附近，计价器显示7元。张某从兜里掏出一张新版的百元大钞，说："实在对不起，没有零钱。"王某一只手把握方向盘，一只手把钱高举到空中仔细瞧，认出是假币，迅速把副驾驶一侧车门上的暗扣扳下来，说："你们别跑!公安部门正要抓你们!"后座女子顾不上车子还没停稳就跳出去，副驾驶座上的张某偷偷将暗扣打开，突然扑上去抢方向盘。王某警告她不准乱动，把车开到北市治安派出所附近停下。张某推开车门跳下拔腿就跑，王某追出去。张某竟朝着不明真相的人群大喊："非礼!非礼!"王某还是将这个女骗子抓住，与民警一道送她到派出所。

如果我们大家都能像王某这样警惕，并像他一样勇于治恶，假币还能猖獗吗?

9．骗外商

浙江临安的罗某夫妇，到世贸中心小商品会展大厅菲律宾客商摊位前，用假币买凳子。他们故意跟客商讨价还价，然后掏出百元假币想蒙混过关。在不远处的摊位上，另有两个来自安徽、河南的假币贩子也在与一位尼泊尔客商谈交易。没想到，这两拨骗子全都打错算盘。这两个外商在我国经商多年，算得上“中国通”，不仅听得懂中国话，而且能识别真假币。于是，这厢那边都起争执，围观的人越来越多。4个假币贩子见势不妙，想夺路而逃，被场内的反扒队员捉住。民警从他们身上缴获12张百元假币，还在他们的租房内搜出2100余元假币。

10．骗银行

福建云霄的吴某，到工商银行云霄县支行云东储蓄所支取3000元钱。取出清点后，他从中拿出一张百元钞要求换零票。银行柜员接过这张钱一看，发现是假币，要予以没收。吴某不仅不认账，反诬这假钞是银行支付的，大吵大闹，非要柜员认账不可。柜员告诉他，这储蓄所装有电视监控系统，可以调出来查看。一听这话，吴某心慌起来，拔腿就跑。事后看录像，清晰地再现吴某先从自己包里拿出一张假币藏在手中，接过柜员递出的3000元现金后，他将现金压在假钞上面，然后迅速将上面一张真钞放进钱包里，接下来要求兑换、吵闹。

看来，“班门弄斧”者还不少。

11．中学生制假币

香港一名16岁的中学生陈某，在家中用电脑、扫描仪及打印机自制港币及人民币，然后用这些假币到自家附近一间超级市场，以3张汇丰20元纸币购买口香糖。收银员怀疑其中两张为假币，于是报警。警员从他身上又搜出3张伪造的10元人民币。陈某承认在家自制纸币，准备在香港及大陆使用。警方还在陈某家中的电脑内，发现8个存有纸币图像的文件夹，并在一个纸盒内找到一堆被弄皱的纸团，摊开来看是一些打印的100元港币图样。

老师该没有教学生制作假币吧!

12. 骗ATM机

香港恒生银行经理发现，有人伪造纸币，通过不同的“存钱快”自动存款机存入陆某及另一男子的账户，而在存入款项后，陆某账户的现金即被提走，两个账户间也有互相转账的记录。当日下午，又发现有人在沙田的汇丰银行把款项存入陆某的账户，这位经理立即报警。警方发现陆某与周某站在“存钱快”机旁，取张存款单后离开。警方将他们当场截获，从他们身上搜出100张面额100元的伪钞及两张存款单。

周某交代，是陆某请他帮忙把伪钞存入存钱机中。恒生银行职员后来发现，陆某在7次存款中，共存入100张面额100元的伪钞。警方伪钞专家证实，该200张伪钞全属喷墨式仿制品，属普通纸张，质地粗劣，却轻易地骗过具辨别伪钞功能的自动存款机。

内地的ATM机也能自动存款，但普遍没有开通这一功能，不知值得庆幸还是悲哀。

13. ATM机出假币

深圳的凌某到福田区彩田路某银行的ATM机上提20000元钱，可是当他去商场购物时，收款员称他付的是假钞。凌某回家后仔细检查，发现那批钱里竟然有100张假钞，其中有5张还是一个号码。

凌某找该银行讨说法，银行方面感到愕然。柜员机有专人管理，进柜的钞票都是从行里提来，并经验钞机检查两遍才放进去。进柜时还有两人在场，以防作弊。经过调查，银行确认凌某当天的确到该行的柜员机提过款，但假钞是否出自该柜员机则没有确凿证据。该银行负责人赵先生称，以前确有一些柜员机里发现假钞的事情，但该行的柜员机从来没有发现过假钞。他说：“如果是真的，那可是柜员机有史以来发生的最大的假钞案。”

防诈骗实用指南

- 提高识别假币的能力。有些假币的特征可凭肉眼识别。假人民币基本特征，附本章后。
- 尽可能地使用验钞机，作为辅助手段。
- 对假币高度警惕，并且要勇于治恶，人人如此，假币还能猖獗吗？
- 使用电子货币等，可有效避免伪钞问题。多使用电子货币，即信用卡、储蓄卡和消费卡等，而尽量少用现金。

最好的防骗之道，是多使用电子货币，即信用卡、储蓄卡和消费卡，而尽量少用现金。VISA台湾区负责人陈俊仁说，VISA信用卡、转账卡及现金卡已成功进入各个国家和地区取代现金支付，可有效避免伪钞问题。在香港，电影院8%的营业额是以刷卡买票。在新加坡，VISA信用卡还可用来支付法律服务费用，范围包括智能财产权法、财产交易法及家庭法的诉讼服务。在韩国，政府鼓励民众以信用卡刷卡余额抵扣税额。在美国，民众还可以用信用卡缴学费、政府行政规费及罚款等。在台湾，已有20多个"政府"机构试行VISA政府采购卡，除可避免新台币10万元以下的小额采购出现伪钞，预计还可节省64%的采购时间及56%的采购成本。我国大陆也有一些地方政府部门也开始实行公务用卡，如福建厦门。

使用电子货币虽然也可能遭骗（本书第四章将具体介绍），但可以从根本上杜绝假币这一类诈骗。

三、丢包骗局

1. 骗钱

外地来沪打工的女青年黄某，骑自行车匆匆经过杨鑫路时，一个男青年骑自行车跟上来，与她并排。不久，另一男青年骑自行车超到前面。超车时，一捆崭新的人民币从前面那人身上掉下来，后面的男青年捡起钱放进自己包里，继续和黄某并排骑。不久掉钱的人回来，后面的男青年悄声对黄某说："大姐你别出声，这钱待会儿我们平分。"掉钱者说，有人指证后面的男青年捡了他的钱。后面的男青年不承认，两人争吵着说要找地方理论一番。后面的男青年向黄某眨眨眼睛，叫她帮忙保管一下包，但为安全起见，要黄某拿一样贵重东西押在他那里。黄某觉得其中有诈，便说："派出所就在前面，你们要理论就到派出所吧!"两人一听愣住。黄某更怀疑，硬要拉他们到派出所。两人一看苗头不对，转身就跑。黄某还是立即到派出所报案，并和民警一起追，将两个骗子带回派出所。经审讯，这两个骗子交代已作案近30起。

人说"做贼心虚"，一点不假。

2．骗金项链

江西修水一位中年妇女到南昌进购毛线，在某超市门口走着时，前面一位青年"不慎"把钱包掉地上。她正弯腰拾起时，后面一位40多岁的秃头男子紧跟上来，示意中年妇女不要吭声，并将她带到偏僻巷道内，建议把包内一沓厚厚人民币平分。为避免"失主"追来，男人叫她取下颈上项链做抵押，带包先走，约定地点再来分。她迅速取下颈上项链交给男子。可是回到住处打开那捡的钱包一看，发现是一沓废纸。

幸好这位妇女只戴一条金项链。

3．骗银行卡

张大妈从福建三明火车站出来，突然有一高个男子快步从她面前走过，并有一大沓钱状的东西从他口袋掉落。紧接着，另有矮男子从她旁边过去，迅速捡起那一沓东西，并对她说："你别声张，我们一起来分！"张大妈心动了，跟着矮个子来到一条小巷。此时，那高个子找到他们两人，说他们捡了他掉的1万元钱。矮个子让搜查一遍，什么也没搜到。张大妈为证明自己是清白的，也同意搜查。高个子从张大妈的包里搜出一张银行卡，问是不是她的，又追问："你是不是把刚才捡到的钱存到卡里了？"张大妈说："怎么可能，你丢的是1万元，而我卡里只有5000元，你要是不信我们到银行查。"高个子问："那密码是多少？说得不对我就去报警。"张大妈为证明银行卡是自己的，就把密码说出来。于是，高个子将卡放进她包内，说"看你那么老实，钱应该不是你捡的"，之后就离开。她回过头来找那个矮男子，发现他不知去向，很快又发现她的银行卡被调包。

骗子都是"审讯"高手，绝不搞刑讯逼供，文明得很呢！

4．骗奸

假装丢钱包，两人偶然看见捡起来，失主马上找来，最后受害者被骗子胁迫交出钱来。这种骗术在全国发生过无数，一点也不新鲜，但湖北随州的余某和甘某还是骗出"特色"。

在广东中小市岐关路段，他们物色到女青年何某，即由甘某将一沓用报纸伪装的钱掉在何某面前，让余某与何某同时看见。余某将钱捡起说："钱是我们同时看到的，我们一起平分吧！"这时，甘某找来，余某矢口否认。争执中，三人来到一片小树林，甘某要搜何某的身，余某说："这是我老婆，不许碰她。"甘某说不信，除非他们两个当场做爱。余某说好，真的就做。做完之后，甘某说看得受不了，钱不要，也要跟何某做爱。于是，甘某与何某也做一次。临走时，甘某给何某两千元钱。事后，何某打开一看全是废报纸。余某、甘某两人轮流扮演掉钱者和捡钱者，先后轮奸4人。

只要受害者没识破，恐怕骗子还能创造点其他什么"特色"。

5．作证阴谋

在新疆乌鲁木齐，张小姐从位于阿勒泰路上的一家银行取1800元钱，放在包里。走出不远，有一高个男青年匆匆从她身边走过。她看见那男青年包里掉出来一包东西，正想叫时，身边走来一个较矮的男子，迅速将那包东西拾起，冲着她说："我捡到许多钱……"未等矮个儿说完，高个子已经返回，说："我刚才丢了钱，你们看见没有？"矮个儿抢先问答："没有！"大个子急了："那边卖冰棍的老太太说，看见你们捡了。把你们的包打开，让我看看有没有我的钱。”张小姐本来不想让他看包，但矮个儿说看了包就可以证明清白，她只好把包打开，说：“你看，这钱是我刚从银行取的1800块，没有你的钱。”高个子说：“不是我的钱。我的钱是公款，有1万多呢!”矮个儿说：“你别急，我陪你去单位作证，证明你的钱是丢了。”高个子冲着她说：“这样吧，这位小姐，把你的钱给我拿到单位作个证，然后再还给你，行不行?”没等张小姐反应过来，矮个儿已经从她的包里掏出那1800元，并迅速朝她的包里塞一包东西，悄悄对她说：“我已经把他丢的钱放在你包里。你要是说出来，就讲不清楚。你在这儿等我，我陪他作证，一会儿就回来。”说完两人快速走到路边，拦一辆出租车走了。张小姐在原地等了近40分钟，他们还没回来。回家打开一看，里头全是假钱。

据警方揭露，这伙犯罪分子用来骗人的“钱”，是两元就可以买一捆的“冥币”。他们利用有些人怕惹事等弱点进行诈骗，作案对象大多是提包的民工、外来人员、老人及单身的有钱男女。实施诈骗活动时，什么都骗——现金、手机、传呼、首饰等，多的几千元，少的只有一部传呼或一二百元现金。他们将骗来的手机、传呼等赃物拿到乌市大西门附近的二手手机市场上低价卖出，所得赃款用来购买毒品。据犯罪分子交代，在乌市阿勒泰路附近已作案20余起，涉案金额达万余元。

防诈骗实用指南

- 把捡到的钱包交给警察，在适时情况下打110报案，看骗子有没有胆上前要什么花招。
- 骗子会利用有些人怕惹事等弱点进行诈骗，作案对象大多是提包的民工、外来人员、老人及单身的有钱男女。
- 别贪心，捡小便宜，失大财。犯罪分子用来骗人的“钱”，是两元就可以买一捆的“冥币”，甚至就是废报纸。

四、变钱把戏

1. 白纸变钱

刘某当众将两张白纸往水里浸了浸，接着往纸上涂几种“药水”，奇迹便发生了：两张白纸竟变成两张百元大钞！围观的郑某说：“这肯定是假钞!”刘某说：“你可以到银行去验呀，我的‘魔术钱’和真钞的比率是5:1。”同在围观的珍珍及林某，和郑某一起拿着那变出来的钱到银行去验，结果是真的。

这样，郑某请求刘某再变。刘某推辞说：“现在换钱来不及，我没空一下子变出这么多钱来。实话说，找我变的人已排到年底，你们等明年再说吧!”郑某、林某苦苦央求，刘某才答应卖一些药水，让他们自己操作。他说药水成本很高，要三瓶不同的药水，但现在身边货源不足，只能给他们每人一瓶，让三人调剂着使用。郑某、林某不假思索地答应，珍珍也懵懵懂懂地跟着点头。后来，珍珍东挪西借，凑23万元给刘某，换得一瓶无色无味的“神水”。然而，当她再找郑某、林某联系时，他们却没有任何回音。

上海普陀警方破获一个专门利用“白纸变钱”的诈骗团伙，有10余名，在金沙江大酒店、江苏饭店、海虹宾馆、大华宾馆、远东不夜城等地作案50多起，总案值超过百万元。

郑某是福建福安赛岐人，只念到小学四年级便辍学，16岁开始到镇上卖大饼。卖大饼积蓄一些钱，不料被“白纸变钱”骗个精光，便“以牙还牙”。郑某交代说：“我们喜欢挑那些从外地来沪的小姐，越年轻越好。一来她们在此人生地不熟，没有经验，也无人可商量。二来这些小姐贪图小利，只要有吃有喝，一般都上钩。还有，娱乐场所的小姐往往害怕警察，吃了亏也不敢报案。"

其实，他们的骗术并不高明，只不过玩弄一把魔术中的"障眼法"，趁人不备时迅速将白纸换成预先准备好的钞票。而所谓的"神水"，其实是白开水。

除了在印钞厂，如果白纸真能变钱，银行岂不是可以全关闭？

2. 洗衣粉变钱

深圳打工女廖某，在观澜桥附近经过时，有个男子自称是佛山和尚，会变钱。他叫她拿出1元钱，摇几下，然后还给她，叫她用双手握住，用嘴往手上吹气，然后打开看，那张钱变成一张两元的人民币。和尚问她银行里有没有存款，叫她取来帮她多变1倍。她信了，骑自行车到银行将多年积蓄的2万元钱全部取出来，交给这和尚。这和尚将钱用再生纸紧紧包住，然后装进一黄色塑料袋，叫她转身，不要看，叫一声"财神到"，然后转过来。他将那黄色塑料袋装进一个蛇皮袋，放进她自行车篮子里，交代5天后才能打开。5天过后，廖某还真以为2万元变成4万元，打开一看，里面只有一包洗衣粉。

如果魔术可信，世界首富一定不是比尔·盖茨，而是马戏团老板！

防诈骗实用指南

- 他们的骗术并不高明，只不过玩弄一把魔术中的"障眼法"，趁人不备时迅速将白纸换成预先准备好的钞票。
- 任何变钱都是魔术。科学幻想有可能成真，魔术永远不可能成真。然而，魔术有趣，你可以看得开心一些，但千万别信以为真。
- 贪图小利者，没有经验者，一般都上钩。

五、钱币收藏陷阱

1．伪造错币

任何事都会有差错。人民币印制自然是件管理极严的事，凡有印刷问题的，都给检查出来，并予销毁。但检查这事本身也难免出差错，因此极少印错的人民币还是有可能流通出来。在收藏界来说，信奉“物以稀为贵”。将“错版”收藏起来，本来无可厚非。然而，有的人走火入魔，竟然专事伪造“错版”。

《信息时报》记者在广州一个被称为华南地区最大的邮票集藏品交易市场的“中原邮币交易中心”暗访，发现伪造“错版”与挖补火车票的手法如出一辙：将票面需改动的地方，用特制的刀片将其表层挖出，然后再将挖出的部分倒置后重新贴上，只不过比挖补火车票更精致而已。

造伪者林某告诉记者，他们可以根据客户要求，制作各种不同的“错版”。在“错版”纸币中，改的位置不一样，价格也不一样。不光纸币能改，硬币也能改。还可以随意改好的号码，如“No3588888”这样的号码，特别值钱。而这样的钱，由于材料不假，验钞机验不出假来。

造伪技术也与价值成正比，越值钱的越会利用高科技。只要值钱，没有骗子不能利用的。

2．虚假广告

陕西长武青年崔某，与未婚妻计某经营服装店，日子过得红红火火，甜甜蜜蜜。有天，崔某从小报《楚天信息》上发现一条广告，称一枚清代的“咸丰重宝”古币现在值30万元人民币，马上想起自己家里有这样一枚古钱，立刻回家找。父母都说没有这样的古钱，可他坚持说有，他小时候玩过。经过一番翻箱倒柜，还真找到一枚“咸丰重宝”，一家人欢天喜地。

晚上，这对热恋的人儿约好上舞厅，计某叫崔某顺便把那价值30万元的“咸丰重宝”带出来开开眼界，崔某自然乐意。然而，计某把这小宝贝看完顺手塞在自己牛仔裤口袋里，然后尽情跳舞、亲热，等分手时才发现那玩意儿什么时候丢了都不知道。马上返回寻找，找遍每一个角落，连个影子也没找着。

随着“咸丰重宝”的丢失，两人的爱情和婚姻也丢得差不多了。崔某母亲想：“莫不是计某见财起念故意这么做?”她一时想不开，卧床不起。计家人心里也一肚子气：“我们虽然不富，但是本分，你们却这样怀疑。丢古钱确实是我家女儿不对，但她也是不小心啊!实在不行，你走你的阳光道，我走我的独木桥!”

崔、计两家的风波在街坊邻里之间闹得沸沸扬扬。有天，崔某的同学特意告知：亭口镇的范某集币20多年，他说“咸丰重宝”其实不值钱。崔某连忙专访范某。范某说：“现在一些集币者，为了牟利，把自己有的一些古币通过媒体做假广告宣传出去，抬高身价，等吸引不知内情的人后再出手牟利。这就是炒作。‘咸丰重宝’最多也就值15元，这样的古币我这里有4枚。”说着，范某真的拿出4枚“咸丰重宝”给崔某看。崔某看傻了眼，反应过来第一个念头是赶紧去告诉他的未婚妻计某。

说实话，这个新闻故事很让人怀疑是杜撰的(原文还有不少细节)，而且模仿了中学就读过的外国小说《项链》。不过，这种古钱币的确广告不少，像《小说月报》这样的高雅杂志上也常见，但愿崔、计式的悲喜剧不常有。

防诈骗实用指南

- 收藏需要比一般甄别真假币更专业的知识。如果不具备这一本事，还是不涉足为好。
- 广告不可全信，不论出现在多么高雅的媒体上。

◆ 当今的造假技术，完全可以造出足以乱真的“文物”。因此，切不可以为看上去陈旧就是“古”。

六、换钱陷阱

在河北石家庄火车站，几乎每天都要发生几次换钱诈骗。骗子往往以一个站前小卖部为据点，当外地人或者乡下人买东西时，诚恳说他这儿有一堆5元、10元的零钱，想换几张整钞去进货什么的。如果哪个人出于好心和骗子换，骗子就在顾客眼睁睁的情况下，少给几张钞票。

新华社记者李某亲眼目睹一场骗局。记者陪一位朋友赶火车，到一个小卖部买一包烟。小卖部的小伙子在递烟时提出换钱请求，好心的朋友爽快地掏出200元钱。小伙子面带喜色开始数5元的零钞，数完后交给那朋友，并提醒说：“您数数看对不对?”朋友仔细地数两遍，发现少10元。小伙子接过后一数，果然如此。在记者和朋友两双眼睛注视下，他从兜里掏出两张5元钞，按在那一沓零钞上。朋友没有再数随手装进钱包里。然而，在买票的时候，发现那沓钱根本不是200元，只有150元。

骗子最可恶的，还在于他们骗取钱财的同时，践踏了我们的美好心灵，使我们的社会信任随着骗子的增多而减少。

防诈骗实用指南

◆ 助人为乐还是要的，但同时不要放松警惕。

◆ 交接钱，还是当面清点为好。既然他又过了一手，自然得再清点一遍。

七、黑吃黑

在电影电视中常可以看到，毒品或军火交易，因为见不得人，只好找一个僻静处。又由于互不信任，双方保持距离，真刀真枪相对。这边将货扔过去，那边将钱扔过来。打开一看，往往出现猫腻：或是尝一下发现毒品掺假，或是打开钱箱发现除上面几捆是真里面的全是假，于是火拼起来。这种事，在现实生活中也有。

广西资源县一个自称退休教师的李某，说是某国有公司在收购失散于民间的古董和旧美钞，在这方面投资可得十多倍红利，并可由该公司安排家属工作。在医院工作的莫某闻讯，几年间先后投资2万多元，但一分红利也没得到。李某总是以“快要成功”来搪塞。莫某要急用钱，只好如法炮制拉友人赵某入伙。不久，李某销声匿迹，莫某和赵某有苦难言。

蒋某得知莫某和赵某受骗不敢报案，便伙同湖南王某等人来算计莫某，说王某家里有几个具有灭火功能、价值很高的“玉石手镯”急于变卖，利润可观。莫某又动心。其实，那只是一块特制的蜡烛。莫某卷入供货一方。交易时，骗子团伙中收购的一方从公文包里拿出一包用报纸包好的钱，在莫某眼前亮了亮。其实，这包钱的每一小捆，除上面一张和下面一张是真的，中间的是冥币。就这样，莫某又被骗5000元真钱。

防诈骗实用指南

- 俗话说：“夜路走多了总会碰上鬼。”见不得阳光的事，还是不做为上。
- 成捆的钱，应当用防伪点钞机清点。

八、假人民币的基本特点

假钞主要有两大类：一是伪造币，二是变造币。

1. 伪造币

伪造币是依照真币的用纸、图案、水印、安全线等要素的模样，运用各种材料、器具、设备、技术手段模仿制造的假币。具体有以下种类：

(1) 手绘假钞。按真币临摹仿绘，一般质量比较粗劣，但老人、小孩较易受骗。

(2) 蜡印假钞。手工刻制蜡纸版油印而成，色彩不一，且容易出现变形图案，也较易识别。

(3) 石印假钞。一般是在石版上手工或用机器雕刻印制成印版，容易出现重叠、错位、漏白等问题，不难识别。

(4) 手刻凸版假钞。以木版为基料，在小型机具上印制，质量也较差，较易识别。

(5) 拓印假钞。以真币为基础，用某种化学药物使真币上的图纹油墨脱离一部分钻印到另一张纸上，图案、蕴涵纹等要素跟真币完全一样，但墨色较浅，图纹不够清晰，只要注意就不难辨认。

(6) 复印合成假钞。先用真币在复印机上复印出真币的黑白图案花纹，再用彩色套印的方法合成票样，在纸张、油墨等方面难以乱真，可以从此鉴别。

(7) 机制假币。一般是用手工或机器雕刻制版，或利用照相、电子扫描分色制版，在中型印刷机上印刷，效果较逼真，但不可能使用人民币的全部防伪技术，通过一定方法就能够加以区别。

(8) 彩色复印假钞。这需要较高级的彩色复印设备，在图纹、图景等方面容易做到逼真，但在纸张、油墨、凹印等方面与真币有明显区别，通过一定仪器或高倍显微镜可以识别。

(9) 照相假钞。这种假钞用一般照相技术制成，纸张厚脆，表面有光泽，与真币明显不同。

(10) 剪贴假钞。将报纸、刊物或画报上印有真币的图片剪下来，正面和背面粘合起来，很容易识别。

2. 变造币

变造币是利用各种形式、技术和方法，对真币进行加工处理，改变其原有形态，并使其升值。主要有三种变造形式：

(1) 揭页币。分别在较旧的大额人民币的不同部位拼进一条(片)假币，再用不同的粘胶带粘接住。

(2) 剪贴币。在100元或50元大额人民币中不同的部位分别挖出一小块真币，然后在这些缺口处用纸或不透明胶带粘住。据了解，这种变造法能使12张真币剪贴变出13张。

(3) 涂改币。将真币票面金额用化学药剂涂掉，再用油墨或颜料加以涂改，使其面额增大。

这三类一般的机器点钞及手点均不易发现。如果收到胶带粘接的人民币，特别是用不透明纸粘接的人民币，应特别注意，一定要仔细查看当中的假币；对于不透明粘接处应撕开查看，看看里面有无缺少小块(条)真纸币。要查面额数字，看是否有被涂改。

3. 假币新动向

近来，流通中的假人民币出现一些新动向：

一是第五套百元券出现新假币。这些假币的特点是：

(1) 针对银行点钞机具而制作，与真币在点钞机上的检测反应完全相同，整版有磁性，无荧光反应，因此一般点钞机具无法检测；

(2) 手感差，手摸有光滑感，在水印处特别能感到纸张比真钞厚，整张钱币厚薄不一致；

（3）有无色荧光暗记，但色泽较浅，没有真钞亮丽；

（4）线条经仔细查看呈点状结构，不是完整的一条线；

（5）颜色较真钞有较大的差别，特别是背面颜色偏红。

二是出现假壹元硬币。这些假币的特点是：

（1）正面牡丹花与背面国徽等整体图案立体感不强，较模糊，光泽度差；

（2）“1”字与背面国徽位置不对称；

（3）国徽两边麦穗与天安门图案不清晰；

（4）比真币重量稍轻；

（5）边缘比真币厚，可用真币直接比较出差异。

三是假币小额化。10元、5元、1元纸币也出现假币。在菜市场，还常有人用2分、5分的硬币冒充1角硬币。

4. 假币小花招

此外，还应注意一些特定因素。

持有假币的人，总想将手中的假币打发出去，换取真钱。但由于人们对假币的警惕性普遍有所提高，特别是对大面额的钱，一般都会认真检查。因此，要将假币兑换成真钱，就会采取一些花招。

据观测，主要有以下几种：

（1）趁黑找零，真中夹假。在天黑或光线暗时，如果递上的是大面额钞票，摊主在找零时，可能把假钱夹带在真钱中，一把递给你。

（2）调包。一般是流动摊贩、载客摩托、残疾车、出租汽车司机等不固定经营者。当你递给一张较大面额的钞票要他找零钱时，接过真钱与自己的假钱放在一起，然后在一把钱中寻找零钱，翻来寻去找不够数，于是很大方地把你以为是你的那张钱（其实已被调包的假钱)还给你，说叫你给零钱。你再给他零钱，不够数时你还以为捡了便宜，其实已经上当。

（3）表面大方，实则付假。一些打的乘客，到达目的地后，甩下一张大面额钞票，然后装着有急事而显大方地说“不用找了”，趁你高兴时迅速离去。

(4)“托儿”起哄，趁乱掺假。这些人往往趁摊主跟前人多，场面较乱，同伙几人佯装挑选买货，让摊主忙乱之中无暇顾及钱的真伪。

(5) 鱼目混珠。在进行大笔交易时，在大沓真钱中夹上几张假币，不逐张细查很容易被蒙骗。

第二章

外币诈骗

一、趣话“外币”

中国民间有一个著名的“两难选择”问题，一般是女人提出，问丈夫：“如果我和你妈妈同时落水了，你是先救我，还是先救你妈？”对此，简直只能用禅道来对付：不可说，不可说，一说就错。

1999年诺贝尔经济学奖得主孟德尔和美国麻省理工学院教授克鲁格曼也提出一个类似的难题，说在资本流动、汇率稳定和维持独立的货币政策这三个基本政策目标之间，最多只能同时满足两个。

这个著名的“三难选择”已成为经济学的基本常识，是经济学家们进行经济政策设计和讨论的基点。这问题的性质与先救女朋友还是先救自己老娘一样，所不同的是前者为虚拟，后者为现实——虽然难，但各个国家和地区都不能作出选择。

国内关于欧元的报道和议论不少，给我的印象是：像国人反对美国霸权主义一样，欧元的使命是对抗美元霸权，而且简直可以套用某种曾经时髦的逻辑来说：“欧元是美元的掘墓人。”

有关专家认为，通过放弃独立的货币政策换来稳定的汇率和资本的自由流动似乎是很合算的，而要维持独立的货币政策经济代价就相当高昂。简单地说，就是在三难中当选汇率稳定和资本的自由流动，而弃独立的货币政策。

那么，独立的货币政策意味着什么呢？

独立的货币政策主要就是货币发行权，在过去一般被看做国家主权的标志。你看我们人民币，能够上像的只有那么几个领袖人物，其他只能是象征性的工农兵，再就是天安门和国徽，国外人物再伟大再革命也上不了我们的钱。美元印的是本国总统和名人12个及联邦储备银行印。英镑印的是女王伊丽莎白二世头像。香港情况特殊，渣打银行发行的纸币印古罗马人像，但用中、英文印有自己的行名。没有发行自己的货币，几乎是不可想象的事。

然而，也有不少国家早已放弃这一主权，拱手让给美元。利比里亚和巴拿马等国家完全美元化，加拿大有一半以上的银行以美元计算，并正以年均1%的速度递增。墨西哥民意测验显示，90%以上的受访者赞成接受美元。专家说，今天发行的美钞2/3都是在美国境外流通，而新增的美钞3/4被非美国人持用。

更典型的是欧元。欧元诞生于1999年1月1日，是世界上最年轻的货币。这种货币不属于哪个具体国家，而属于欧盟12个成员国，即比利时、丹麦、芬兰、法国、德国、爱尔兰、意大利、卢森堡、荷兰、希腊、葡萄牙、西班牙等。根据有关规定，欧元纸币由欧洲中央银行负责印制发行，所有的欧元纸是完全一样的，不论是由哪个国家印制，纸币上都没有国家的标志。

历史地看，货币像语言文字一样需要尽可能的统一。秦统一中国，并不仅仅是政治上的统一，还要统一度、量、衡及文字和货币。中国这么大，南腔北调，推广使用普通话是非常迫切的问题。这还不够，还必须与国外广泛交流，而这首先要有一种“共同语”，人们普遍选择英语。同样的道理，要在世界范围内广泛开展经济活动，首先也必须选一种“共同货币”，人们普遍选择美元。问题就这么现实。

中国现有四种货币，即人民币、港元、澳门元和新台币。港元、澳门元和新台币被称为“外币”，反之亦然。

有专家建议统一人民币、港元、澳门元和新台币为“中华元”。但愿真能有这一天！

不少人建议创建欧元那样的“亚元”。日本、中国和韩国以及东盟吸取1997年亚洲金融危机的教训，在2000年5月签订以相互通融美元的“通货交换协定”，加强维持货币价值的合作关系。有消息说，日本、中国、韩国、东盟以及欧盟将共同组建小组，研究欧元型的亚洲共同货币问题，以促进“东亚经济体”的实现。这项由日本提议的共同小组的成立是为研究如何促进亚洲地区经济整合，各有关国家不仅在贸易方面，也在金融、资本市场制度等方面加速一体化，以期有助于促使亚洲在未来能实现像拥有共同货币的欧盟一样的经济体。

欧元是理想化的产物，好处可以说上千条，但推行起来并不是一帆风顺，稍大的事就要“全民公决”。平民百姓没答应，你总统、首相急死也没用。

2002年1月1日零时，欧元区12国的3.04亿居民从此告别他们祖辈习惯使用的法郎、马克、里拉、比塞塔等本国货币，而改用欧元纸币硬币。这首先是一大观念的转变，而要改变这种观念不是容易的事：

——英国一直反对加入欧元区。英国一家调研机构对1025名成年人进行调查，结果58%的人认为，未来10年里英国仍将使用本国货币英镑；34%的人则预测，到2010年，欧元体制会崩溃，成员国将重新使用本国货币。

——德国尽管已通过加入欧元区，但一项民意调查显示，仅15%的德国人对欧洲单一货币制欧元充满信心，51%的人说他们对欧元的信心不足，而33%的人表示他们根本不信任欧元。

尽管各成员国多年做了大量努力，直到正式实施前夕，仍然步履维艰：一项民意测验表明，52%的人不满意以欧元取代本国货币。欧盟委员会的统计表明，欧元区企业冷落欧元，全部用欧元作账的企业不足1%。

由此可见，要想在全世界改变五花八门货币的局面，并不容易。

然而，这类新的想法不断产生。在全球金融危机背景下，2009年3月23日，中国人民银行网站发表题为《周小川：关于改革国际货币体系的思考》的署名文章，文章指出：“现在的国际货币体系由于使用主权信用货币作为国际储存货币，因此具有内在缺陷与系统性风险。全球应该创立一种与主权国家脱钩的，能保持币值长期稳定的货币。”

这一建议迅速在国内外引起强烈反响。对此，俄罗斯、巴西等一些新兴国家经济体表示赞同，西方国家大多表示反对的态度。美国总统奥巴马在第一时间做了回应：没必要创建新全球货币。国内议论也多，对此前景有的表示乐观，有的表示不乐观。英国《金融时报》中文网经济事务评论员吴铮在《终结美元时代知易行难》一文中说："周小川文章的前一个观点，是对目前形势清醒的'诊断'，值得重视，第二个观点，在目前条件下，则更接近于一个难以见效的'处方'。"这场刚刚发生的货币战争硝烟正浓，我两眼迷糊。不过，我相信这一战是漫长的。外币还是长存的，外汇还是可以炒下去。

但外币诈骗也历史悠久。以前，我国流通的银元，除本国所产，还有外国流入的，从墨西哥来的叫"鹰洋"，从日斯巴尼亚（现名何处尚不详）来的叫"本洋"。钱庄经营用鹰洋、本洋兑换钱币。如果换到的洋元质地不纯，就分别叫做"哑板"或"老板"，那就要倒贴几十到上百文钱。有天，有个人拿着一元本洋到钱庄检验，店里伙计拿起那本洋在柜台上转了转，认真听音，认为质地不错，就在洋元上盖章，还给那人。那人把刚盖的章擦去，重新给伙计，说要把它换成铜钱。伙计又认真检验一遍，说这是哑板，如果要兑换，要贴50文钱。那人如数贴钱，把换来的钱搭在肩上，又找伙计要钱，说："我先给你一个洋元，你说是好钱，然后又拿一个洋元换钱，一共是两个洋元。我只用一个洋元换钱，而我现在身上已经没洋元，你可以搜我的身。"钱庄伙计骂他无赖，马上就有几十个地痞流氓涌进来吵闹，围观的路人也越来越多。钱庄老板吓坏了，连忙赔不是，并赔几十块银元，这才息事宁人。

防诈骗实用指南

- 炒汇是最需要知识的行业之一。由于我国对外开放较迟，外汇知识目前还不是很普及。
- 中国人民银行河南省安阳市分行在对当地商业银行业务检查中发现，外币存单中"角分现象"十分普遍，即对美元像对人民币一样将小数点后的金额视为"角"、"分"，而美元其实只有"分"没有"角"，令人啼笑皆非。
- 不识外币而又想赚外币的钱，这就像分不清稻苗与稗草而要种田、分不清汽车与自行车而要开车一样。
- 要想挣外汇的钱，就得老老实实掌握外汇基本常识。否则，难免不受骗。

二、黑市陷阱多

如今，我国外汇也可以自由交易，外汇黑市基本消失。但有些人嫌银行手续费较高，仍然喜欢私下交易。

1．街头骗

在街头，可能会有人问你："要不要交换外币？"如果你答应，他们会马上拿出相应的钱给你。正当你认为兑换成功，打算离开时，骗子拿过你手上的钱说："对不起，钱弄错了，让我再数一次。"这时，另外一个骗子走过来说："警察来了，快走！"骗子把钱往你手中一塞："快走吧，警察抓到就麻烦了！"骗子跑了。等你静下心来，数一下手中的钱，发现除表面一张是大面额的钞票外，其余变成零钞。

有了这样的骗子，"贼喊捉贼"也就有了新意。

2．车边骗

广东佛山禅城区一位退休老伯，在中医院附近行走时，突然有辆小车停到他身边，从车上下来一个青年，说家中有人生病，急着用钱，但手头上只有十多万元的外币，到银行换手续烦琐，又要收费，为此请老伯帮忙换人民币。说着，他从包里拿出一捆面值1000元的外币给老伯看。

老伯不相信，迈步想走开。这时，又有个人走过来，声称自己是某银行的"信誉部"主任，看出这捆钱是真的，自己也想换。为让老伯相信，他还出示自己的"工作证"。这样，老伯相信，回家拿存折，从银行取出12万元的存款给那人。那个人拿了人民币马上驾车而去。老伯认真看手里的外币，发现当中是一堆冥币。

冥币当然是“外币”，只不过那是阳间以外之币。

3．银行门口骗

在银行门前，常会有一些外表斯文的人徘徊。这些人看到有取大额外币的人，会主动上前搭讪，说自己需要大量的外币。如果你愿意，他就以比国家牌价高出很多的价格与你兑换。如果你答应，他们带你到一个比较高档的地方，认真和你计算，让你感到很有赚头。准备成交的时候，他们用信封将双方的钱装好。当你认为交易成功之时，骗子说：“等一等，我不太懂鉴别外币。现在，我们一起到某银行去鉴定一下。”他让你拿着自己的那袋钱。其实，骗子已将你的钱调包。如果你及时发现，想要回自己的钱，骗子就可能采取暴力手段实施抢劫。

北京刘某等人，主要手段是切汇，也就是利用人们私自兑换外币的机会作假行骗。他们当中负责寻找、联系被害人的，是个眼尖嘴甜的人。他们散落在银行、商厦门前，嗅到情况时主动出击，跟在被害人后面巧言令色，谈好兑换的数目与价钱，把对方的电话或联系方式记下。刘某等人按照这些情况，先到银行花10元钱以被骗者的姓名开户，然后再存一种币值低的外币，数目同所谈的美元数相等。他们对受骗者说：“咱们不用现金，万一是假币呢？还是把钱存到银行去，交换存折，这样大家都放心。”于是，刘某等人用事先拼凑的人民币，当着被骗者的面存入银行。双方一手交钱一手交货，被骗者得到只存10元钱的折子。等到取钱时发现真相，骗子们早分头逃走了。

刘某等人在朝阳区北沙滩工商银行储蓄所附近、宣武区白广路工商银行储蓄所附近、海淀皂君工商银行储蓄所附近等地作案8起，诈骗人民币58万元。

所谓“越危险的地方越安全”，就因为“危险”与“安全”的意识被颠倒了。

4．以作废外币换人民币

上海松江区的李某，去华联超市购物。走到中山二路时，遇到外地人

A问:“华夏实业公司怎么走?”话一搭上,A滔滔不绝地说:“我是到上海来做生意的,出车祸,身边只有外币,想以1:4.5的价格兑换人民币。”这时,同伙B登场。他将李某拉到一边,悄悄说:“我是松江工商银行的王科长,我知道这种外币的国家牌价是1:5。我有个做外币生意的朋友住这儿不远。他如果肯收的话,我们就先兑换下来。”李某信以为真,跟着B来到“朱老板”处。朱老板狮子大开口,称这种外币有多少收多少。离开朱老板后,B催李某取钱。李某取39万元现金、6.7万元的银行存单和国债总计45.7万元,统统交给A。A将100张面值1000元的外币给李某。李某拿这些外币跟B找朱老板兑换。途中,B借故离开,朱老板也人去楼空。李某向警方报案。经查证,这种外币其实是早已作废的某国币。

这些骗子像可怕的病毒一样,一旦沾上,甩都难甩,直到被害。

又如一男子自称福建某服装厂的销售员,到贵阳桐乡凤鸣路旁劳保用品店找冯老板,说是想订购一批工作服。冯某自然欣喜。销售员带冯某去东方大酒店见他的老总,路上突然又说今天老总腹泻,得先去中医院接刘医生为他看病。在东方大酒店,穿白大褂的刘医生帮老总开完处方,低声问道:“上次跟银行张科长谈的那些澳元到底还要不要?”老总连连点头说要,并许诺以1:6的比价兑换,叫刘医生快去张科长那里取。在刘医生的邀请下,冯某一起到当地建设银行。在建行门口刚好碰上张科长。张科长把两人拉到隐蔽处,说银行里只剩5万澳元,如果刘医生需要,愿以1:5.2的比价兑换给他。刘医生说没这么多现金,问冯某有没有兴趣兑换。冯某见有0.8元的差价,转眼可赚4万元人民币,当然乐意。她马上从银行取26万元,与张科长兑换5万澳元。可是,当她转身找老总时,他们四人消失得无影无踪。经查,这5万澳元其实是分文不值的某国废币。

骗子几乎个个能当剧作家。从启幕到闭幕,每一个角色何时出场、如何道白,都编得天衣无缝,足以令你身临其境,对号入座,出神入化,直到谢幕才惊异怎么回事。

5. 作废外币行骗乡里

有个姓王的年轻人,自称是台湾人,到福建大田太华镇汤泉村,说他爷爷原是国民党军需官，50多年前有天夜晚路过汤泉时，突然发病，生命垂危，是这个村的肖郎中救了他。他爷爷到台湾后弃甲从商，发了大财，念念不忘这位救命恩人，特地叫他到大陆来报答。村里的老人们回忆，确实有这么回事，可惜肖郎中已作古20余年，不过他儿子肖某仍在本村。

王某见到肖某又跪又拜，千恩万谢，并马上掏出手机给台湾的爷爷挂电话。电话也给肖某接，真有一个老人向他父亲致谢。王某送上从台湾带来的名贵礼品，又掏500元钱给肖某上街买菜做午饭。饭后，王某到肖郎中墓上，看到坟墓简陋，马上表示要出52万元重修，肖某自然欣喜。第二天，王某到县城采购水泥和大理石，但他说由于来得太匆忙，身上带的几十万元外币只兑换几千元，现已花得差不多了，要肖某先借1万元。王某把一大袋外币交给肖某，肖某便将几年的积蓄给他。然而，王某拿了钱一去不回。肖某打王某的手机，被告知是空号。肖某把王某留下的外币拿给知情者一看，发现全是作废的外币。

骗子“知已知彼”，而受骗者“知已不知彼”。这场交道，从一开始就注定了输赢。

6. 借兑换之名行劫

福建三明妇女吴某，长年在中国银行附近做外汇黑市交易。她每天在这一带游荡，风雨无阻。她跟各种各样的人打交道，不论是否成交，都会给人留下电话或传呼号码，希望多几个人跟她联系做生意。

安溪县一个偏远山乡的年轻人徐某，曾在三明得到吴某留给他的传呼号码，却召集两个同伙阴谋对吴某行劫。他们专程来到三明，由徐某打传呼，说：“我朋友有2000美元，问我哪里可以卖高一些价钱，我说你这里可以，就带他来了。”在中行附近，他们见面。徐某说，那朋友住宾馆，一起去找他。到宾馆房间，跟假冒客户谈一阵，因徐某没带多少钱，没有成交。吴某回去后，假客户又打传呼联系。她认为有利可图，当即到开在建设银行的户头上取2.4万元人民币，如约到某宾馆401房间。

一进房间，徐某在卫生间神秘地向吴某招手。吴某以为是同她单独协商价格，就进去。没想到，徐某一把将她拖住，就反剪她双手。同时，外面的人将电视机声音调到最大，任她喊和哀求都没用。三个骗子用事先准备好的松紧带捆住她的双手，用透明胶带封住她的嘴，又用刀片割断她身上的挎包带，搜出那2.4万元人民币和她早上收购来的50美元，扬长而去。

7．“打美国佬”

江西有一些犯罪团伙，专门诈骗台属手中的美元，居然还美其名曰“打美国佬”。他们的诈骗范围不只是江西。

江西丰城的金某，曾因走私、诈骗被公安机关收容。解除收容后，他雇4个人，自己当老板，先后10余次流窜到四川、广东和湖南等地大搞诈骗活动。然后与人结伙，专事“打美国佬”诈骗，祸及湖南、四川、广西、河南等地。

金某等窜到河南孟津常袋乡刘某家，说是福建某中外合资企业的，因生意急需，想用人民币以9.5∶1的高价兑换美元，听福州一个朋友说刘某父亲最近从台湾回来，带了美元，所以特地赶来。刘某见他们连自己父亲的姓名都能说出来，便信以为真，决定先换1000美元。金某说，都是第一次换美元，不知美元真假，提议到银行鉴定。双方一起来到洛阳车站附近一家银行的储蓄所，金某当面存入9500元人民币，设双方都知道的密码。经银行鉴定，1000美元都是真的，顺利成交。两天后再兑换，金某将8万多元人民币存入银行，并写上刘某的名字，然后回孟津取8500美元，再到洛阳。金某等请刘某吃饭，之后说先回旅馆，等刘某取那8万多元人民币后再一起到龙门、白马寺玩玩。刘某到储蓄所取钱，银行告诉他说这存折被涂改过，实际只有10元。刘某马上到车站旅馆找金某等人，连踪影也不见。

又如湖南溆浦退休老人黄某，有一个胞兄弟在台湾，回来时带给她一笔美元。不久，两个分别自称姓张和姓董的外地人来找黄某，要求兑换美元。黄某答应以5531美元换4.98万元人民币，要求对方先将钱存入银行。双方来到银行储蓄专柜，由黄某填写活期存款凭证，连同身份证交给陈某办理存款手续。密码由黄某设置，但张某在旁偷看，又将她引离柜台，由陈某办理存款，并偷办储蓄卡。然后，三人回黄某住所取美元。而黄某存折上的钱，当天就被分三笔取走3万多元。

这类骗子影响极坏。江西高安有个姓姚的台属遭遇“打美国佬”后，其兄从台湾给中共中央、国务院写信，说：“我是前国民党垂死的老兵，一生积蓄寄回家乡，竟遭诈骗，愿大陆公安人员追踪蛛丝马迹，追回骗款，严惩这些骗人之徒，以彰国家治安，以励人民从善，使歹徒自新，使国家、社会安宁。”

防诈骗实用指南

- 人民币目前还不能完全自由兑换，而有些人没有正常外汇来源又想炒外汇，便步入外汇黑市。
- 外汇黑市是地下经济活动，扰乱国家正常的金融秩序，损害群众利益，对社会危害很大，因此我国一贯严厉打击和取缔外汇黑市交易。《中华人民共和国外汇管理条例》明确规定：“私自买外汇、变相买卖外汇或者倒卖外汇的，由外汇管理机关给予警告、强制收税、没收非法所得，并处以刑事责任。”
- 有些人就利用外汇黑市见不得人的特点，进行各种欺诈，甚至谋财害命。这类诈骗防不胜防，又无法律保护，只有不涉足为宜。
- 银行的手续费是有些“贵”，但跟受骗上当全军覆没相比起来，便宜多了。因此，兑换外币还是找银行更可靠。几种主要外币特征，附本章后。
- 骗子经常成群结伙。有时，光警惕一个人不够，还得提防与他相关的一个或几个人。

三、拒绝“秘鲁币”

秘鲁，远在拉丁美洲，面积128.5万平方公里，人口只有1700来万，还没有我国福建一个省人口多。其货币叫“新索尔”(New Sol)，缩写为

PEN。秘鲁币是一种高度贬值的货币，50万元秘鲁币兑换人民币不足10元。巨大的差价，常被骗子利用。

1. 骗妇女

广西茂名的三个骗子，用25张面额为1000元的秘鲁币冒充加拿大币，在茂名市区与妇女吴某兑换人民币13万元。吴某拿着外币到银行储存才发觉受骗上当，立即报警。不久，吴某找到三个骗子，一边悄悄跟踪到高州，一边向110报警。警方火速出击，在石仔岭收费站路段将他们抓获，缴获秘鲁币64张。

2. 骗老人

徐州彭城派出所民警在戏马台附近，发现一辆江西南昌牌照的桑塔纳车形迹可疑，随即跟踪。当车内三名男子用外币跟一位老人兑换人民币时，民警迅速上前将他们拘留。经审查，四名嫌疑人是江西人，在南昌以3元人民币兑1000元秘鲁币的价格购买秘鲁币100万元，开车到徐州行骗。他们以处理交通事故急需用钱为由，用3万元秘鲁币冒充加拿大币骗得老人人民币4.7万元。

3. 骗银行人

闵某是武汉某银行运钞车押运员。有天一大早，他路遇一男子，对方自称从广东开车过来，在武汉撞伤人急需用钱，而他身上只有5万澳大利亚元，想以1∶4的价格兑换人民币。这时，另一位自称在银行工作的男子出现，说是有个收购外汇的朋友张局长，不妨找他请教。张局长出现后，当即答应以1∶6的价格兑换澳元。

亲眼目睹这一幕的闵某，决定用20万元买下这5万澳元。他马上打电话给银行营业部主任卢某，说急用20万元现金炒外汇，称“保证在中午11时前归还”。卢某当即向管库员领20万元人民币，送到闵某手上。闵某换到“澳元”后，却再也找不到张局长等人。赶紧找人一辨，才知全是已过期的秘鲁币，等于废纸一堆。

4．街头骗

浙江湖城老人王某，到女儿的新房子去转。走到苕溪大桥时，突然窜出一个满头大汗的青年，说：“老伯，麻烦你，打听一下湖州外管局怎么走？”这青年说，他开一辆运海鲜的货车，不小心在湖州撞了人家的豪华轿车，交警处理事故要他先交19万元押金，而他身上只有几万元瑞士法郎，想到外管局一个朋友那里去兑换人民币。

这时，一个在旁好像听了很久的中年人插嘴说：“你这事倒是真急，不如便宜一点，我帮你兑换吧！”司机一口答应。这时，中年人拖住想离去的王某：“老伯，我是银行里的，私换外币可是违反纪律的，您得给我作个证，这可是情况特殊啊！”王老汉一口应承下来。中年人又说：“可是我个人没有那么多钱，不如您老也凑上一份，算是帮个忙吧！”中年人接过司机手中的外币，煞有介事地教王某如何识辨瑞士法郎，并与司机谈定以1∶4.2兑换。接着，中年人摸出手机称与一名炒外汇的联系，带着王某来到金泉花园，碰到一个刚从楼梯上走下来老板模样的人，谈定以1∶6的价格兑换全部瑞士法郎。

看到中间有1.8元的差价，王某动心，女儿家里也不去了，转身跑到银行取出6万元人民币，换司机手中的瑞士法郎。中年人称自己也要再去取点钱，让王老汉先去金泉花园与炒外汇的老板碰头换回人民币。王某到金泉花园，左等右等不见人来碰头，觉得不对劲，转身到银行一验，被告知手中的是秘鲁币。

经警方查实，这伙江西南昌籍的骗子以杭州为据点，流窜上海、江苏、安徽、浙江4省市，诈骗20余起，骗得人民币百万元。

5．车上骗

陕西山阳南奄村王某，乘长途客车从西安回山阳。途中陆续上来七八个乘客，其中小个子拿出一张绿色的外币买票，售票员拒收。旁边的同伙七嘴八舌，有的鼓噪：“傻瓜！这是美元，1美元能换人民币13元呢！”有的同小个子讲条件：“你拿这钱没法花。我们用300元人民币买你100美元，行不？”小个子装着不愿意却又无可奈何，加上托儿们花言巧语地煽动，车上的乘客以为遇到难得的好事，纷纷掏出钱买假美元。王某看出其中破绽，悄悄提醒邻座的女乘客不要上当，竟被这伙骗子打得不省人事。

西安市公安局刑警五大队负责人告诉新华社记者，王某所遭遇的骗人事件在西安始发的长途客车上，几乎每天都有发生。

6. 骗上家门

年已七旬的某老太太独坐家中，突然闯进一名西装革履、手提密码箱的中年男子。他操着一口半生不熟的普通话与老太太搭讪，说自己刚从国外回来，碰上一宗大生意，可是办理兑换业务的工作人员不巧出差去，身上带的外币不能直接投入市场，如果有谁肯兑换，他宁愿降低比率，给对方赚笔钱财。说着打开密码箱，取出一扎簇新的外币在老太太面前晃几下。

老太太被说动，转身回房从箱子里取出准备借给女儿购买集资房的3万元现金，按所谓的优惠价兑换一笔外币。当日下午，老太太喜滋滋地对前来借款的女儿说："咱这回发了！"说着抱出那堆外币。这个当导游见过各种外币的女儿慌忙从中抽出几张，一捏、一照、一抖，发现是根本不值钱的秘鲁币。

正应验了《增广贤文》中那句话："人在家中坐，祸从天上落。"

防诈骗实用指南

- 外币种类非常多，令人眼花缭乱。在没把握的情况下，还是不涉足为好。即使必需，也应通过正规银行的渠道。
- 这类骗子一般本身没什么文化，不大敢轻易骗多少都懂些外语的青年人，所以一般选择老年人。
- 青年朋友应当告诫自己家里的老人，提防形形色色的骗子。

四、巨额假存单

1. 骗企业

海南澄迈的刘某，只有小学文化，曾在海南八一农场工作，因涉案“海南汽车事件”被当地公安机关处理。此后，他私刻“中国银行海南省分行”和“中国银行海南省分行国际部”印章各一枚，伪造美元大额存单24份，提供给海南某物业公司的李某、吴某，用以向境外融资证明，骗取该公司人民币近20万元。

接下来，他伪造数十张大额美元存单给广西陆川金武有限公司、琼澳投资有限公司、金星集团（澳门）等公司或个人，骗得数十万元人民币。他因涉嫌金融凭证诈骗，被省公安厅立案侦查。在被全国通缉期间，他冒充中国银行的一名科长，仍然作案，屡屡得手，在社会上有“大骗子”的绰号。

一次偶然机会，刘某骗到境外，连韩国基金、瑞士联合银行、德国卢森堡银行、加拿大多伦多皇家银行等境外金融机构都敢下手。因涉及数额大、范围广，严重扰乱金融市场秩序，惊动中国银行总行，并引起国家公安部的重视。据审查，近3年时间，刘某共伪造22张总值5.5亿美元的存单，骗取企业资金400多万元人民币。

骗子往往如赌徒，不断加注。第一次诈骗失手，接着进行第二次更大的诈骗，不断循环，直到以生命为赌注最后一搏。

2. 骗乡亲

李某是四川资阳保和镇金山人，曾因诈骗罪被判处有期徒刑14年，刑满释放回家后，靠在水田里抠鳝鱼捉泥鳅卖钱糊口。有一日，他突然向人们讲述一个离奇的故事——

有一天，我去抠鳝鱼，来到东安村一个山洞口，洞里有个老太婆喊我。我麻起胆子走进洞，看见一位白发苍苍的老太婆。这老太婆说想吃鳝鱼，叫我给她几条。我见老太婆挺可怜，就给她几条。以后，我隔天就去一次山洞，每次去都要给老太婆几条鳝鱼。有一天老太婆把我叫到洞里，从一块石头下取出一样东西对我说："李××，你心太善良太好了，我快要死了，没什么留给你，就把这个留给你吧。"老太婆打开用油纸包了一层又一层的东西，是一张5亿美元的银票。老太婆这才给我讲真话。老太婆叫苗××，她丈夫叫胡××，抗日战争打台儿庄时是国民党军的一位将军。因为打台儿庄有功，蒋介石奖了胡××很多金银财宝。胡××把这些财宝全部存进美国的花旗银行，换成一张银票，一共是5亿美元。当时，战事很乱，胡××就把银票交给妻子苗××保管。建国前夕，胡××逃去台湾，苗××没来得及逃，就揣着银票东躲西藏，最后落难到资阳，隐姓埋名住进这山洞，期望有一天丈夫从台湾回来，好把银票拿去兑换。现在看来已经等不到丈夫回来，老太婆见我心善，就把银票给我，叫我等到银票期满50年时去北京找人帮忙兑换。过两天我再去山洞，老太婆已神不知鬼不觉地离开了，以后就再也没见到她。我到北京，找到外交部的×××。×××帮我打听，说那笔钱被冻结，要我回四川办我的身份证明。于是，我又到成都，找到公安厅七处的×××。×××说这事十分难办，得要巨额现金去疏通各方面的关系，才能使那笔巨款解冻。我是穷光蛋一个，哪里有钱去疏通关系，我只得想办法借。

(摘自《江南时报》)

李某怎么"借"呢？他宣布，凡是帮他找花旗银行兑现巨额银票的人都可以分红。按每股500元分红6万元计算，哪个帮得多分红就多。这么一说，真有好多人相信，其中有机关干部，有企业老板，也有普通百姓，最多的某企业老板出30万元。在街上跑三轮车的田某也信，陆陆续续出好几个500元。

可是，李某老没兑现。有人怀疑他是骗子，向警方报案，李某被抓。这时，从成都来几个人，其中一个老妇女据说是都江堰副市长的岳母。这几个人到资阳找李某，说抓不得，说他那笔钱从美国汇过来了，但必须由他亲自去取。田某等人闻讯，十分高兴，就和成都来的人一起到公安局，要求把李某保释出来。这时没什么人肯借钱保他，田某干脆把与人合伙买的三轮车卖掉，拿1万元作保证金，把李某保出来。

李某出来后，说先回一趟家，然后去成都取钱，叫田某等人在资阳等他。可是，田某再也等不到人。

文学评论家雷达曾戏言："罪犯比作家更有想象力。"山洞里一个可怜的老太婆有5亿美元存单这种"神话"，连作家也难以想象。

3．骗社会

2001年7月下旬，北京《××日报》有篇报道引起广泛关注，说是记者在存款主人代理人邵某北京住所看一张存单，它由4张纯金及数张纯银金属铸成，存款单的签发日期是1941年4月7日，金额为2.5亿美元，上面刻有花旗银行总裁和存款人的头像，存款人为金娣女士，存款地点是新加坡金城道分行转存纽约总部。存单上还用英文标注：该存单"特别发行，不可撤销，无时间限制"、"在全世界各分支提取均有效"。

主人金娣，曾是20世纪20年代末30年代初贵州军阀、贵州省主席周西成的机要秘书。1941年日本占领新加坡前夕，周西成将其存款2.5亿美元的继承权交给金娣。其后，由于当时中国战乱频繁，金娣作为这笔巨款的唯一主人辗转藏匿，最后隐居于中国南方一个小山村。1949年后，美国政府冻结中华人民共和国在美国的全部资产，金娣老人的这笔存款也被冻结。1979年中美两国达成解冻中国在美资产的协议，金娣这才有取回存款的条件，但因与世隔绝，直到1990年她才知道存款可以取回。哪知这条取款之路竟是一条充满荆棘的艰辛之路。这篇报道很长，而且挺煽情的，试摘录一些原文让大家开开眼界：

在中国人的思维中欠债还钱天经地义，况且是放在一家国际大银行里的存款，更应该按法律约定办事。谁知邵某等人同美国律师于1997年11月5日在纽约花旗银行总部与银行副总裁进行谈判，花旗银行这位副总裁在谈判中答应三个月内结案。但事后花旗银行不但不及时兑付，反而百般推诿，拒绝见面……

说起当时的遭遇，邵某仍是压不住心中的愤怒："这场官司，让我看清了美国的法律，美国的文明"……这位秘书还透露有人将要对此采取行动，建议邵某尽快回国。但这些挫折与威胁并没有吓退邵某，反而更坚定了他的信念……最后邵某找到美国著名律师哈维。在听他介绍完案情后，哈维律师异常激动地说："当年花旗银行只是州立小银行，突然之间变成国际大银行，哪来的那些钱，我们这一代人都没有研究明白，现在我明白了。我相信这件事一定是真的"……

在这种"证据不足"的情况下，邵某等人在美国的民主诉讼实际上失败，他们的诉讼权利在美国名存实亡。就在山穷水尽的时候，哈维律师说："为什么你不在中国打这场官司？依据花旗银行的章程，只要是在美国花旗银行有存款，到其任何一家支行提取均为有效。"这一句话提醒邵某，他要回到祖国去，在自己的国土争取自己应有的权利……目前当事人金娣女士尚在，今年已是93岁高龄。由于她年事已高，留给她的时间不会太多，这笔巨款会在她的有生之年回到祖国，回到其真正主人手里吗？……对此，邵某充满自信："我办的是为中国讨回公道的事，同时也有利于国家的经济利益，更长了中国人的志气。这样的事我相信一定会胜利，也一定能够胜利"……邵某表示，他将依据花旗银行下一步反应，在适当的时候，在北京展出存款所有文件，并邀请在华的所有国内外新闻单位，让全世界给一个公正的评价。

（摘自《法制文萃报》）

读着这样的文字，每个爱国者都会义愤填膺，恨不能远涉重洋去咬一口"美帝"分子，或者是在田头村头开场批判会。可悲的是我们的爱国热情又一次被卑劣地利用，所幸的是我们的国家已经开始恢复理智，很快戳穿这一大江湖骗局。

同年10月16日《中青在线》报道：位于华东的花旗银行上海分行，除正常业务之外，还得学会处理一种“新业务”——对付为昔日军阀、“国军”将领讨要所谓遗留巨额存款的人们，尽管这些存款一次又一次被证明纯属子虚乌有。花旗银行中国区总代办处行长助理钟敏敏称，他从台湾调到大陆10年来，处理了上百件类似风波。

所谓周西成巨额遗产，本身很荒唐。周西成的嫡孙、贵州省书法家协会副主席杨霜告诉记者，周西成1926年任贵州省主席兼25军军长，1929年便战死于黄果树大瀑布附近，如何能在1938年和1941年两次将巨款交给他人存往花旗银行。

奇巧的是，这些“神秘存款”往往都有一段离奇的故事背景，有与众不同的凭证，或宝盒存放，或黄金打造，主角则几乎均由旧时军阀、要员之类扮演。交涉中，神秘的“主人”从不露面，但见能言善道的“朋友”、“家人”上蹿下跳。

钟敏敏认为：“大多数手段相当拙劣，对银行业务和有关历史稍有常识即可看出谬误。”比如有人手头拿着1942年至1945年间开具的花旗银行新加坡分行凭据，而实际上此时该行因“二战”关闭。相当多的这些凭据上英文单词、银行标识漏错百出，甚至花旗银行名称为汉语拼音。

金娣委托代理追款的“授权书”上注明，金娣居住在湖北省大冶市保安镇。可当地派出所户籍三次将“金娣”两字输入微机，均显示“无此人”。该派出所负责人介绍，周西成存款骗局当地早就有人搞。为此，武汉市公安局曾将主犯“白毛”（本名熊某）收审3个月。恰好，在邵某提供的一份资料中，记者得知熊某与邵某同为这笔“巨款”的“取款代理人”。记者在南畈熊村找到熊某的家。多位村民辨认记者手中由邵某提供的“金娣”照片后，证实这是本村五保户石某。她生于1920年。当地派出所负责人说：以这样的年龄，她不可能9岁在清华大学毕业，更不可能在当时担任某军长的秘书。同时，记者从清华大学档案中了解到：清华大学从来没有叫金娣或石某的毕业生。大冶市公证处徐主任说，有关2.5亿美元存款一事，1996年便查出是子虚乌有。

那么，为什么还有人热衷此道呢？在村口一家小批发店门口，记者同柯老汉聊起来，当记者问到是否知道这里有人有巨额存款时，老人连连点头说：“是一个叫‘白毛’的人在搞，十多年前就说有2.5亿美元。他以前在这里没房子，可是自从他说自己有存款后房子盖起来，老婆也换了三个。”至于白毛哪来的存款，柯某说：“白毛”有一天从外面回来，说自己从地里挖出来一个存折，并称要去新加坡取钱，让村里人资助。村支书还跟他一起坐过飞机。记者问本村人是否相信这件事，老人讪笑着说：“现在村里人都不信了。如果是真的，钱早就回来了。从前村里有很多人出钱帮他搞这个取款，可是从没见他把钱取回来，就连村支书也被骗六七万元。”

类似案例还不少。据花旗银行介绍，该行曾经遇到过100多起类似的取款要求，即所谓建国前的存款凭证来花旗银行索讨，其中99%都是假的，只碰到过一次真的，而且人家凭的是存折，数额也不大。其他的千奇百怪。如花旗银行曾接待过自称是国民党将领孙殿英的代理人，他手持一份名为孙殿英的存款说明书，称存款人孙殿英于“1927年3月18日9时5秒”存入价值3亿美元的金银翡翠（黄金47750两、翡翠2771两、银条5760根）。其实，40年代“四大家族”中最富有的宋家，总资产也不超过1亿美元，而花旗银行1902年设立时资本才50万美元，到三四十年代也不超过1000万美元。

更有甚者，还会制造神秘事件，声称当初存款时曾留下过核对的信物，可以用来取款。信物有功勋章、金狮子、金牌、宝剑、玛瑙。有的人胡言乱语，不知所云。河南许昌一位65岁的老人，声称在海湾战争那年写过一篇关于海湾战争的文章，受到当时的法国总统密特朗的赏识，奖励给他100万法郎，通过当地政府转交给他，好像真有其事一样。

醉翁之意不在酒。这类骗子并不指望能以假乱真，只想借以引起人们的义愤和同情，从而骗取赞助。据专家介绍，此类事件一般统称为“寻宝案”，最初由一些不务正业的人编造故事，大多借建国前某某将军之名，称其在某银行存有巨款，或是在某处藏有珍宝，然后四处游说，骗得一些有身份之人的信任，然后寻宝需要经费，赚点小钱；或者由被骗者出面寻宝，自己则跟在后面骗吃骗喝。可见，这类骗子在同类中也只是些“胸无大志”的小人。

4. 大骗子骗小骗子

这个案例跟前个案例有点类同，但另有些特色。

陕西泾阳县泾干村民王某，从陕南镇安县青铜镇司法所干部汪某处以6万元人民币购得一张5000万美元的存单，然后写信给中央和地方的有关领导及中央电视台、中国银行等新闻单位及金融机构，说这张存单是他父亲去世时给他留下的，中华人民共和国成立前存在美国花旗银行上海二分行，要求国家帮助兑现，并表示只要留其中5%做生活费，其余全部捐献给国家重点工程建设。中央办公厅和国务院办公厅批复，叫他自己与美国花旗银行驻京代表处联系。王某托人联系，得到答复是：中美资产早在解放之初就已经结算清楚，现没有付款之义务。

两年之后，突然有陈某等三人开着小车来找王某。他们自称是国家财政部的，要认真核验王某那张存单及其说明书、特制封签和包装盒等等，请王某跟他们到深圳去居住，以便到香港兑付。王某举家迁到深圳，被安排在罗湖区一个花园。对方给他50万元安家费，承担住这每月3.5万元港币的房租费，还给20万元零花钱以及一部价值14万元的崭新小车及摩托车，每月另付4000元生活费。王某要求带他弟弟一家来，对方也答应，并另给别墅。

王某兄弟两家像神仙一样被人供养着，但不满足。他派两个儿子回陕西，找汪某再买些美钞存单。汪某果然又拿出两张，一张7000万美元，原始户主为邱某；另一张5000万美元，原户主为李某，两个原户主均为国民党高级将领。随同存单的还有说明、印鉴及亲笔遗嘱，转让价为10万元人民币。

由于偶然原因，交警追查涉案轿车，查到王某，查出巨额存单。经中国人民银行陕西省分行鉴定，这些存单都是在国民党中央银行1947年发行的钞票上面粘贴10美元的图案而成，它本身不具备分文货币价值，而在汪某家中，还收缴到许多假美元半成品。

且说那供养王某两家子的人，选定由湛江一家银行兑现那张5000万美元的存单，万万没想到这会是假的。

面对骗子，我们常常难以高傲。别看他们有些是从穷山沟出来的，书没读几天，没见过多少世面，也没赚过几个钱，可是多少官员、文人学者、大商巨贾都败在他们的嘴下。

防诈骗实用指南

- 要相信银行柜台中服务的人，尽管银行人当中也可能有极个别心术不正（本书第十章将介绍），但还是比单纯的银行公章之类更可靠。看看大街小巷那些“牛皮癣”小广告，可以想见假公章、假证件之类有多猖獗。
- 也要相信国外银行，特别是那些“百年老店”，他们不可能不对自己开具的真存单负责。
- 由于众所周知的原因，国人要特别警惕打着“爱国”旗帜的骗子。

五、外币假钞

美国在1934年发行过一种面额10万美元的金元券，但仅供美国联邦储备委员会内部流通，共有4.2万张，正面是威尔逊肖像，背面是金币等纹饰。目前在美国，最大面额的流通纸币仍然是100美元。

然而，有66岁老翁竟然拿着面额100万美元的钞票，大摇大摆地上街购物，并让收银员找钱。当时在场的人都被搞得一头雾水。收银员无法找钱给他，因此拒绝他购物的要求。老翁恼羞成怒当场就要砸店，超市人员只好以他持有伪钞为由报警处理。目击民众认为，老翁要找的应该不是警察，而是医生。

又如美国肯塔基州一名顾客在一家快餐店消费2美元，用一张200美元的纸钞付账，找回198美元。那张200美元的纸钞上面画着美国新任总统小布什和白宫，呈绿色，远看起来是真的。但是，目前发行的美元根本就没有200美元币值的纸钞。

欧元是世界上最年轻的货币，2002年1月1日欧元现钞才开始全面流通，同月3日就在德国西部发现第一张欧元假钞。据专家透露说，全世界目前共有总面值60多亿的欧元伪钞在流通，而欧洲每月没收的欧元伪钞就达4万张。假外币不仅祸害外国，也在扰乱我们的经济生活。

1. 假外币兑人民币

新疆独山子的王某，想在外汇黑市赚钱，连续几天到乌鲁木齐市边疆宾馆门口转悠，寻找发财机会。一个同行告诉他："四川有我的朋友，你带上钱，到他那去换些假美元回来，转手就可以发财。"王某带着从朋友处借来的2.5万元人民币，连夜乘火车赶到四川巴中，兑换9900元假美钞，又坐火车连夜赶回，在边疆宾馆门口用这笔假美钞兑换吐某的8.1万元人民币。成交后，吐某还未走远就发现这些美元是假的，急忙跑到天山区分局刑警一中报案。

2. 假钞抵押借钱

福州女老板刘某，接到朋友唐某打来电话，说他在河南省公安厅工作的朋友来福州出差，因现金不够，想用一张100万美元的钞票做抵押，向她借5万元人民币，半个月内还本，另付5万元人民币做酬谢。刘某有疑，婉言回绝。第二天，唐某再来电话约她面谈。刘某推辞不过，便打电话叫当民警的弟弟来，查证这是一张假美钞。在唐某携带的包内，还查得建国前旧币及目前在我国不能流通的外币40多张。

3. 假旧美钞

湖南蓝山新桥镇的龙某，特意拿一张老版美钞到深圳，找老战友李某，说蓝山有位国民党老将军遗留大笔旧美钞想兑换，鼓动李某去做这笔生意。李某信任老战友，就凑50万元现金随龙某到蓝山。龙某同伙邀一名年逾七旬的老汉扮成“老将军”，由他出示用彩色复印机印制的假美钞。李某发现破绽，突然改变主意想走。这时，龙某等人一把夺过李某带来的50万元现金就跑。

在骗子眼里，朋友、战友跟假美钞一样只是可利用而已。

4．找银行兑真币

说来也许令人不敢相信，有人贩卖假外币居然敢贩到银行。河南济源市东庄村的周某，到中国银行济源市济东分理处，拿出一张百元美钞，要求辨别真伪。当班柜员张某经触摸辨别后，告诉周某这是假钞。但周某说：“这种假钞验钞机验不出来，能不能给我便宜卖出去，我还有不少。”这话引起张某的警惕，将计就计问道：“有多少？”周某往柜台前凑了凑，悄声说：“1万多美元。如果你能兑换，我还可以搞到更多。”为稳住周某，张某借口现在兑换不方便，让他下午再联系。将周某打发走后，张某立即向行领导汇报。下午，周某果真与张某联系，要张某带5万元人民币到他家中兑换。银行保卫和公安人员随往，将他当场抓获。

什么叫“利令智昏”，请看周某！

防诈骗实用指南

- 换外币，请找银行！
- 由于可以理解的原因，一般人辨别外币真假的技能都不如本国货币，因此更应重视使用验钞机。

六、洋骗子

1. 骗国家外管局

自称来自南非的杰夫，是个地道的洋鬼子。他给《中国外汇管理》杂志社打电话，说他父亲是大银行家，他本人做红宝石生意，要来中国投资1000万美元，请帮助联系。

到杂志社后，他进而说："我们南非的外汇汇出要通过联合国，联合国中国分支机构有我的资金证明文件。"他打开手提箱，里面有两个半透明的白色塑料袋，袋中装有成捆的黑纸。他取出一张黑纸，又拿出一小瓶药水，用药水轻轻洗去黑色，显露出一张面值100美元的纸钞。他说一小瓶药水只能洗出一张美钞。他有几十万美元在联合国驻中国的机构里，美国驻中国大使馆有大量这种药水。那么，为什么要搞"黑钱"呢？他解释说，南非目前社会治安不好，带钱不安全。

第二天，《中国外汇管理》杂志社的工作人员和北京市公安局民警及国家外汇管理局管理检查司的官员一起"会见"杰夫。杰夫打开箱子，打算再次以同样的方式洗一次黑钱。有人故意从整捆黑纸中随意抽一张让他洗，他慢慢吞吞拖延时间，趁机将这张纸换成另一张。洗完，他进一步说："我原想在斯里兰卡投资，到那儿后发现那儿很穷，于是改道来中国。我相信中国国家外汇管理局的人。这箱子里只是一部分钱，另外50万美元在联合国的中国机构，要取出来得花手续费，大约要6000美元。另外，洗这钱需要大量药水，要去美国驻华大使馆买。我们合作吧，我全权委托你们来投资，手续费和买药水的钱你们出……"

公然骗到国家外汇局，真是"明知山有虎，偏向虎山行"！只可惜骗子永远当不了武松。

2．骗银行

两名持南亚某国护照的男子，到上海交通银行假日支行营业部柜台，拿出两张50元面值的美钞，要换100元面值的美元。柜员给他拿一张百元美钞，他又要求选择尾号是“8”、前面是“S”或“G”的美钞。本着优质服务的原则，柜员隔着柜台的玻璃让他挑，他连连摇头，假装着急，双手伸过柜台，连抓带抢将一沓美元强行拿到自己手中，像洗扑克牌似的在手中倒来倒去。在“洗牌”中，他暗暗将一张美元捏在手中。然后，他装着没挑到满意的号，将右手的钱递回柜员。同时，捏着赃款的左手迅速插回裤兜。然后，装着若无其事，让柜员再拿一沓继续选，并用同样的手段又将一张美元揣入左手裤兜。最后，表示不换了，要回两张50元美钞。在这男子作案的同时，有一位同伙总是找借口引开柜员的注意力。事后才发现两沓美元薄了，一点少了6100美元。

骗子无不是“演员”。

3．骗企业经理

法国人莱霍托，在巴黎见到北京某公司总经理黄女士，自称是“国际扶贫基金会”的职员，想在华投资。不久，他伙同墨西哥人诺尔曼多到北京，以投资美元能获高额回报为诱饵，说将美元与跟美元纸币规格一样的黑纸夹在一起，再用药水浸泡，黑纸就可以还原成真的美钞，骗取黄女士和北京某商贸有限公司经理宋女士美元36万。当他们在北京中国大饭店再次行骗时，被当场抓获。

骗子也会充分利用自身的“优势”。衣着破烂，没人相信他是“大款”。黑头发黑眼睛变美钞，也许会让人三思而行。而金头发蓝眼睛变美钞，则容易让人不假思索。

4．骗市民

两个老外来到长春二道区远东大酒店消费，买单时递过一张面值100元的美钞，酒店按1：8的汇率找给560元人民币。其中一位老外拿出一沓美元，用生硬的汉语当众说：“我们只有美元，真不方便，谁能给我们换成人民币？”马上有几位热心的顾客帮这老外兑换。一位女士用800元人民币兑换一张百元美钞，一人用1600元人民币兑换两张百元美钞，3位男顾客凑1600元兑换两张美钞。过后，远东大酒店的服务人员到附近一家银行存款，被认定这美元是假的。

防诈骗实用指南

- 骗子绝不是我国“特产”，不可轻信外国人的脸。
- 骗子连抓带抢将一沓美元强行拿到自己手中，像洗扑克牌似的在手中倒来倒去，这很不正常。
- 药水洗不出人民币，也洗不出外币，那只能是马戏团表演。

七、巨额藏款骗局

广西荔浦县马岭二中女教师陶某，停薪留职，向银行及亲朋好友筹集资金，到那坡县与他人合伙办冶炼厂。由于不善经营，企业亏损。为筹集资金进行技术改造，她四处奔走，不仅未筹到钱，反而被人骗走几万元，先后3次被债权人告上法庭，房屋也被法院拍卖。

这时，陶某想到骗人还债。郭某的丈夫与陶某的丈夫曾在广西地质队共事过，两个女人探亲时就相识。两人的丈夫调回荔浦后，两家关系仍很密切。陶某挂电话给郭某说：“我在那坡县办冶炼厂的时候，有一天，一辆小轿车接我到南宁见一个老人。原来，这位老人就是电影《红岩》里‘双枪老太婆’的原型，已经126岁了。她见我是个干事业的人，从我身上看到她当年的影子，就认我做干女儿。然后，又告诉我一个天大的秘密：建国前夕，国民党空军奉蒋介石之命在西南某地空投60亿美元，作为国民党军最后抵抗及以后潜伏人员的经费。不料这笔巨款落到双枪老太婆率领的游击队手里。双枪老太婆将这笔巨资隐藏到凌云县罗缕镇一个秘密的山洞里。现在，老太婆自知风烛残年，来日无多，决定将这笔巨款交给国家，支援西部大开发。中央专门秘密成立一个解冻小组，我是这个小组的成员之一。小组有规定，谁垫资金做活动经费，谁就可以获150万美元的奖金。”

郭某不信，陶某又说：“三姐，如果不是亲眼见了中央首长，又当面听双枪老太婆说，我也是绝不会相信的。我以党员及优秀教师的人格做担保，这是千分之千的真实，你尽管放一万个心。你在我危难之时帮过我，我感恩都来不及，还会昧着良心骗你？我只是想使你早日摆脱困境。”于是，郭某信了，决定入伙。陶某让郭某交身份证复印件，说是交给解冻小组，作为日后发放奖金的凭证。陶某还叮嘱郭某千万别将此事告诉任何人，一定要保密。

过几天，陶某打电话给郭某说：“三姐，隐藏巨款的山洞找到了。你准备1.5万元，我拿去交奖金税。”郭某说没这么多钱，陶某说：“去借。三天内凑齐，汇到我告诉你的银行账户，迟了就没机会参加！”郭某听从，四处筹款，分两次如数存入陶某的指定账户。

随后，陶某又以各种理由叫郭某给她汇去3.35万元，然后挂电话说：“三姐，我现在广州，马上给你汇去3万元，三天后你到建行取款。”第三天，郭某到建行取款，柜员却说存折里根本没有钱。过两天，郭某又到建行问，柜员还说没有，并联系陶某所称汇款的建行，对方称根本没有人存款到郭某的账户。郭某这才意识到受骗。

然而，陶某还敢来电话，说：“三姐，前几天，山洞死了一个人，要36天后才能再进去，现在活动经费紧张，你准备好1.2万元，我明天到你家取钱。”郭某答应，当即报案。警方在陶某取钱时将其拘留，但被骗去的钱只追回1.6万元，其余已被她挥霍一空。

陶某改行如果当作家而不是当骗子那该多好啊！她不仅想象力丰富，而且语言非常漂亮，例如：“我以党员及优秀教师的人格做担保，这是千分之千的真实，你尽管放一万个心。”听了这样的话，你能不动心吗？

防诈骗实用指南

- 大音希声，大象无形，真正可靠的人往往不会信誓旦旦。当一个人话说得特别动听之时，你得特别警惕。
- 说见到126岁的老人，太离谱。离奇的事，只能当故事听听，不可信以为真。
- 中央即使成立什么小组，也不可能任用一个县以下的普通教师，吹过头了。对那些大有“来头”的人，还是“敬而远之”为好。

八、美钞、港币、日元、英镑、欧元真假币特征

1. 美钞

(1) 真钞特点

美元由美国联邦储备银行发行，其特点：

A.不论面额大小，同一尺寸，即15.6厘米 × 6.6厘米。除正面连号、库印、签名、年版是平印外，其余人像图案、花边均凹版印刷，线条精细，层次分明，立体感强。用手抚摸，有凸起的感觉，正面黑色油墨稍深，略带灰色，采用磁性油墨，背面绿色幽墨，幽墨不渗化，有光泽。

B.纸张洁白、坚韧，用旧后周边不起毛。掺有红、蓝色纤维丝，如用细针挑，其纤维丝即与钞纸分离。

C.正面正中印有总统或名人肖像，其背景为纵横细小的方格。背面印有相对应的图案。

D.12个联邦储备银行行印中的字母与连号的英文字母一致，并与四角的四个号码数相对应。

(2) 假钞特点

假钞从纸张、油墨到印刷全部是伪造的。这种假美钞在市面上分布最广，量又很大，版种又多。据美国有关部门统计，现在美国在案假钞有1500多种，危害极大。从我国发现的情况来看，主要是普通伪钞，纸质低劣，纸张上无红蓝纤维或有印在纸表面上仿制的红蓝纤维丝，油墨质量差，不带有磁性，或带有磁性但与真钞的磁性油墨不同，不能通过磁性检测仪。一般均为照相平版印刷，纸纹粗糙，手摸印迹无浮凸感。另一种是少数精制的伪钞，一般纸质优良，有仿制红蓝纤维丝，并能与纸分离，油墨较好，也带有磁性，并能通过磁性检测仪，一般均为照相凹版印刷，纸纹精细，手摸印迹有浮凸感。

近年来，我国发现的美元假钞也逐年增多，每年都有大量假钞被没收。发现的假钞中，以面额100元最多，其次是50元和20元。从伪钞质量看，仿真程度逐年有所提高，但不论仿造水平多高，假的毕竟是假的。

A.普通版假钞特点

a.假钞使用的纸张大都质量较差，手感坚韧程度差。多数假钞都有仿制的红蓝纤维丝，有个别伪品钞纸上有可分离的纤维丝。

b.大多数假钞是照相制版，少数用彩色复印机复制，手摸线纹油墨无凸起感。

c.各种假钞正面的人像都有缺陷，往往面部从暗到明过渡不自然，显得生硬，如嘴角下部阴影和脖子处线纹。有的人像面部明暗不清，缺乏层次背面图景细节部分印刷模糊或不完整，如云层线纹缺少斜线，建筑物窗户上格线看不清楚等。

d.库印和花边缺点较多。库印内白色文字不是细就是粗，星角模糊不清。花边纹路密部混乱，印迹之间的空隙有污点。

e.假钞正面黑色油墨多数发灰无光泽，背部的绿色不像真钞的绿色纯正，有的特别鲜艳，有的绿中泛黄。

B.精制版假钞特点

a.纸张白色，挺括，在普通紫光灯下检查无荧光反应，近似真钞。如果迎光透视，多数可看到有平行的类似水印的斜纹，也有少数钞纸没有斜纹，假钞纸表面比真钞纸平滑，手感略薄。纸上有类似的红、蓝纤维丝，并能用针挑出，但纤维丝的材质与真钞不同。

b.油墨与纸的结合不如真钞好，易掉色，但也有磁性，并能通过美钞磁性检测器。在放大镜下观察正面油墨，假钞比真钞色度稍淡，绿色油墨有的绿中偏黄，有的比真钞略深。

c.假钞用照相凹版印刷，手摸线纹有浮凸感，但不如真钞柔和，颈部左边线条油墨比真钞略淡，看起来显得臃肿。嘴下部阴影线条较密，从暗到明过渡不自然。人像左边发丝稀，显花白。人像底部特别是英文字线中间的细条线纹不够清楚，且不够清洁。

d.背面独立堂大楼左侧的云彩上斜格线纹看不清楚，整个云彩较淡。真钞格线纹较明显，云彩表现自然。

百元面值美钞是世界各地伪钞制造者的“最爱”。面对装备越来越先进的伪钞制造者，美国也不断采用新技术防伪。

据美联社报道，美国于2008年下半年发行新版100美元钞票。新型防伪线利用微印刷技术印上极其微小的图像，图像之上再粘合微型透镜，每张新版100美元钞票上的微型透镜多达65万个。尽管微印刷的图像肉眼难以看见，但通过微型透镜，防伪图像却可以看见。这种防伪线采用微印刷与微型透镜结合技术，让伪钞制造者难以模仿。

2. 港币

(1) 真币特点

港币由香港汇丰银行、渣打银行和中国银行发行。

A.香港上海汇丰银行券新版钞的印刷特点：

a.每种面额均有狮头水印和安全线。

b.在围绕水印图案处均有正背面透视标记，手持钞票以背面向着光线，可见到印于背面的彩色图案与位于正面的相似图案空白位置完全吻合。

c.在每种钞票正面右下角处都设计有隐面额阿拉伯数字，背面部分油墨也有荧光。

B.香港渣打银行券新版的印刷特点：

a.纸张均有戴钢盔的古罗马人头水印，人头上部有SCB字样的水印，也有不透明的安全线。

b.在钞票的左下部均有前后透视标记。如将钞票的前面图案持向光线，可清楚看到背面的颜色图案准确地吻合前面空间的相同图案。

c.采用凹版印刷方法印制，用手摸线纹有浮凸感觉，尤其是正面的动物和背面皇家徽章。

d.在紫光灯下，钞票的正面可见荧光面值阿拉伯数字，背面中间的绿色荧光油墨。

C.中国银行港币的印刷特点：

a.手持票面背向光线，即可见到大狮子水印。

b.正面右边一条安全线，凹版方式印刷，触摸时可感觉其浮雕效果，特别是中银大厦、文字和花卉的效果最为强烈。

c.手持钞票背向光线，可见到正面的竖条内连续的彩色方块完全吻合。

(2) 旧版假港币特点

a.纸张质量都较差，稍加折叠便会断。在紫光灯下检查，纸张反光不强烈，印上去的假水印痕迹明显。

b.印刷都是平版胶印，手摸线纹无浮凸感觉。汇丰银行狮马图立体感差，线纹粗糙，有些细微处省略或模糊，不像真钞那样栩栩如生。

c.油墨缺乏光泽，颜色不是深就是浅，特别是底纹的颜色混乱。

d.汇丰银行1977年版100元券和1000元券没有“隐像”标志，真钞均有面额数字“隐像”。

(3) 新版假港币特点

A.汇丰银行1985年版1000元券假钞特点：

a.纸张手感发软，在紫灯光下检查，钞纸泛白光，钞纸正面有仿制的水印是用白色油墨印刷，安全线是用淡色油墨印在背面。

b.平版胶印，手摸线条油墨无凹凸感。

c.右下角方框内没有隐形“1000”字样，水平窗边缘的对印位置背面的三角形与正面空白处不相吻合。

d.背面两只狮子线条模糊粗糙。

e.荧光反应不如真钞亮，会发暗。

B.渣打银行1993年版假钞特点：

a.尺寸比真钞略小。

b.钞纸是两张粘合，手感略厚。

c.胶版印刷，图案不如真钞精细。

d.中、英文行名内网格模糊。

e.红外光下，正面底边的方格图案与真钞不同。

3. 日元

(1) 真币特点

a.日元有两个版本，新、旧同时流通，旧版逐步收回。

b.汉字。正面印有“日本银行券”字样，背面印有拉丁文拼音的行名。

c.纸张使用日本特产三椏皮浆，坚韧并有特殊光泽，厚型，10000元和5000元券呈现黄色，正面凹印部位采用磁性油墨。

d.无发行日期。发行单位的负责人签单使用印章形式，正面“总裁之印”，背面是“发券局长”的印章。

(2) 假币特点

A.1992年版日元伪钞特点

a.假钞的水印与真钞水印图案类似，但假钞的水印实际上是一个印上的戳记，水印的肖像没有立体感。

b.假钞的冠字号码显示为蓝黑色，与真钞（黑色）有差异，并可观察到有明显的涂改痕迹。同时，一些假钞号码超过真钞最高号码900000。

c.纸张轻薄，纸表有光泽，手感平滑，没有盲人识读标记。

B.1993年日元伪钞特点

a.钞票中间的水印较为模糊。

b.盲文圈点略微发白。

c.有些假钞无钞票编号，有编号的颜色又较深、较脏。

d.假钞两面的红色印章颜色较浅。

4. 英镑

英镑由英格兰银行发行，其真币特点：

a.正面都有伊丽莎白二世头像，手工雕刻，刻版精细，形象逼真，凹印的女王像套印在彩色底纹线上，手摸油墨有凹凸感。底纹采用凸版着色，隔色套印，线条变化多样。整个票版清晰，层次分明。背面印有英国著名人物及图案。

b.纸张洁白，韧性好，厚型。

c.均有水印和安全线。水印为英王头像，安全线是白色金属薄片夹在纸的夹层中，其中50镑的安全线为锯齿形。

d.与英镑钞票风格相同的有澳大利亚元、新加坡元、港币、马来西亚林特等。这些货币均由英国厂商代印。

5. 欧元

欧元纸币主要分为：5欧元（灰色）、10欧元（红色）、20欧元（蓝色）、50欧元（绿色）和500欧元（淡紫色）。这些纸币的颜色纯正，字很大，十分有利于在不同民族、不同国家之间流通使用。

根据票面值的大小，纸币的尺寸也有所差异。票面价值越大，纸币的面积也越大，这使得欧元纸币让所有的人都能使用。只有200欧元和500欧元的纸币大小相同，但这两种纸币的触感不同，因此盲人也能轻易地辨认。

在这些纸币中，面值最小的5欧元纸币为62毫米宽、120毫米长，面值最大的500欧元纸币为82毫米宽、160毫米长。除500欧元纸币的尺寸略小于目前流通的1000马克外，其他几款欧元纸币的尺寸基本与现行流通的德国马克一致。

欧元流通的广泛性可能会使其成为比美元更受伪币制造者青睐的货币，因此欧元纸币还采用磁性油墨、多变透视油墨、全息照相、金属安全丝等尖端保护技术。

2002年1月1日零时，欧元区12国3.04亿人民从此正式告别他们祖辈习惯使用的法郎、马克、里拉、比塞塔等本国货币，而改用欧元纸币硬币。

欧元假币也迅速出现。2002年1月3日在德国西部发现第一张欧元假币，2月7日在中国银行沈阳分行营业部发现一名爱尔兰籍男子使用欧元假钞。中国出现这第一张假欧元是50元面额的纸钞，为复印版，整个版面与真钞对比颜色较暗，印制不够清晰，大部分线条均为点状分布，正面右下侧激光防伪标记用较厚的锡薄纸粘贴（无激光防伪），左侧无水印标记，左上方50数字未形成对印，纸张平滑，无凹版印刷，无安全线，无缩微印刷，在紫光灯下照射无荧光油墨，无彩色纤维丝。背面右下角50数字为普通油墨印刷，呈棕色，无变色反应。

其他外币，一般人虽然难以一一辨真伪，但分清币种还是不难的。具体区分美元还是秘鲁币很复杂，分辨“USD”、“PE”的代码是很容易的 。

第三章

存款诈骗

一、趣话“存款”

从银行角度说，“存款”仅指单位（包括企业）存在银行的款项（又称“对公存款”），而居民个人存在银行的款项则称为“储蓄”。实际上，这两个词的意思差不多。在非金融专业人士来说，太抠字眼儿反而更容易糊涂。因此，本书所指的“存款”，一般包括对公存款和居民储蓄。

为什么需要存款？

第一个需要存款的理由，为保管。有些人重赚钱而有些人重“藏”钱，从报纸上随处可以找到些例子：

——广州人爱把钱藏在自以为密实的地方，时间一长自己也忘了藏的地方，这可便宜了捡垃圾的人。某报记者曾到位于白云区李坑垃圾填埋场采访，看到在臭气熏天的垃圾里竟有三四百名外地人靠捡垃圾为生。这里流传一个诱人的传说：不久前一位湖南老乡从一只旧塑料袋里拾得60万元，立即拿回家盖了一座小楼。一位拾荒者对记者说，广州人藏钱可谓五花八门，棉被、鞋、书、笔记本、衣服、罐头都藏钱，到搞卫生时，常会把藏钱的东西当成破烂扔掉。这位拾荒者说，他和他的同伴捡到的钱从几十元到几万元不等。

——河源新市区华达街中年妇女黄某中秋回娘家，父母送了1500元现金。回自己家后，她将这钱连同平时积的1000元现金一起藏到一双多年没穿的旧雨鞋里，并在钱上盖上鞋垫。有一次，她外出几天，丈夫搞卫生时，见那双旧雨鞋积满灰尘，便以2元钱的价格将它卖给收破烂的。她回家发现那双鞋不见了，追问丈夫，丈夫说早不知到哪个破烂店去了。

——茂名电白县观珠镇一位小学老师，把7000元藏在旧报纸中。有一天，一个收破烂的来，这老师的妻子便将这捆旧报纸卖给他。老师回家发现报纸不见了，慌忙问妻子。妻子从衣袋中掏出那15元钱晃了晃，高兴地说："50斤，每斤3角，钱都在这里。"老师说那报纸中藏有7000元啊，妻子这才大惊失色。第二天天刚蒙蒙亮，夫妻俩即驱车到观珠、沙琅、霞洞等邻镇废品回收站查问，到第四天才将收破烂的人找到。经多方规劝，7000元才归还。

——江苏省无锡南塘搬家公司，仅半年就从市民家中"搬"出数万元"死钱"。有天，他们承接沁园新村一家居民的搬家业务。搬运工发现阳台上一条风干的大青鱼形状有点怪，竟从其肚中挖出一万多元现金。这笔钱交还到客户手中时，主人这才如梦初醒。

有的人虽是偶然乱藏，却也吃尽苦头。家住浙江义乌市稠城镇秦塘小区的朱某，将暂时不用的2万元用报纸包好藏在卫生间的天花板上。过几天，朱某发现钱不翼而飞，只剩包钱的半张报纸，即匆匆向警方报案。义乌市公安局刑侦大队技术中队技术员仔细地研究剩下的半张报纸，发现有鼠咬的痕迹，判断很可能是老鼠所为，而通往卫生间天花板的下水管也用装饰板包着，现金可能就在里面。朱某将装饰板拆了，果然发现被老鼠"偷"去建安乐窝的百元大钞和报纸碎片。经拼凑后到银行兑换，损失仍达数千元。

辽宁沈阳市郊公主屯镇马屯村民马某为给二儿子定亲，卖了家中5头小牛，得款9900元。为防盗，马老汉将钱藏在装有猪饲料的纺织袋底部。过几天，当老马来取钱时，只见编织袋底部有一个破洞，钱不见了，但发现狗窝附近有人民币碎片。老汉想，那钱八成是给狗吃了，于是和儿子一起将狗勒死，剖其腹，果然发现胃中有钱。马老汉提着血淋淋的狗胃，来到人民银行新市支行。银行工作人员经过5个多小时的清洗拼合，才拼出面值100元的人民币61张，面值50元的76张，正好是9900元。

如果他们把钱存进银行，这种事就不会发生。

一天下午2时许，一辆载有163万多元钞票的小货车从广州返揭阳，翻倒在深汕高速路汕尾路段。一时间，一张张百元钞票散落一地。正在执行巡逻任务的汕尾高速公路西段拯救队迅速赶到现场，抢救伤者，捡拾并看护散落的钞票，但还是被一些不良司机路过时捡走3万多元。如果他们利用银行转账，根本不用搬运这些现钞，足不出户就可以收好账并存好钱。

如果只注重赚钱而不注重管钱，就很可能像猴子掰玉米，左手掰右手扔，到头来所剩无几。尽管匪徒抢劫银行的案子时有发生，但银行比起我们一般人的家庭来说，还是更安全千百倍。即使银行里的钱被抢走，那损失的也是银行的钱，而不是我们储户账上的钱。

第二需要存款的理由，为应急或办大事。我国现在已有多类消费贷款，但现实生活还需要我们有一定的积蓄。刚参加工作，面临着买房子、结婚、生儿育女，到中年又得供子女上学、赡养老人、提防天灾人祸，还要争取旅游享受，也应存一些钱。

第三需要存款的理由，也是一种投资。你存钱到银行，银行就得支付给你利息。好比说你这闲钱本来只是公鸡，一到银行就变成母鸡，没日没夜地给你下金蛋。当然，银行也不是白给你钱。它把你的钱和别人的钱积成一大笔，转借给他人，向他人收取更高的利息。这样，对你、银行和他人三者来说，都有利了。

利息如何支付，由中国人民银行统一规定，各家商业银行及其他金融机构不得随意调高或者调低利率。一般来说，定期存款比活期存款利率高，存款期限长比存款期限短的利率更高。

根据人民银行的有关规定，各种储蓄存款以元为单位，元以下的角、分不计利息。

储蓄存款的存期从存入之日起算起至取款的前一天止，存入的当天计息，取出的当天不计息，习惯上称为“算头不算尾”。

储蓄存款的天数，一个月按30天、一年按360天计算。30日到期于31日来支取，不算过一天。31日到期，30日来支取，也不算提前一天，但应凭证件取款。30日存入当月31日支取，给一天的利息。逢法定节假日到期造成储户不能按期取款，储户可在节假日前一天办理支取。对此，手续上视同提前支取，但利息按到期计算。

按对年、对月、对日法则计算储蓄日期。自存入日至次年同月同日为一对月。如存入日期为到期或支取月份所没有的，则以到期或支取月份最大的一天作为对月计算。

各种储蓄存款，在原定存款遇利率调整，不论调高或调低，均按存单开户日所定利率计付利息，不分段计息。活期以结息日或销户日利率计付。

各种定期储蓄存款，如果提前或逾期支取部分，均按支取日挂版公告的活期存款利息计付利息（通知储蓄除外）。

说实话，与股票、基金、债券之类相比，存款利息收入少得很，但总比你闲藏在家里有意义得多。中国人特别爱储蓄，个人金融资产总额堪与国有资产相媲美。中国的储蓄水平之高，在世界上是有名的，令西方人匪夷所思。

世纪网曾做过一个调查，在参加调查的425人中，有201人认为储蓄回报稳定、安全，是最佳投资方式。存款尚属一种原始的资金积累。虽然现在存钱是微利时代，但存钱毕竟还是有一些利息回报的，而且将钱存入银行具有安全可靠、存取方便、回报稳定等优点，因此在今后相当长的一段时间内，储蓄仍会是我国大多数普通百姓的首选。

存款诈骗也早有。有个乡下人到北京城布店进货，挑一大堆，这才说：“我是初学做买卖的。买布的事还得我合伙人做主，我在这儿等他。”等了半天，那合伙人还没来，乡下人说：“我肚子饿了，没有多带钱。身上的钱是我们的本钱，换成现钱又不方便，怎么办哟！”布店老板教他到当铺当一下。乡下人从怀里掏出一个银元宝，对老板说：“我不知道当铺在哪里。这是20两银子，麻烦您伙计帮我去当一下。我只要一点吃饭钱，其余的存在那儿。”老板叫伙计去跑一趟，回来交给乡下人一串钱和一张存票。乡下人去吃饭。等到晚上，那合伙人还没来，乡下人急了，说：“天马上就要黑了，天一黑就出不了城。这样吧，我把这20两银子的存票押在你这里，你让我先把这些布运走，多余的钱我明天再来结账行不行？”老板看这存票是自己伙计亲自去办的，而这些布又值不了20两银子，便一口答应。结果，老板等了三天，不见乡下人再来，就去当铺取银子。没想到，在当铺其实只存有2两银子。当铺老板说：“那天你伙计来当20两银子只取一串钱，我还问他怎么取那么少，他说顾客先只要一点钱吃饭。他走后，一个人拿那存票，连本带息取光。后来又来一个人，拿了这个小元宝，也取一串钱，剩下的就是你现在手上这张存票。”布店老板这才发现被骗。

防诈骗实用指南

- 存款诈骗，主要形式之一，是私自涂改储蓄凭证内容，即将原有真实凭证上的有关内容加以变造，如涂改活期存折金额、仿造他人储蓄存单等。
- 存款诈骗，主要形式之二，是假造储蓄凭证，即制作储蓄存单来诈骗储蓄公私钱财。
- 存款诈骗，主要形式之三，是利用窃取或偷盖的重要空白存款凭证和储蓄业务印章，私自填写存单。

二、假存单四处诈骗

1．骗顾客

湖南株洲的喻某，可谓老骗子。他从江西萍乡教育学院毕业，分配到萍乡市安源镇中学任教，后调萍乡市文化局、萍乡矿务局安源煤矿工作。有天，他在萍乡某储蓄所捡到一个空白存折，竟然到街上私刻几个储蓄所的印章，伪造一份5000元的存单。到银行取款时，被当场识破，处以劳动教养两年。对于这次劳教，他得到的教训不是认识到不该行骗，而是认为自己骗术不高。于是，劳教回来，他买全套法律专业的教材苦读，并多次到法院旁听，下苦功提高自己的骗术。

喻某还“实习”一次，伙同何某等人，化名“程绍欣”，以萍乡市城区粮食供应公司业务员的名义，到江西万载县城乡粮油公司供应站联系大米业务，将骗得的大米低价卖出，得款3.2万元。不想被货主缠住不放，只好行劫，然后，化名为陈军，潜回株洲。

喻某继续行骗，胆子越骗越大，公然在《长沙晚报》刊登广告，称长沙市五一西路一套三室一厅90平米的商品房出售，售价仅10.5万元人民币。为圆谎，他特地跑广州做假身份证，还花1000元私刻长沙市中级人民法院的公章，并模仿《中国法律文书教程》里的样式伪造一份法院民事裁定书，称杨家巷综合楼604号房房主“汪桦萍”（喻某的同伙易某）欠“邓颜培”（即喻某）花岗岩货款12万元人民币，经长沙市中级人民法院调节，“汪桦萍”自愿将自己的杨家巷综合楼604号房作价9.8万元抵偿给“邓颜培”，然后找湖南省先锋建设有限公司房屋信息经纪公司登记出售。

刚毕业分配到湖南省某机关工作的周小姐看了广告，想买这套房子，商定9万元，交1万元押金，然后与“房主”见面，看法律文书，证明手续合法。第二天，周小姐带8万元现金，与信息公司经理袁某及“房主”到银行存款。周小姐心地较细，特地在存单上注明凭她本人身份证取款，才交给袁经理保管。三方约定，28日下午办完所有交易手续。然而，周小姐27日查询，银行说那8万元存款已被人取走。打电话找“房主”，电话怎么也打不通。找袁经理，他说没他们的消息。原来，在存款当晚，喻某用易某提供的照片到广州做一张周小姐的身份证，易某则找袁经理说要再看一下，将存单骗出来，用假身份证把周小姐那8万元存款取出。两个骗子在储蓄所柜台上迫不及待分赃，各得4万元。

骗子如此重视骗术的提高，如果我们的防骗能力不相应提高，那么只有等着挨骗的份儿。

2．骗公司

上海房地产商王某，通过朋友认识北京新联城商贸公司的王总经理。王总告诉王某，他在做信用证生意，能获利近千万元。王某说：“我公司现在开发房地产，正缺1500万元，不知你是否有兴趣投资。”王总当即表示可以。通过多次洽谈，王总拿出一份新联城与某集团的合作协议书，说：“我帮助这个集团拉到5000万元存款，他们答应借900万元给我使用3年。实际上，我向他多要600万元，只是对方要我先拿64万元好处费，我还没付给他，所以存折还在他们手里。”接着，王总拿出一张存折的复印件给王某看。为做成投资生意，王某找成都某公司经理，要求借款60万元作为融资中介费，20天左右就还，以自己一幢别墅做抵押。王某开一张59.5万元的汇票，汇到王总指定的深圳市某工贸有限公司账上。

可是，几个月过去，王总答应的投资一分也没到，反而一再向王某要钱。王某感到不妙，终于报警。警方查明，王总给王某看的所谓融资合作协议书是虚构的，有关巨额存折复印件也是伪造的，该存折上实际只有20元开户费。

20元变成5000万元，恐怕孙悟空也为难，但骗子轻而易举。

3．骗当铺

原在天津某邮政局工作的张某，花2000元买一张伪造的中国人民邮政定期储蓄存单、两枚伪造的邮政局储蓄专用章及某银行储蓄所专用章，将存单伪造成60万元5年期定期存单，由朋友王某到河北某典当行要求典当。典当行决定派人和王某到邮政局鉴定存单的真伪，办理不可挂失手续，然后再进行典当。王某将这一消息用电话通知张某。

张某冒充邮政局工作人员，早早等候在门口。见王某领典当行的人员进来，张某立即迎上前，询问二人办什么业务。王某装着不认识张某，说明来意。张某接过存单走进办公室，磨蹭一会儿出来，拿出一张提前准备好的证明信说：一切手续都办好，存单没有问题。这样，典当行同意支付王某人民币48万元，并先期为他开具一张金额为10万元的转账支票。

只因典当行办事慎重，当天下午再次到邮政局核实。这回，张某没有准备，假存单暴露真面目。王某不知已败露，仍然到典当行取钱，被守候的民警当场抓获。

看来，慎重永远是必要的。

4．骗银行

上海的刘某，只有初中文化，因盗窃坐牢回来仍然好吃懒做。有天闲逛到某银行，在储户填错单的碎片中发现一张没及时撕毁的存单，上面完整地写着储户的姓名、性别、身份证号码、家庭地址、账号及存款数目，觉得有机可乘。

接下来，他天天跑银行、邮政局储柜边去找，两三天时间捡到20多张这样的废存单。其中一张，他还听到柜员对储户说：“您这钱分3笔存，要填3张不同数目的单子。这张单子是总数，不能用。”储户将这张1.36万元的存单随手扔了，但到刘某手里就“有用”了。他做了一张假身份证，冒充这储户去办挂失手续，说：“一共是1.36万元，分3张存的，但是具体号码我记不清，请您帮我查查。”挂失后，他顺利取走这笔存款。

接下来，他又伪造一张10万元定期存款的储户相关证明材料。不料银行的电脑里找不到这个账户，可能被提前支取，他居然写信给这家银行的上海分行，称自己是退休工人，托别人代存10万元在某某储蓄所，现在找不到，责问究竟怎么回事？他收到回函，请他再到那个储蓄所查查。但他毕竟心虚，不敢去，目标改为一张5万元的储户。这时，那位1.36万元的储户因急用款要提前支取，发现被冒领，通过监控录像资料很快逮住刘某。

骗子固然好吃懒做，但他们勤于捕捉“骗机”，并千方百计努力让它成功。

5. 骗情人

江苏金湖县黎城镇陈某，在租用货车时与司机杨某相识，吹嘘说她在南京工作的干爹即将调任某县委书记，将来一定能为杨某做生意提供方便；她本人做煤炭生意也发大财，手中存款就有几十万；她丈夫在外与人合伙开公司，难得回家一趟，她感到十分寂寞，想出资5万元包杨某为“二爷”。

她拿出两张24万元的存折在杨某面前炫耀，说是存款一时无法支取，又急需用钱看望住院的干爹，多次从杨某手中骗走现金5.3万元，使杨某不但“借”光家中全部积蓄，还欠下4万多元的债。

杨某无奈之时，拿着陈某的巨额存单去银行取款，才知那存单是伪造的，但被借钱财已被挥霍大半。

金钱遇上爱情，故事总更生动。

6．骗嫖客

广东连平60多岁的老汉何某，认识一位“三陪女”，带她回家过夜。

第二天早上，“三陪女”的手机响。通话后，她神情十分焦急地说是家里来的电话，父亲病危，必须尽快带钱回家；她在银行存有7000元，但马上要去赶车，来不及到银行取，因此向何某借3000元。她用存折做抵押，连同密码一起交出。何某接过存折，见上面果然有7000元的数额，便同意。

过了好几天，何某见“三陪女”还没回来，决定先支取部分现金备用。到银行，储蓄员却告诉他，那存折上实际只剩1元。

看来，“三陪女”可一兼多职。

防诈骗实用指南

- 骗子假存折（单）目的是要骗你的真钱财。如果你被他的花言巧语迷惑了，那么请把好更关键也即最后一关：在支付你真钱财之前，将他的存折（单）拿到银行验证一下。
- 在银行填写作废的单据不可乱扔，最好随身带走，至少也得随手撕碎，以免被骗子利用。

三、冒领货款

1．一个屡屡发案的城市

中央电视台《今日说法》节目报道，姚女士所在的公司需要一批黄杂铜，这时她突然接到一个陌生的电话，对方称是厦门一家台资企业，手中有一大批进口的黄杂铜，每吨报价比市场价又低很多，于是顺利成交。

姚女士到厦门看货，对方要她开一个账户,把这账户的卡和密码都烧掉,存折交由对方保管。姚女士放心照办，回家后将30万元打入存折，准备提货。然而，再打对方手机，对方总是关机，而打入银行的30万元货款早被提得精光。警方将犯罪嫌疑人张某抓捕归案，这才知道卡和密码早被调包，烧的是假的。

这一期节目引起非常强烈的反响。厦门市公安局电话员龚某说:"《今日说法》播出以后，我们收到四五百个电话，都是群众打过来咨询的，有的是报案。"但这类骗子并没有销声匿迹。

不久，《今日说法》主持人撒贝宁说:"前两天我的手机就收到这样一条短信息，上面说：我们是厦门某集团，长期经营各种进口轿车、手机，还有手提电脑等商品，价格非常便宜。我们的记者还真打一个电话过去，结果没想到让我们大吃一惊。"原来，这么廉价的诱惑：一辆三四十万元的进口轿车，只卖十几万。这么便宜的价格，确实让人难以抵挡诱惑。种种迹象表明这个发信息的赵主任，很有可能是一个诈骗团伙的头目。所以在和厦门警方联系之后，记者以北京客户的身份飞赴厦门，亲自去会一会这个赵主任，结果当场抓住负责接头的犯罪嫌疑人刘某。

刘某是福建安溪一个农民，曾经学过摩托车维修，但是总觉得干这一行赚钱太慢，加上安溪某些乡镇的农民靠诈骗赚钱盖了房，他眼热起来，为诈骗分子接头，每次500元钱。但万万没想到，这头一次就撞上《今日说法》记者暗访。刘某交代，各团伙的手法不同，他们这一伙的手法是这样：首先取得客户的信任，在去看货之前让客户先把货款存入银行一个账户，偷偷将这个账户的密码搞到手，再设法将客户的身份证姓名号码住址抄下来，去伪造一张身份证，神不知鬼不觉地把客户的钱取走。

2．一伙疯狂的骗子

山东青岛商贸公司总经理王某收到一份商业信函，声称有廉价的走私电器、汽车、香烟、手机等商品出售。王某按信函的指点与福建泉州星州商贸总公司总经理陈某联系。陈某请他先将货款存入当地邮政储蓄所，并将存折、身份证复印件传真到泉州。

王某当即将38.79万元人民币存入青岛邮政储蓄所，然后将身份证和存折的复印件传真给陈某。陈某收到传真件后，以验资为名，要求对方告知存折密码。此后，王某多次催促陈某发货，陈某以正在备货为由搪塞。再过几天，手机联系不上，王某感到不妙，想把存款提出，却被告之该款已被领取。经查，王某的存款已被持存折和王某身份证的人，从福建惠安中山路邮政储蓄所领出37万元，另有1.79万元转存至其他户头，并于当天下午在漳浦盘陀邮政储蓄所从转存的户头再次取出。

王某只是这伙骗子的一个受害者。在那段时间前后，全国21个省、市、自治区发生这类冒领案件，涉案金额高达3000多万元，冒领近2000万元，惊动国家公安部、国家邮政总局。

警方侦破，这是一个组织严密、分工明确的诈骗团伙干的。他们的具体分工是：以张某为首，化名充当皮包公司的总经理；邱某等人充当业务经理，向外地大量邮寄商业信函，谎称有廉价商品出售，骗取外地客户邮政储蓄存折、身份证复印件和存折密码；李某负责根据存折的姓名及身份证招募冒领人员，将预定冒领人员的相片、骗来的存折、身份证复印件送往广东普宁的杜某，杜某根据存折存款数额，以每本收费用200—2000元的价格，按照要求制作假存折、假身份证；李某则负责通过徐某等人将假存折、假身份证寄给林某等冒领人员。该案已抓获犯罪嫌疑人17名。

3. 一个特殊的雇工

山西太原某度假山庄经理任某，带7.5万元现金到广州，准备向台湾鸿海公司驻福建办事处经理陈某购买10部手机。任某觉得带现金不安全，就把钱存在宾馆附近的银行，所用的密码只有他自己知道。

第二天，任某与陈某见面，陈某要求对货款进行核对。他们来到银行门口，陈某说："你一个人进去就行。你从存折上取2000元，存折上会留下7.3万元，我看存折就行。"这样，任某更放心。取出2000元后，把存折递给陈某。陈某说7.3这数字不吉利，要求任某再去取200元。这样，存折上剩7.28万元。对货款真实性没异议，陈某只是提出："公司是几个股东合伙开的，我一个人做不了主，得回去商量一下。你把存折先给我，如果他们没意见，马上给你发货，收到货后你告诉我密码，否则我把存折还你。"任某想，那密码只有自己知道，先给他存折也没关系。哪知，任某一去不复还。第二天到银行一查，那存折只剩100元。

原来，陈某早雇了一个人专门为他偷看密码。在去银行的路上，陈某用手机通知这雇员先到银行等着。第一次取2000元，那雇工没看清楚，一出门马上挤眉弄眼告知陈某。于是，陈某借口7.3数字不吉利，要求任某再取款，让那雇工终于完成秘密使命，这样，一拿到任某的存折，马上就冒领，一次取4万，一次取3.27万，只差没取光。

如果第二次还没偷看到，陈某定会找第三个借口，而任某肯定不会想到他分身有术。

4．一再偷密码

福建籍个体户苏某向全国各地寄发推销进口香烟、石材的广告信。江苏常熟个体户杨某收到后，认为进口香烟有利可图，立即与苏某联系，见面洽谈。苏某以低于市场价供货，要求杨某将部分货款存入银行，自留密码后将存单交出，以示诚意。杨某同意。

苏某陪同杨某将8万元存入银行。苏某的同伙佯装顾客，偷看杨某输入密码。由于当时人多，没看清杨某设的密码。四天后，苏某以验资和购机票缺钱为由，要求杨某到银行取款，苏某亲自偷看杨某按密码。当天上午，苏某到银行两次冒杨某之名取走7.8万元。从此，杨某再也找不到苏某。

5．一再要冒领

一名自称邢某的中年男子，拿着一张三明市三元建行新市场储蓄所开具的5万元存单与身份证，到永安建行南园储蓄所要求提前支取。柜员张某认真核对，发现电脑提示"已口头挂失"。张某一边要求客户稍等，一边立即拨电话与原开户所联系，得知存单主人是上海人，近日在厦门与几个福建人做生意，将存单交给对方后又怕上当受骗，于当天下午办理“口头挂失”。储蓄员一边将存单与身份证留住，一边询问客户，但这人借故走了。

第二天，又有两名上海人来到南园储蓄所，拿出邢某的身份证与写有存单号、所名、账号等记录纸条，要求拿走存单。柜员张某发现这张身份证名字虽然与昨天那张相同，但持有人却不同，断定其中必有一张是假的。张某告诉他们，这张存单必须由邢某本人携带身份证才能取走。

次日下午，邢某本人到南园所，柜员核对无误后，才将存单交给真正的邢某。

真邢某还是警惕的，但如果不是当班柜员责任心强，他这笔款还是有可能被冒领走。

防诈骗实用指南

- 你存折（单、卡）的密码非常重要，务必保存牢靠！现在有些银行取款手续大为简化，只凭密码。与身份证之类相比，密码应该是更可靠的。初始密码之后，你应当更改密码。具体数码由你自己选择，更应该只有你自己一个人知道。
- 使用信用卡、储蓄卡等银行卡，也要用密码。密码跟我们的关系越来越密切。但是，密码如果用不好，也可能给自己带来不便，这就像用锁而丢了钥匙一样。
- 用密码要特别注意以下两点：

一是要选择易记的数字，但不要选用自己的生日。有些骗子根据失主身份证上出生年月日推断出信用卡的密码，各地许多类似的案例说明：A.不能用自己的出生年月日数字做密码，B.存款凭证不要跟身份证放在一起。

二是不要轻易改动。一般家庭都拥有几个存折。为防止遗忘，不要今天这几个数字明天又另外几个数字，最后自己也弄不清楚存款时输入的密码究竟是哪几个数字，从而给自己带来不必要的麻烦。

- 为防止存单（折、卡）遗失或失窃，要把存单的账号、金额、存入时间、储蓄所名称以及密码登记到记事簿上，有备无患。

四、盯梢取款人

1. 骑自行车跟踪

河南方城县券桥乡19岁姑娘李某，去乡营业所取款，被歹徒盯上。她骑自行车回家，走到行人稀少处时，看见从前面一骑自行车男青年的身上掉下一个纸包，露出一沓10元面额的人民币。李某下车想捡，忽然从后面过来另外一个男青年，将钱抢到手并迅速装入自己的包内，神秘兮兮地说：“妹子，这好事叫咱俩遇上。只要不对别人说，咱就把钱一人一半分掉。”

说着，前面掉钱的男人拐回来，慌慌张张问：“你们拾到我的钱没有？我刚从银行取出的1万元钱丢了。”男青年和李某都摇摇头说没看见。待那人走远，拾钱的男青年又对李某说道：“妹子！咱俩找个地方把钱分掉吧！我怕在这里会被人看见，你把包和自行车留下，我替你看着，你去东边卫生院的厕所里把钱分成两半，我们一人5000元。”李某经不住诱惑，把自己装有8000元现金的包和自行车交给这男子看管，自己拿着捡来的钱包去女厕所。她打开一看，发现只有外面一张10元的人民币，其余全是和10元一样大小的报纸。李某赶紧出来找那男青年，不见踪影。

2. 骑摩托车跟踪

浙江台州椒江某建筑公司两名出纳，坐公司轿车到信用社支取100万元存款，不意被两名男子盯上。取完款，出纳将钱装进一只黑色塑料袋，坐车回单位。途中，两名男子把车截住，假装好心发现这车轮胎漏气，请司机快检查一下。然而，就在司机下车查看之时，那两人将车上的黑色塑料袋抢了，就骑上摩托车逃跑了。

不想没逃多远，摩托车在解放南路白云加油站附近与一辆面包车相撞，黑色塑料袋被撞破，掉到地上，被风吹得飘飘扬扬，像是下起“钱雨”。骗子手忙脚乱抓起一大把钱，骑上摩托车继续逃。过路的人，有的把自行车一扔就跑过去抢钱，还有骑摩托车的、乘出租车的都停下来加入抢钱大军，现场乱成一团。

椒江公安局200多名警力全部出动，全力追捕疑犯，并追索丢失的钱，仅追回32万元。

如此巨款，为什么非取现金不可呢？

3．麻醉行窃

山西万荣县解店镇的王老汉，从县城某储蓄所取6000元，装进提包，等车回家为儿子办婚宴。有个穿西服的中年男子走上前，说：“大伯，借个火吧！”王老汉便将手里的烟火递过去。那人点着烟后，将王老汉的烟扔了，说：“换支好烟吧！”王老汉接过香烟，招呼那人一块坐下等车。可是，王老汉没吸几口就昏沉沉睡着，那人用风衣裹了老汉的提包就上车走了。

4．冒充熟人

四川的李某和王某到新疆，经常游荡在乌鲁木齐的大街小巷，寻求发财的机会。王某走进银行储蓄所，挤在一位填写取款单的老人身边，佯装取款，趁机偷看老人的姓名及取款金额。然后走到一旁，用电话向外面的李某通报老人的姓名及特征。

老人刚出储蓄所，王某便尾随其后，直呼其名，故意和老人套近乎。这时，在一旁接应的李某走过去，突然扔一个空钱包，快步离去。王某拾起钱包对老人说：“这人丢了钱包，咱们把他捡起来。如果有钱，咱们对半分。”这时，李某急匆匆转身回来，说：“我刚丢一个钱包，你们有没有看见？里面有钱，如果捡到请交给我，我的钱我认识。”在一旁搭腔的王某故意说：“我们是捡到一个钱包，但里面是空的，不信你让老人将身上的钱取出验证一下是不是你的钱。”为证明自己的清白，老人将刚才从银行取出的1600元拿出来，让李某辨认。在一旁搅浑水的王某，拉着老人说要到派出所去报案，本意是让李某趁机拿钱跑掉，没想到老人说去就去，两个骗子大感意外，连忙开溜。

老人立即报案。当王某和李某再次使用这种骗术时，被警方逮了个正着。

看来，警方是个说理的好去处。

更有甚者，骗子对被盯上的取款人直接进行抢劫。广西南宁，一名妇女在衡阳路某银行取5.2万元现金，刚走出储蓄所门口，就被两名骑摩托车的男子抢走。随后，又在该市友爱路、望州路、新阳路的银行，先后有3位客户在存取过程中被抢走皮包和现金，总额十多万元。

骗子与小偷、土匪，完全可以一身三任。

防诈骗实用指南

- 请多用电话银行、手机银行（短信银行）、网上银行吧！因为这可以把银行带回家带在身，足不出户，让骗子盯的机会丝毫没有。
- 当然，电话银行、手机银行、网上银行会有另一类骗子，将在下一章专门介绍。

五、冒领亲人存单

1. 丈夫冒领妻子存单

中央电视台《今日说法》报道：湖北黄石女青年胡某和吴某同居，生了一个女儿。吴某发现胡某的存折放在柜子里，将她在当地交通银行的两笔存款同时挂失，分5次取走1万元。胡某另有8000元存在交行，设有密码，冒领不容易，但吴某并不死心，竟然伪造一份胡某已死亡的证明。银行工作人员说，这个死亡证明并不能说明什么问题，根据法律规定，还要有当地公证部门的公证书承认这个继承权，才能支取这笔钱。一计不成又生一计，吴某办了胡某的假身份证，请另一个女子假扮胡某，到交行取存款。这回本来可能得逞，只因没想到胡某的父亲到这儿来替女儿支取到期的国库券，与假胡某撞个正着。

福建永安一位女士曾经在《三明日报》撰文说：

我永远都不会忘记那一天！而且，在那一天之前，我怎么也不会想到我的生活会与银行有这么大的关系：一夜之间，我从一个富人几近沦为乞丐。

那是4年前的一个雨天，我因单位通知住房改革需要交购房款而匆匆回家，突然发现抽屉里的存款备用账号和我的身份证不翼而飞。我忙寻找丈夫的影子，但他却不知去向。我顿感不妙：前些日子双方已是关系紧张，家中又无被盗痕迹，我猜测是他所为。在急匆匆找出密藏的尚未到期的银行存单赶回单位开提前取款证明后，我又冒雨赶到一家地处闹市的建设银行储蓄所。当我递进两张尚未到期的定期存单和单位证明时，立刻被银行职员当做小偷控制住。银行职员告诉我：存款已被提前取走6天，来取款的人拿着你的身份证来办挂失手续，他说他妻子去出差，存单被盗。按银行规定，挂失的存单10天后可以提前支取。我又赶忙冲到工行、农行，然而太晚，一切都如前：我存在3个银行的6张存折总共近10万元存款全被他用这一伎俩提空，而其中一半的金额又因我用了他的名字，而被他用自己的身份证顺利挂失走。原本想，夫妻间用谁的名字无所谓，只要存折在手中就掌握了钱，名字是谁没关系。就这样，无知让我失去可以坐吃利息享受一生的财富……

难怪在武汉等地开始时髦一个账户写两个名字，并约定密码正确后，还必须凭两个人的身份证才能取款。这类储户多是夫妻或恋人。年轻人，一般以此显示双方忠诚、共同赚钱成家，也表示这是共同财产。年龄大的，有的是对这笔钱用途较为慎重，不想轻易动用；有的则是夫妻的隔阂，互相难以信任。

2. 妻子冒领丈夫存单

中央电视台《今日说法》节目报道：吴某退休后回宁波农村老家。他没有儿女，一个人靠退休金生活。他生活很简朴，把省下的钱存在霞浦信用社，作为养老的依靠。有一天，他发现4500元两张存单不见。到信用社挂失，工作人员却告诉他，他的钱昨天已经被取走。按规定，定期储蓄提前支取，要凭他自己的身份证。吴某的存款是到期的定期存款，身份证一直在自己身上，存款是被谁取走的呢？信用社工作人员说，是他的妻子翁某，凭她自己的身份证和两人的结婚证取走的。信用社工作人员认为，妻子取钱做家庭开支很正常，并说这种情况在当地时有发生。吴某非常生气。原来，结婚不到半年的妻子正在同他闹离婚。就在妻子取钱的前一天，他被妻子赶出家门。

吴某一直称翁某为骗子，要求信用社把钱赔给自己，被信用社一口拒绝。无奈之下，吴某只好向人民法院起诉，要求信用社返还自己的存款。人民法院判决，霞浦信用社因未按规定程序支取未到期存款，致使储户受到损失，判定信用社赔偿原告本金加利息，共计4621.5元。几乎同时，吴某也拿到法院的离婚调解书。赔钱的信用社把翁某告上法庭，翁某找到信用社，主动退还那笔存款，信用社撤回起诉。法理是这样明了，结局并不坏，但显然不轻松。

还有假冒丈夫并带存款人身份证来取款。当银行柜员要求密码时，他说存款人是他爱人，刚刚被车撞了，昏迷不醒，正在医院抢救，于是柜员破例将存折里的1.65万元存款取给他。没想到，才过40来分钟，便有一个女人打电话来，声称存折丢了，要求挂失，柜员这才发现被骗。

不知这骗子当时有没有流泪，但可以肯定不会笑嘻嘻的，他们总是装什么像什么。

3. 外甥冒领姨妈存单

山东的高某，在《深圳晚报》社办公室自述：

中学毕业之后我去当兵，还入了党，退伍之后来到深圳。我的姨妈姨丈都在深圳，他们一向十分疼爱我，给我铺好一条发展的路。因为我在部队学了开车，到深圳后姨妈就介绍我进一家驾驶培训中心当师傅，一个月工资2000多元。后来那个驾校解散，姨妈又介绍我进一家大型超市，工资收入也很不错。说实在话，比起很多来深圳的年轻人，我十分幸运。上班之余，我开着姨妈家的车到处逛。

我在超市工作的时候出一单事：弄丢一部对讲机，公司罚我赔偿5000元。当时我23岁，年轻气盛，觉得受委屈，没跟姨妈商量就将工作辞掉。从超市出来很无聊，正好商店旁边有家游戏厅，就走进去。以前我也会去打打老虎机，但每次都只买20元的币，打完就走，纯粹是玩的。那天进去后，游戏厅的小伙子介绍我玩一种跑船机，一把压下去就是1000元，结果在那里一直待到半夜。那里面有吃的有喝的，你待到多晚都没人赶，结果我赢了4500元！后来我才知道，这些游戏厅看到第一次来打的人，多半会让你赢。赢到4500元的时候，那个小伙子还劝我："你现在就走吧，再玩说不定就输进去。"我真的拿着赢的钱离开游戏厅。第二天我没去。可是第三天我又走进去。一周之后我想报名学电脑，拿着存折去打一下清单，才发现就这一周，连那天赢的4500元输掉不算，我还整整输了5000元！我吓一跳，心里很不平衡，决心一定要把这些钱赢回来。

我跟姨妈撒谎说住在一个朋友那里学电脑，跑遍深圳所有的游戏厅。有一次跑南澳的游戏厅打7天。有的时候也确实会赢一些钱，赌博的过程中结交一帮赌友，赢了钱就摆谱请他们大吃大喝，输了就在游戏厅里泡面。一天晚上，我和一帮赌友被公安抓赌抓进去，被电视台录进新闻里。按照行规，每次我们被抓进去都是游戏厅的老板将我们赎出来。晚上回姨妈家，我还装作若无其事的样子。可就在这时，电视里播那一条新闻，一家大小眼睁睁看见我出现在电视里。唉，那一刻我才知道，人这一辈子千万别做坏事，只要做了就一定会有被发现的那一天。姨妈当时就打电话给我爸妈，说了我的事。我只好在电话中一再向父母保证："我不再赌了，再赌就把我带回去。"其实那时我的存折里只剩下10元，也没钱赌了。

我在姨妈家老老实实待了几天。有一天，碰巧开抽屉的时候看见姨妈一张存折，里面有8万元存款。姨妈一家人从不对我设防，存折的密码我都知道。我忍受不了那笔钱的诱惑，想出去赢回我的钱，就把钱还给姨妈。就这样，我偷走了存折。

我先提取1万，没3个小时就输出去了。中午回家吃饭的时候，我坐立不安，知道不赶快把这1万元赢回来是不好交代的。他们上班之后，我又把存折拿了去取。我在游戏厅里待了一个通宵，到第二天早上，那张存折已经变成一张废纸……

俗话说："口渴盐卤也得喝。"赌徒输红了眼，天皇老子也敢偷，姨妈的存折又如何？

4．侵占亲人存款

江西丰城曲江镇的吴某，到海南打工赚了钱，怕存在外面不安全，想存到母亲处又怕母亲没文化，不知道如何办理，他只好将11万元电汇到姐姐处，请她代收代存。当时，姐姐正在丰城城区买店面，便将这钱挪用。

春节，吴某回家，向姐姐要钱。姐姐骗他说："我一位在银行分理处工作的姐妹有揽储任务，她一时完不成，想请我将你这笔钱转存她处，既了了朋友之急，又了了姐的人情债，你经济上也不吃亏。"吴某信了，不仅同意转存那11万元，还将身上的2.15万元现金又交给她。返回海南时，姐姐将13.15万元的存单交给吴某，户名是他们的母亲。姐姐解释说："银行有几个朋友都向我揽储，只好用妈的名字。"吴某想：妈没身份证，户口簿又给我一起带到海南，不会有事。

哪料到，没几天，姐姐就将这存单设法办挂失手续。等吴某再回老家要钱时，姐姐索性为母亲办假身份证，将挂失存单上的钱转到这假名下。任吴某怎么恳请，再请姐姐的朋友出面，四处求援，姐姐就是不给。吴某恼怒，向公安局、检察院报案，又向法院起诉。

在这种情况下，姐姐继续作假。她指使儿子以外婆的名义拟一份证明，说那笔汇款是给她的，与母亲无关，并哭着骗母亲在这证明书上按手印。她将这证明复印送给公安局和检察院。法院开庭，她抢先发言，说那11万元是被寄居在她家的吴某儿子偷走，然后汇回来的；另外2.15万元是向她借了归还的。关键时刻，法院请出他们的母亲作证。母亲看不下去，证明说："那证明是假的！"母亲说出写证明的经过，姐姐这才不得不承认。

然而，这个复杂的骗局还有段不平凡的尾声。纠纷案审结后，审判长与另两名同事将这个案例写成通讯，发表在江西某报。吴某的姐姐看了这份报纸，觉得很丢面子，便和母亲状告三位法官和江西某报社，以四位被告侵犯她们母女的名誉权为由，请求判令四位被告在报上公开赔礼道歉，赔偿经济损失4.109万元，精神损害费8万元，并承担本案诉讼费。南昌芝湖区人民法院开庭审理此案，驳回诉讼请求。

如果你不是骗子，我说你是骗子自然侵犯你的名誉权；而你是个骗子，我揭露你骗子这怎么不行？难道做骗子没罪，揭露骗子有罪？你既然选择了做骗子，就要承担丢面子、丢自由甚至丢性命的风险。

5. 冒名骗人存款

福建政和杨源乡的吴某，收到在福州做生意的妹妹吴小姐的挂号信，随信夹带一本邮政储蓄活期存折，说急需用钱，请哥哥立即存1万元钱到这存折上。吴某照办。

不料，吴小姐打电话与家人联系时，说她根本没有让家人存过钱。警方通过邮政局查阅储蓄所监控录像和查看营业日志，核对笔迹，确定张某可疑，便传讯他，并从他家中搜出犯罪证据及部分赃款。张某交代，他在上海花90元做一个吴小姐的假身份证，回到政和以她之名诈骗她的哥哥。

难道说对在外的亲人也要加以防范？

防诈骗实用指南

- 金钱确实往往令亲情黯然失色。
- 应当将存折视同现金一样妥善保管。

六、偷了存单骗密码

1．同学偷同舍

安徽某高校学生何某，手头没钱，竟打起同学的主意。他瞄准同宿舍的金某外出忘带钥匙的机会，迅速将他的抽屉打开，窃走600元现金和一个存折。他不满足那点现金，还想将存折上的3000元弄到手。为赶在金某到银行挂失前将钱取出，他还跟金某套近乎，旁敲侧击问密码。

好在报案及时，派出所民警迅速进入现场调查，及时抓获何某。

2．打工仔偷老板

广州个体老板潘某，发现自己放在抽屉里的一个16万元的存折不见了，并已被取走4.6万元（取款限额为5万元）。于是，他一方面要求银行冻结剩余的存款，一方面向流花街派出所报案。

调查发现：潘某店中的打工仔张某套问过密码，但这天上午，张某除了因解手离开约两分钟以外，其余时间都与潘某待在一起，显然不具备作案时间。后来，警方通过银行监控录像，查到取钱的是一名身着搬运工服装的男子。警方拿着这录像带查找辨认，有人认出是刘某，顺藤摸瓜张某这才落网。原来，张某早就知道老板存折上有大笔存款，并悄悄记下老板的密码。然后找刘某，由他代为取款，事成后分1/3给他。这天上午，张某伺机从老板的抽屉里盗出存折，利用解手的两分钟时间将存折交给刘某。

无独有偶。福建尤溪经营食杂生意的陈某，平时到建行存款回来，总是将存折随手丢在货架上。有一天，在跟自己家里人闲谈中，又说了这存折的密码。雇来店里帮助送货的黄某，知道老板这习惯，又偶然听过密码，竟偷偷配钥匙，盗走存折，分两次取走存折里2万多元，然后将存折注销。几天后，警方破案，但钱已被挥霍2500元。

防诈骗实用指南

- 骗子有时会利用挂失手续，绕开你的密码障碍。
- 存款凭证丢失或被盗，要及时到银行办挂失手续。挂失前及挂失后一小时内造成的经济损失，由存款人承担。
- 存款凭证挂失后，存款人可凭活期存折办理存取款手续。如需补发新的存款凭证或撤销存款证，应在挂失申请上注明。
- 密码遗失，视同存款凭证丢失处理。
- 存款人可以利用挂失手续为自己的存款把好最后一关。不过，在某种情况下，骗子也可能抢先一步利用这一点转移你的存款。

七、公款私存有私心

1. 随意挪用

江苏常州外向型农业综合开发区国土规划建设局建房审批员王某，负责收取并保管建房押金。他将建房押金以个人名义在银行开设活期户头，存取自由。然而，他染上赌博恶习，钱不够用就将手伸向自己保管的公款，从几千元发展到几万元，越输越多，挪用公款达50多万元。单位人事调整时，通知他清理账目，移交工作。王某以为自己的犯罪行为被发现，当日又到银行提1万多元现金，仓皇出逃。在路上，偏偏又被人偷掉5000元，迫不得已到离常州不远的无锡。他买了一瓶安眠药，住进火车站附近的交运大厦，想了结一生，被及时抓获。

难道说钱比命贵？

2．收受回扣

广西南宁的曾某，被捕前一直担任新城区古城居委会主任、党支部书记兼古城旅社经理，在同事心目中算个精明能干的女强人。古城居委会前身为古城大队，国家征用该大队的土地后，成立古城居委会，古城旅社就成为经营和管理原古城大队农民“农转非”后生活费用的企业。

退休职工艾某找到曾某，称有朋友搞高息存款，月息比银行高一倍。曾某便叫财会人员将古城旅社星湖综合楼12年预收租金178.4万元存款，转到她以个人名字开的活期户头上。艾某另外暗地里送上3.3万元，说是银行给她个人的奖金。后来，她以同样的方式又将古城旅社一笔300万元土地补偿费和一笔70万元的资金以个人名字存入银行，得到6.2万元“个人奖励”。正在大做发财梦的曾主任万万没料到：自己手中的存单只是废纸一张，古城旅社那500多万积蓄在银行没留几天就被艾某分别在南宁、桂林、梧州等地悉数提走，进入自己腰包的9.5万元“奖励”不过是这笔钱的零头。早在巨款存入银行时，旅社财务人员觉得有些蹊跷，建议将存单拿到银行“验明正身”。曾某因为自己独吞9.5万元“奖金”，反对说：“你们只须管好这些存单，到期去领就行。”于是3张废纸在保险柜里一躺就是一年，直至财务人员拿着存单到某银行提取本息，这才发现3张存单都是假的。

如果不是曾某有私心，这笔巨款就不大可能公款私存，即使被骗也可能及时发现。艾某是骗子，曾某也是骗子。

3．公私难分

广州某出租车队的马队长病逝，留下一笔20万元存款究竟是公款私存，还是私款？车队与马队长的家人打起一场官司。车队称，马队长在单位是个说一不二的领导，他喜欢用私人名义存公款，手下没人敢吱声。马家人回应：20万元是马队长名下的存款，他们理所当然是此款的合法继承人。车队原来递交一份委托某会计师事务所作的审计报告，审计结论那20万元属公款私存，为车队应补交税款。但后来那家会计师事务所又向法院表示：不能完全肯定那20万元存款是车队的账外收入。根据“谁主张，谁举证”的原则，法院认为，原告称那20万元存款是公款没有充分证据，且公款私存没有法律依据，不予认定。

引述这个案例并不认为马队长是骗子，而是借以说明：“公款私存”很容易被合法地骗走。

4. 差点被判死刑

四川仪陇是个贫困县。该县民政局原局长想以公款私存的方式“创收”，交代救济股副股长兼县救灾捐赠接收办公室副主任王某办理，将救灾捐赠款23.4万元和销售福利奖券利润款1300元从单位户头上取出，分别以王某父亲、子女、亲友的姓名和数码代号存入几家银行，定期一年，之后又连本带利转存一年。不料，有人向县纪委、检察院举报，王某很快被逮捕，以贪污罪和挪用公款罪起诉。同时，向新闻界发布消息，并制作电视专题片《反腐狂飙》在各地播放，成为“西南三大案件”之一，引起社会“公愤”，几乎是“国人皆曰可杀”。好在王某的前妻不计前嫌，挺身而出，四处申诉，直到近5年后才使他被无罪释放。王某虽然捡回一条命，但老母亲给气死，第二个妻子带着没见过面的儿子出走。

我们当然要谴责有关部门草菅人命，但起因是“公款私存”这个错。引述这个案例，与前例相反，说明“公款私存”很容易受个别单位负责人的“骗”，而一旦追查起来，吃亏者往往是“私存”者。

防诈骗实用指南

- 严格执行相关财务规定，就能减少乃至杜绝内部和外部骗子的机会。

◆ “公款私存”很容易被合法地骗走。

◆ “公款私存”很容易受个别单位负责人的“骗”，而一旦追查起来，吃亏者往往是“私存”者。

八、借存单骗贷款

辽宁葫芦岛个体户徐某，向张某求援，说自己在沈阳买了商品楼，想借用一下存单，到那边证明自己有付款能力。张某跟徐某关系一向不错，觉得这么点小事不帮忙说不过去，就借给她两张存折，一张是自己的1万元，一张是儿子的8000元。

没想到，徐某拿到两张存单后就不知去向。张某到储蓄所问，发现她的两张存单已被徐某拿到农行办质押贷款1.7万元，贷款合同上的贷款人一人是徐某，另一个是徐某年仅8岁的儿子。贷款所用证件，一个是张某已过有效期的身份证，另一个是用张某身份证变造的，只是把名字改一下，身份证号码和其他内容都未变。

骗子并不是无缝的鸡蛋。只要经办人稍稍认真些，那两张身份证根本过不了关。

防诈骗实用指南

◆ 存单是钱的另一种存在形式。牢记住这一点，就会慎重借出存单了。

◆ 张某的存单写着张某的姓名，怎么证明徐某的付款能力呢？这种借法一开始就存在漏洞。

九、柜台边的假雷锋

新疆伊犁的吐某，到乌鲁木齐打官司，赢回1.55万元案款。怕钱带在身上不保险，便到乌市二道桥一家银行去存。但他不会填写存款单，请旁边一个穿警服的小伙子帮忙。小伙子热情帮吐某填写存款单，还办一张银行卡，将1万多元钱存入卡内。存完，吐某激动地说："谢谢你小伙子，你会有好报的！"

回到伊犁，吐某拿着卡去取钱，却发现账户上只有7500元，于是连夜赶往乌鲁木齐报案。警方根据银行监控系统记录，发现这小伙子是警校学生艾某。原来，艾某在帮吐某存款时，趁他不注意，填写两份入账单，7500元入吐某的账户，另外8000元则入自己的账户。

似懂非懂最糟糕！如果完全不懂，吐某干脆冒险带现金；如果真懂，应该自己填单，那么就不可能发生这事。

防诈骗实用指南

- 有关钱的事，还是求助银行人为好（包括银行保安人员），而不要轻信他人。
- 似懂非懂最糟糕！如果完全不懂，干脆冒险带现金；如果真懂，应该自己填单。

十、掌上电脑骗存款

重庆长寿工商银行某分理处门前，一个手持掌上电脑的青年人对过路的中年女工石某说："大姐，你要不要存钱？你今天存20元钱，明天就可取220元。"石某讥讽道："你这套骗人的鬼把戏我见多了，我才不上你的当呢！”那青年解释说：“我这种电脑，有科学原理，将储蓄卡号输入特制的程序里，会搜索全球金融系统的余额，然后将这些余额存入你的账号里。如果不信，你现在存入20元。明天再来，如果没有增长10倍，我就赔你100倍的钱！”石某将信将疑，进银行新开个20元的账户，让他把账号、密码、数额输入电脑。操作一会儿，他关上电脑，说是成功。

第二天上午，石某和那青年到银行一查，果然发现存款增至220元！石某深信不疑，立即回家，将多年积蓄的6万元全部取出来，都存入这个新账号。那青年重新表演一番，说：“大姐，明天再到银行，你的存款一定是66万元。我仍然在这里等你。到时你可要请客哟，不见不散！”

结果不言而喻。

著名学者罗素讲过一个故事：一只小鸡每天都吃到主人送来的食物，它就以为明天主人还会来喂食，可是第二天它被主人吃掉。逻辑学告诉我们，前天是的，昨天是的，今天也是的，明天不一定是。形形色色的骗子，一再用他们的丰富实践论证这一逻辑。

防诈骗实用指南

- 存款要找合法的银行，除此之外不要轻信别人，不论他是以什么面目出现。

第四章

银行卡诈骗

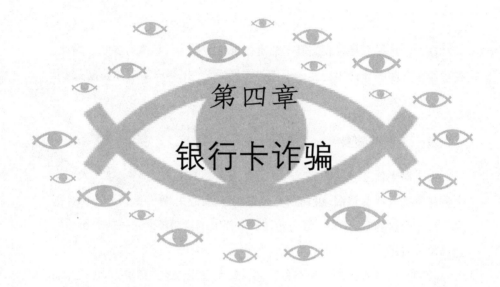

一、趣话“银行卡”

银行卡也是一种存折，但比纸质存折奇妙得多。具体有多妙？为此，我曾经在三明的建设银行客户中做过专题采访。据客户亲身体验，银行卡有以下六大妙处。

第一，银行随身

人类对于钱之轻便的追求并不亚于对其数目的贪婪。要不然，人们不会摒弃贝类选择金银铜，继而摒弃金银铜选择纸币。每一次摒弃与选择都是一次革命。我们这代人正经历着又一次伟大的货币革命——摒弃纸币而选择电子货币，或曰货币“无纸化”。

我的同事林先生的太爷有三兄弟，老大秀才，老二商贾，老三农夫。有一年，老大进京赶考，老二下南洋做生意，出门后都再也没回来。因为携带的盘缠太显眼，让强人起歹念。现在携带大量现金出外仍然不安全，也不方便。林广联考上北方一所高校，只好把盘缠换成大票，分几处缝在内裤和鞋垫里……

如今的学子、商人再也不必受此折磨！只要办一张银行卡，像IC电话卡那样小小一张就可以高枕无忧。

三明市第三建筑公司财务处廖先生的儿子在湖南读大学，办张龙卡，这边存那边取，从没受过钱的累。

香港航科集团康惠电子公司福建分公司经理陈先生说，他们跟各地家电公司做生意大都用龙卡。只要把卡号给对方，这边发货那边把货款存入龙卡，省很多麻烦。

尤溪县计划局出纳颜女士说，有的离退休人员回原籍，发工资要邮寄，他们也要跑邮局，双方都麻烦。现在用龙卡代发工资，跟在职人员一样打进卡就行，大家都省事。

列东百货家电柜的收银员张女士说，买家电都是几千元，用卡刷一下就行，零钱都不用找。

第二，防盗有效

防偷盗最佳方式之一是用卡。卡要有密码才能使用，而这密码只有天知地知我知，银行办卡人员都不知道。永安洪田煤矿的出纳大白天到燕江中路某银行领取单位的工资十几万元，被歹徒盯上，出门不到百米就遭抢劫。如果用龙卡代发工资，出纳不必到银行取现金，这种悲剧就可以避免。

福建省经济发展总公司三明公司总经理邓先生有一次在某宾馆睡梦中被盗，第二天清晨才发现，马上报案，从垃圾堆找到被盗物品，现金、手机等值钱的东西都没有了，唯有龙卡安然无恙——歹人没胆要！尤溪县新桥粮站的周先生说："小小一张卡跟神仙一样。自从我有龙卡以后，保险柜三年没用过。"

用卡还能防假币。三元百货大楼收银员要逐张登记50元、100元面额纸币上的号码，收银员何女士说："大楼收银台有几个，而到银行存款是统一的。如果有假钞被没收，就要回来追查是谁收的。"如果用POS就根本不存在收假币的可能。

永安林业（集团）股份有限公司出纳李女士说："我点钱都点怕了，主要是怕稍不小心收到假钞，所以很爱客户用龙卡。"沙县公路稽征所收费科长肖先生还说："以前假钞比较少又好认，现在假钞又多又不好认。如果不用POS，还要人工去收，我看没人敢去。"

第三，便于应急

好马也有失蹄时，再精明的人也难免有带钱不够的时候。如果带了龙卡，就可以有惊无险。尤溪县雍口水电站出纳杨女士说："有了龙卡，出差可以说走就走。到外边钱不够，打个电话回来马上就存过去。有个同事在福州丢了卡，在那里办一张新卡，这边把钱存进去，当天就到。"在当地上街带龙卡也是有备无患。特别是请朋友吃饭、娱乐。酒逢知己千杯少，一高兴小费乱签，经常让主人出洋相。所以，龙卡在高消费场所特别受欢迎。列西红富士健身俱乐部收银员魏小姐说：“我们这里项目很多，有张龙卡就可以放心地玩，没带卡的生怕钱不够，挑来挑去很为难。”

第四，享受实惠

老板杨先生说：“我去年回莆田老家办了很多事，连龙卡上存的钱都花光了，就在路边ATM机上透支500元现金，买汽油和路上吃饭的问题都解决了。”三明财校的林小姐还说：“我们三个人住一个宿舍，要好的程度达到可以互相借用龙卡的地步。反正龙卡上的存款金额自己都知道，不怕你借。”

各地还经常推出丰富多彩的龙卡消费优惠活动。如春节期间建行福建省分行推出的“用龙卡，贺新岁”迎春有奖促销活动，三明也有不少人中奖。海尔专卖店收银员郑小姐介绍说，有三个顾客在这个店用龙卡消费中奖，其中两个二等奖，奖金各2000元，其中一个又用这奖金在这店里买一台全自动洗衣机。建行三明市分行推出龙卡消费积分办法，是长年性的，只要消费累计达到一定的量就可以申请奖励，奖项包括新马泰免费旅游等。

第五，洁身自好

钱是脏的，自古遭骂，如“铜臭”，但那是基于某种道义。从科学角度来说，纸币的确很脏。媒体曾报道山东高密一银行出纳员点完钞后上厕所，致使自己的处女身染上性病。对此，第四军医大学皮肤性病专家刘斌副教授说，通过点钞票传染性病几乎不可能。那么，会不会传染其他病菌？三明市第二医院主治医师刘桂康介绍说：“纸币上附有大量肉眼看不到的致病细菌和病毒，生命力强的细菌和病毒连一般的高温煮沸和紫外线照射都难以杀灭。当人们接触纸币后，人体的抵抗力一旦下降，就容易感染致病。尤其是在传染病流行期间，传染病毒或细菌的传染力特强。”了解的人都很怕纸币的脏，特别是破旧币，上公厕之类找零钱都不要。而

ATM机上的钱都经微波炉烘过，干爽无尘。在POS机上消费，则跟纸币照面都不打。永安市立医院住院部收费员李女士说："用龙卡收费不怕假钱，又不要向病人收费点钱，很卫生，希望能大力推广。"

第六，时尚新潮

电子货币是高科技的产物，已成为衡量一国金融发达程度的标志之一。同理，也可以是衡量一个地区、一个人现代经济生活水平高低的标志之一。尤溪县中鹿保龄球馆总经理林先生说，以前他在福州，每天都有10～20个顾客刷卡，特别是香港、台湾的顾客，每人都有几张卡，你不让他刷他还不高兴。但在山区县城有卡的人虽然不少，但用卡的尚不多。林经理说："主要是消费观念的问题，当然跟消费水平也有关。"尤溪县沈城百货公司家电部经理李先生说："在我们这儿，中年人、青年人几乎每人都有一两张卡，但很多人现在没有真正认识到用卡的好处。"在三明，用卡情况虽不如福州等大城市，但比县城火热得多。列东百货大楼糕点柜营业员陈女士说："现在用龙卡的人很多。晚上三口人散步，买糖果之类，两元钱也刷卡。"列东沁芬园茶楼收银员吴小姐说："用卡的人看上去都是白领阶层，很潇洒。"三明育英职业中学学生陈小姐说："我们有的同学有龙卡好像很神气似的，向她借看一眼都不肯。"某收银小姐甚至直截了当地说："现在还大把大把掏钞票，我总觉得有点土气。"这话不无道理。信用卡是身份的象征。信用度低的人领不到金卡，而你能在POS机边亮出一张金卡自然令小姐另眼看待。

银行卡的妙处，越来越被普通百姓所认识。例如江西省万年县，据当地工商银行、中国银行有关负责人介绍，许多农民也钟情起信用卡，甚至开始流行以信用卡做嫁妆。

银行卡比现金更方便，但风险也更大。银行卡诈骗，跟假币一样是个令人头疼的国际性难题。

在美国，五角大楼和其他联邦机构一样通过信用卡给员工发工资，目的是减少繁文缛节，提高政府采购效率，节省开支。根据国会总审计局提供的数字，发放给五角大楼人员的信用卡有180万元。五角大楼后勤局局长利伯特说，在2500美元以下的政府交易中，99%是用信用卡支付的。美国政府总务管理局的一名官员坚持说，使用信用卡每年可以为政府节省12亿美元的开支。但众议院调查五角大楼信用卡舞弊案委员会主席、共和党议员霍恩反驳说，这些数字没有考虑到滥用信用卡支付个人消费的行为。格拉斯利在众议院一个调查委员会作证时说：过去，五角大楼员工还需要假造发票才能骗得政府的支票，现在可好，信用卡的出现将这个麻烦也省去了，直接提供一条通向一堆堆现金的捷径。他还尖刻地说："五角大楼给了每个人一把大铲，告诉他们钻到国家的钱袋里。"一名海军中士因信用记录有问题，信用额受到限制，然而他上司仍然把他的信用额从2500美元提高到1万美元，在发现此卡有问题后，银行签发欺诈警告令，美国海军仍置之不理，信用额度照升不误。单是两年，军方信用卡就有500多宗欺诈购物案，一家银行被迫撤除军方信用卡5900万美元的坏账。2009年4月25日，美国总统奥巴马和多家信用卡巨擘的负责人会面，呼吁该行业提高营业透明度，并誓言将推动新立法保护消费者。舆论认为，由于许多美国人为借贷问题感到愤怒，因此信用卡课题可能会为奥巴马争取政治加分。

在我国，银行卡诈骗案跟我们的金融现代化一样迅猛发展。有些本身是海内外骗子相互勾结，跨国作案。有的当然是"中国特色"。广东惠阳的罗某，曾在广州钢圈厂当工人，偷渡香港，先后因盗窃、赌博和经营无牌照按摩店受警方处罚。他卷入境外伪造信用卡集团，从伪造、贩卖信用卡镭射标志到伪造信用卡的整套技术全部掌握之后，回广东另立山头。罗某从美国、香港等地购进一大批先进的印刷设备，在广州市郊西炕建立伪造信用卡的地下工厂，远销北京、香港等地。不久，他嫌西炕环境嘈杂，公然把这造假的黑厂迁到东山区八旗二马路旁街12号闹市区。这个工厂虽然只有几十平方米，但井然有序，不仅有逼真的假信用卡成品和半成品，还有账户号码压印机、磁带输入阅读器、镭射标志切割器、手提电脑、烫金机、丝网印刷机等现代化工具，以及59式9毫米手枪一支、子张16发。警方缴获的成品信用卡，有假万事达金卡1385张、假万事达普通卡195张、假VISA金卡308张，假VISA普通卡338张、假运通金卡1050

张、假大来信用卡680张。半成品中还有假日本JCB信用卡。这些假信用卡，每张最高消费可达上百万元。这个伪造信用卡案堪称全球之最，曾轰动海内外。可以说，银行卡诈骗的猖獗程度丝毫不亚于假币。

防诈骗实用指南

- 银行卡诈骗名目非常多，专家归纳主要有以下五类：一、短信诈骗。二、利用网络银行诈骗。三、利用银行ATM机骗卡。四、伪卡（克隆卡）欺诈。五、以办理银行透支信用卡为名实施诈骗。

- 短信诈骗。这种诈骗案主要有五种形式：第一种是中奖型，说持卡人中了大奖，让持卡人领奖前先交税。第二种是消费型，说持卡人的银行卡在商场消费若干元，如有疑问回电咨询，然后套取卡内信息，将持卡人的现金转走。第三种是恐吓型，如：限一天内存XXX元到XX银行，户名XX，卡号XXXXXX，不然将伤害亲人XX，报警后果自负等。第四种是提示型，如“银行卡已被复制，为避免盗刷，请即刻拨打XXX电话、与银联部门联系”，进而骗取持卡人的账号和密码。第五种是退税型，不法分子谎称可以办理购车退税，要求消费者持卡在银行的ATM机上进行操作，然后以核实账户人为由，要求消费者提供存款余额，以判断可以转账的额度，之后要求消费者按要求输入一组号码(实际上是不法分子的账号)，再要求输入另一组号码后确认(实际上是转账的额度)。确认后，消费者的钱就已经转到不法分子账户上了。

- 利用网络银行诈骗。一是在互联网上设立假的金融机构网站，骗取银行卡号、密码。犯罪嫌疑人利用持卡人账户信息保护意识不强等弱点，套取持卡人银行卡信息，然后利用网上银行转账功能，盗取银行卡资金。二是利用黑客软件或网络病毒盗取客户银行卡信息。个别不法分子利用网络黑客软件或网络病毒等高科技手段破译银行卡加密技术，盗取客户银行卡的卡号、密码。

- 利用银行ATM机骗卡。一是制造“吞卡”诈骗。自制装置放入ATM机读卡器内，当取款人将银行卡插入插卡口时，实际上是插入该自制装置，于是就出现“吞卡”假象。当客户离开后，犯罪嫌疑人迅速上前将被“吞没”的银行卡从ATM机中拉出，将资金盗取。二是张贴广告，冒充ATM机管理单位。在ATM机上张贴紧急通知或公告，让用户把资金转移到其指定的账户上。三是设置出钞障碍。自制装置在ATM机出钞口设障，使ATM机吐出的钱卡在出钞口内。四是监控取款设备。在ATM机上安装微型摄像装置，或利用高倍望远镜在距ATM机不远处窥视，窃取客户的银行卡密码。五是别有用心“帮忙”。冒充“好心人”提醒或帮助受害人提款实施诈骗。六是取款键盘设障。仿造ATM机键盘（内有电路装置,具有记录存储功能）附在ATM机键盘上。七是“掉包换卡”。不法分子通常选择自助银行，跟随事主身后，趁事主在ATM机操作时，利用拍肩膀、提示掉东西等手段转移事主注意力，制造机会将事先准备的卡插进ATM机插卡口，造成事主的卡退出的假象，然后以急着取钱为由催促事主离开，事主抽卡离开，手上的卡已被不法分子调包。不法分子随后更改银行卡密码，立即取款或转账盗走事主资金。

- 伪卡（克隆卡）欺诈。一是利用偷窥、录像、测录磁卡信息、安装假刷卡设备等各种手段窃取卡号和密码，然后仿制出伪卡，再利用伪卡消费或取现。二是装扮成银行工作人员，到银行营业网点门前，通过帮助客户换卡、引储等“热情服务”手段，用调包之计，调换客户银行卡，或盗取客户存款信息，克隆银行卡，对客户实施诈骗。三是通过欺诈手段获取客户信息资料，伪造办卡人身份证，代其领取信用卡后恶意透支。

- 以办理银行透支信用卡为名实施诈骗。一是刊登广告或发短信，宣称可以为个人、团体办理银行信用卡进行无抵押信用贷款，从而收取手续费用。二是冒充银行工作人员优惠办卡。谎称自己是银行的营销员，现银行正在办一种不需交任何管理费用的信用卡，但办卡时必须先通过他在银行存一定数量的钱，诱骗客户把钱交给他之后逃之夭夭。

二、ATM 机边的骗子

1. 偷密码造伪卡

这类骗子首先是偷你的密码，然后复制你的银行卡，再骗取你的存款甚至透支你的账户，如入无人之境。等你发觉，已经迟了。如广州的潘先生在某银行体育东路第二储蓄所开户作为工资账号，半个月后领储蓄卡。3 月 28 日在公司最后转入 500 元后，没有使用过。4 月 25 日，潘先生去存钱，发现卡里少 2.4 万元。他马上到银行查，发现从 4 月 21 日到 25 日，有人用卡在 ATM 机上取他的钱，每天 2～3 次，每次 2000～3000 元，5 天共提 12 笔 2.4 万元。潘先生找到该银行广州分行的保卫处，银行拿潘先生的卡去做鉴定，发现是另外一张卡在作怪。

有的骗子亲临ATM机边偷看。如原供职丁于奥赛特经贸公司计算机部的“电脑通”成某，在报上看到有人用伪造的邮政储蓄卡盗取客户存款的消息后，也想在 ATM 机上搞点钱。他特地到邮局用成某的名字开两个活期存折，办两张银行卡。他发现只要拾取客户取款后丢弃的取款凭条，获取账号，再偷看别人取款的密码，然后利用计算机和磁卡读写器，便能复制出储户的银行卡。他先后从 5 名客户存款中盗取近 3 万元现金，还利用伪造的身份证申请信用卡，在 ATM 机上恶意透支 1.25 万元。

有的骗子利用先进设备。福建平和的陈某，到长沙打工，却干起“克隆”银行卡的勾当。在持卡人取钱输密码时，他利用望远镜偷窥持卡人输密码，并通过取钱时自动取款机吐出的凭条，获取银行卡的号码，然后复制出一张张银行卡，随意取别人的钱。警方接到几个受害人报案，说自己银行里的钱蹊跷地被人取走，卡都是在附近这家银行办的。银行提供的录像资料表明，4个人银行卡里的钱都被同一个人取走。这个神秘的取款人，利用“克隆”的银行卡，在ATM机上分批取款。录像记录了这个人作案的时间规律。于是，当陈某又来取钱时，被当场抓获。起初他不肯交代，后来看到录像中自己偷钱的样子，倒是笑了。警方在他租住的地方，搜出重要证据——存有“克隆”银行卡程序的电脑和一个复制银行卡的写卡机。

而有的骗子则动用高科技手段。广州市曾接连发生怪事：先后有十多人发现自己信用卡、储蓄卡账上的钱不翼而飞，但他们的卡从来没有借给别人，而且每次取钱都十分小心，密码也没泄露过。警方立案侦查，发现ATM机屏幕上方的面板处有双面胶布粘贴过的痕迹。不久，又发现有三个男子走近ATM机，一人望风，另两人在ATM机上安装什么。安装完后，两人离去，只留下望风者。保安人员走到ATM机前，插入信用卡，果然被“吃”。保安人员一离开，那望风者立即上前盗取被“吃”的信用卡，并取下他们安上去的装置，被当场抓获。原来，他们安装在ATM机键盘上方的是一个微型摄像头，就是这个摄像头摄下持卡者操作时按出的密码。他们还在ATM机的出入卡处装一个盗卡器，造成“吃”卡。持卡人误以为是ATM机出现故障“吃”卡，安心离去，等第二天银行开门再来取卡。没想到卡很快落到这伙骗子手里，复制后塞回ATM机。

李某原是北京越微电子有限公司经理，拥有出色的软件编程技术，却也干此等勾当。请看他被捕后的供述：

我自己有两张邮政储蓄卡。我想，如果能从别人的卡中取出钱来就好。想要取到用户的款，要具备两个条件：一是要知道用户取款的账号，二是要知道取款卡的密码。

根据我的观察，好多人用卡取款后都不把凭条带走。该凭条上打印着用户的取款时间、账号及金额。要想得到用户取款的账号和取款时间并不难，可以通过捡取款凭条的方式得到，关键是怎样得到用户取款卡的密码。分析来分析去，我认为要想获取用户取款卡密码必须通过摄像的方式得到。我在中关村买了一个微型摄像探头。我先把微型摄像探头与电源连接，然后把探头的视频输出线与家用摄像机的视频线输入端口连接，把家用摄像机的磁带倒至开始，让时间显示器上显示出零时、零分、零秒。我把这套设备放在一个小纸箱里，并在纸箱的底部挖一个小孔，让微型探头摄孔露出。

我把纸箱放在某邮政储蓄所自动取款机的顶部，并把纸箱外移，让微型摄像机控头摄孔直对取款机的操作盘。放好后，我就在取款机的附近转悠。大约过40分钟，我回到取款机旁，把用户取款时留在地上的取款凭条捡拾好多。

回到公司后，我将摄像设备拿出来，把摄像机倒至零时、零分、零秒，然后我又拿出取款凭条，根据上面的取款时间，再从摄像机上对应出时间，并从画面上查看用户取款时按的数字。这样我就获得该用户取款卡的密码，取款凭条上又有该卡的账号。这次共对应出7～8个用户的取款卡账号和密码。接着用同样的方法连续摄像4次，共对应出20多个用户。

我去一家电脑公司买一台磁卡读写器，又购一盒100张空白的磁卡。我把两张真的邮政取款卡用读写器读一下，发现这两张真卡除账号不同外，其他的卡内数字信息是一致的。于是，我就把得到的用户取款卡上的账号及其他数字信息用读写器复制出20多个与用户账号、密码相同的卡片。为便于记忆，我还把余额及密码分别写在复制好的磁卡上。这样，我取款时就可以照着卡上的号码输入取款。

我用复制的这20多个磁卡开始取钱，共计取了3万多元。

如此聪明才智，用于正当的发明创造多好！

2．行骗天南地北

徐某是福建安溪一个农民，由于在逃，尚不知他怎么弄台电脑在家里伪造信用卡。为有个帮手，他找来年仅17岁的外甥王某。为避人耳目，他们“兔子不吃窝边草”，专程到深圳。徐某站在ATM机边，偷看取款人的账号和密码，输入自己的手机。徐某还教导王某说：“密码一定要看到。账号没看到不要紧，只要看到他（她）将取款凭条扔掉捡来就是。”就这样，他们在深圳窃取10来个账号和密码。回到安溪，很快制作出一批假卡，通过ATM机异地取款，骗取其中4个储户的13万元人民币。

接着，他们把黑手伸到远在天边的西安。两人分工，王某乘飞机赴西安偷取账号和密码，徐某留在家中伪造卡。短短几天，王某窃取十几个银行储户的账户及密码，及时用电话报给徐某。

王某回安溪，带了新伪造的信用卡，再次赴西安。下飞机才一小时，就在一家银行的ATM机上将一个储户的5万元转到自己在广东东莞开设的账户上。然而，当他第二次取款时，那手不知为何剧烈地颤抖起来，而这刚好被银行保安人员注意到。保安认真一看，发现王某的“信用卡”有一面是空白的，与真信用卡不一样。于是，保安走向王某，从他身上搜出真假身份证各一个，工行、建行、招商银行、农行和交通银行等8家银行的空白磁卡十几个。躲在幕后的徐某，闻风而逃。

现代化的金融、现代化的交通和现代化的通信，造就了现代化的骗子。

3. 伪造银行文告

福建省福州、三明、厦门、泉州等地，先后多次有人在工商银行、建设银行ATM机上张贴所谓的《ATM操作指南》或《总行公告》。在泉州市发现的所谓“公告”内容为：

尊敬的用户：

请注意！因本行电脑与各行电脑大联网（试用阶段），从今天起，每次最多可取3000元，每天最多可取10次。

提款的用户：请注意！提款已改为：提款前请先把提款的数目（一次性）先转入总行电脑账号上认账后，方可提款。操作方法：插入磁卡——输入密码——按其他服务键——按转账键——输入总行账号后，分别按两次确认键——输入要提款的总数目（注意小数点）后按确认键——提款（如超过3000元者，电脑自动分次吐款）——按取回磁卡键。总行账号6539700000010830620。

如不按总行提示操作，发生吞款及一切事故，本行概不负任何责任。如有不明之外，请与本行联系后方可操作。

总行宣

有些客户信以为真，照此办理，结果把钱送进骗子的口袋。

这类案件至今时有发生，已涉及广东、浙江和云南等地。国家公安部曾专门发出通知，提醒公众注意。所谓“公告”之类的内容，大同小异。

黑龙江某职业学校学生胡某，从南方一份报纸上看到有人伪造银行通知骗得钱，便如法炮制，晚上骑摩托车到哈尔滨南岗大直街一家银行分理处前，将内容为“我行的自动提款机发生故障，请按以下程序处理……”的假冒银行通知，张贴在ATM机上。随后，他又在中央大街某银行分理处、经纬分理处等ATM机上贴同样的通知。当天夜里，胡某在家里等待收钱，得知共有3350元进入他自己的卡上。第二天一早，他早早骑摩托车到5处贴告示的ATM机前撕“通知”，并分别从5处ATM机中提出3350元人民币。

在江苏徐州发生的一个案例有所不同。一用户在某银行ATM机提款时，出现“吃卡”现象。抬头一看，发现取款机上贴有一张告示：“用户你好！如果发生‘吃卡’现象，请拨打电话37×××××。”该用户随即拨通电话，话筒里传来女子声音，自称是某银行客户服务中心工作人员，要求用户提供姓名、地址和信用卡卡号、密码，并请在两小时后到信用卡服务部取卡。两小时后，到该银行服务中心一问，却发现卡上资金在一小时前已被人盗取400元。

这类骗子倒有点“姜太公钓鱼”的味道。

4. 专骗出外者

福建龙岩的雷某，曾在建筑公司干过，开过茶庄，最后跑福州干起一种骗人的勾当。首先，他到各宾馆饭店物色住店的旅客，然后从电话簿上抄下这家宾馆饭店的电话号码，躲在租房里冒充警察，打电话到宾馆饭店总台，询问各房间的旅客姓名。再把电话打进客房，声称是当地警察，正在侦查一起杀人案，需要调查每一位住客的往来情况。由于时间紧迫，要求旅客留下单位或家庭的电话号码。接下来，这个骗子又冒充交通警察或急救中心的医生，打电话到某旅客的单位或家里，说这个旅客出车祸，正在抢救，急需钱用，请立即将多少钱存入他指定的银行账号。单位同事或亲人一听噩耗，大都会慌乱起来，火速汇出款项。等汇出钱再想方设法进一步了解情况，这骗子已经利用银行通存通兑的特点，在外地ATM机上将款项取走。仅半年时间，雷某就作案50多起。落网时，警方从这个骗子身上搜到假身份证7张，建行储蓄卡49张、农行储蓄卡19张，还有十多页从电话簿上撕下来的宾馆饭店电话号码，追缴到赃款十几万元。

这类诈骗也在浙江杭州出现。温州的李某出差到杭州，住进解放路的浙华饭店，不到一小时就有人打来电话："你是不是李××，从温州过来的？我是××公安局的。我们现在正在追查逃犯，请你把身份证号码、家庭住址、家庭电话号码报一遍，我们要核实。"李某想，能知道他姓名、住址的，除饭店的总台，只有公安部门，支持追逃工作也是应该的，便把自己的情况包括家庭电话号码告诉对方。第二天早上8时许，有人给李某家里打电话，称是杭州120急救中心的，李某在杭州出车祸，急需抢救，要李某家里马上汇款到杭州指定的账号，并报上自己的姓名和电话号码。刚好李某的手机因充电未能打通，李某的家人经过一番激烈思想斗争，还是决定先汇出1万元。直到中午与李某取得联系，一家人才知道上当受骗。事后查明，此人是用假身份证开银行账户，电话则是公用电话亭的。

出差的越来越多人有手机，通讯很方便，这类诈骗便转为针对在外的学生。如前面所说的福建武夷山农民龚某，女儿在长春建筑工程学院读书，放假回家过春节。没想到，有位陌生男子挂电话到龚某家，说他女儿途经黄山时，突患脑溢血，要求火速从农行汇1万元到某账号，以便尽快安排手术。一家人伤心不已，忙几个小时才凑足1万元，赶到武夷山农行营业大厅汇款。银行经办柜员陈某得知原委，说他们已遇到不少类似情况，劝龚某等查清楚对方账号后再汇款。经查，对方提供的农行账号在南昌，而不是黄山。出现疑点后，龚某立即报案。警方一查，对方的电话是赣州区域的号码，更加可疑。但龚某救女儿心切，仍然半信半疑，租好车子准备连夜赶去黄山市立医院。警方劝道："先别急，按你女儿前天来电话说的，如果晚上8点还没到武夷山，我们和你们一道去。”结果晚上6点多就接到女儿从邵武火车站挂来的电话，说已和几位同学安全返回。

后经了解，骗子混迹于旅客中，与大学生闲谈，从中了解家庭电话及家长姓名。

没手机的出外者也可能成为骗子目标。江西余干的熊某，在福州火车站候车室以交朋友、合伙做生意为名，与候车回家的陕西宁强的杜某闲聊，得知杜某家中的电话号码而他本人身上没带手机，家里人又知道他返程车次等基本情况。杜某一上火车，熊某便将他的情况用电话告诉余干的同伙张某。第二天一早，张某在余干打电话到杜某家中，称是江西鹰潭市人民医院院长江某，杜某旅途当中突发脑溢血，昏迷不醒，已被乘警、列车员送至他医院抢救。现在生命垂危，急需手术，要杜某的父亲立刻交纳手术费和入院费1.5万元。杜某父亲说路太远，不能马上带钱到鹰潭。张某说可以通过银行汇款，并提供他在农行的私人账户。杜某父亲问，为什么不汇到医院账户？张某说医院的账户没有联网，他的私人账户联了网，还要他到数百公里以外的四川广元农行去汇，说只要查询收到钱，立即给杜某做手术。杜某父亲只得按张某要求办。在汇款时，有人提醒可能是骗局，立即向当地公安局报案。第二天，警方将骗子抓获。

是否受骗上当，取决于你能否及时识破骗局。

对这类骗子，应当追加精神索赔！

5．假ATM机

台湾台北某住宅区附近民众发现，某银行的ATM机总是取不到钱，不是出现“现金不足”等原因拒绝受理字样，就是输入密码之后突然出现“机器暂停使用”字样。虽然退还卡，但这些用户的存款都出现不明原因的减少。

警方调查发现，这种ATM机其实和发卡银行一点关系也没有。在台中地区，甚至发生提款机在一夜之间不知去向的事件。原来，犯罪集团用假提款机盗取银行卡密码，制成伪卡再盗取现金。类似案例在台北及台中都有发生。这种ATM机其实是已报废的，经改头换面公开拿出来假冒。

幸好这种ATM机没有办理存款的功能!

防诈骗实用指南

- 由于ATM机一般处在无人看管的场所，因此往往成为持有假冒银行卡者的首选。他得到你的银行卡后，甚至可能利用现代交通工具飞快在千里之外疯狂地盗取你的钱。所以，一旦发现银行卡丢失或被假冒，一定要立即办理挂失手续，争分夺秒！来不及跑银行，可以利用电话银行、手机银行或网上银行先办理“口头挂失”。
- 自己在使用ATM机之时，不仅要警惕旁边的人，还要注意机上有无异物。万一发生银行卡被ATM机“吃”掉的意外时，要直接与该银行联系，千万不要轻信其他提示。
- 取款的凭条不可乱扔，以免将自己的账号落入虎口。

三、POS机边的骗子

1. 盗装POS机

香港出生的美籍华人黄某，从境外购得100多张已报失的VISA卡和万事达卡，伙同开餐馆的加拿大籍华人利某、在广州做服装生意的林某及山东的孟某、刘某，在私人公寓安装两台刷卡机，日夜不停地刷假卡，第一天就刷下100多万元。

银行发现这两台POS机3天内竟有76张420笔交易，觉得可疑。没过两天，发现这公寓的签单又多400多万元，立即与VISA卡总部联络。经核实，签单信用卡全是已报失或被窃取磁道的黑卡。银行向刘某索要持卡人签字回单，刘某无法提供，立即报案。当5个骗子再到广州大厦刷卡时被一一拘捕。幸运的是，所刷的700多万元，一分钱现金也没被提走。

2．POS 机盗密码

某银行先后接到3位女士投诉，说她们的信用卡没有遗失或托人保管，但卡上的钱却突然被人取走，损失达20万元。警方发现，3位女士先后在同一家时装店刷过卡，进而发现该店的POS机有两根隐藏在地下的导线，连接着收款机和店堂后间的解码机及读卡机。店主取出解码机和读卡机，通过电脑显示客户的秘密信息。客户一走，店主取出解码机和读卡机，通过电脑显示客户的信用卡密码。然后，利用客户的身份证和信用卡密码，造假卡在ATM机上支取客户卡上的款。

这奸商奸出了时代特色，登峰造极。

3．利用商家取现

董某在台湾经营过广告。到上海后，同来沪的朋友张某一道，在台湾买14张伪造的VISA信用卡和万事达信用卡。这些假卡外形逼真，里面信息资料都是盗用客户的真实内容，能刷能消费。这种卡在台湾花几万新台币就能买到一张，可是落到这伙骗子手里就变成摇钱树。

这伙骗子来到昌化路一家娱乐总汇，像大款似的，进包房，点洋酒，还要小姐陪喝陪唱，直玩到次日凌晨，共消费2655元。结账时，他们掏出一张假信用卡，要求刷1.5万元人民币，将余额找现金。按规定信用卡在POS机上不准提现金，但夜总汇老板觉得客户难得，违规操作，不仅给买消费单，还找给12345元人民币。短短几天，他们在这里刷卡12次，消费3万余元，提取现金5万多元。还有传奇娱乐总汇、金豪客KTV、名人娱乐部及乐福超市等，都成了他们的“银行”。在20多天里，这伙骗子大肆消费，并找回现金达40多万元。

另有两名操广东口音的男子，在上海娱乐场所使用伪造的信用卡进行消费并套取现金。白天通常去大商店购物，在高档酒店就餐，晚上到娱乐场所用伪卡消费并套取现金，然后迅速将签名的信用卡客户底单销毁。终于有一天，当他们携带诈骗来的大量钱财回宾馆时，被守候已久的警方一举擒拿，当场缴获伪造信用卡20张，犯罪工具笔记本电脑一台、磁条读写机一部、赃款2万余元。

广东的林某（持某国绿卡），从境外带入伪造的VISA卡和万事达卡12张、白板卡5张，伙同在中国银行办有外卡特约商户业务的哈尔滨北北夜总会总经理顾某等人，在夜总会等处刷卡200余次，金额高达1300余万元人民币。

商家碰上这类骗子，真是“赔了夫人又折兵”。

4．利用关系行骗

青岛铝加工厂王某，在厂里负责接待外宾工作。离开铝厂后，化名麦某，冒充港商在社会上招摇撞骗。不久，认识日本人野上良作，介绍于某帮助王某。王某发现于某持有加拿大护照，竟然冒充日本女人使用日本JCB女士卡，便决定利用她。

云河夜总会开业前，王某先后申请来5台刷卡机。前一天晚上，他和于某在自己夜总会POS机上刷卡5800多元。信用卡所属的日本JCB公司认为这家夜总会尚未开业，不会有消费，予以拒付。王某打国际长途去责问，坚持说已开业，并弄来几张消费单据发国际传真给对方。就这样，他们利用于某的黑卡先后在自己夜总会用款12万元。

同时，于某还扮成日本少妇松琦小端，王某扮成她的翻译，到青岛几家大酒店、大商场消费，刷卡达38万元。

其实，于某是“野上良作”的亲妹妹。这亲哥到日本打工，搞3张失盗的日本JCB女士信用卡，要妹妹装扮成日本女士在国内刷卡消费套现，哄骗她说：“用日本人的信用卡，骗日本人的钱，中国政府不会管。”他们还特地到沈阳，找李某协助。李某是无业游民，但对沈阳高档酒店、购物场所了如指掌，与于某兄妹一拍即合。他们住进涉外宾馆的总统套房，每天光房租就是3800元。四人吃喝玩乐，疯狂消费，刷卡结账有困难，就向银行有关人员行贿，大开方便之门。两个月时间，他们在沈阳、大连、丹东等地刷卡消费、取款300多万元。东北玩腻了，才转到胶东。

骗子像蝗虫一样，飞到哪儿降祸到哪儿。

5."读码机"圈套

中学时的同学黄某向上海国际贵都大饭店的财务人员王某求援,请他帮忙搞一个市场调查,具体是在客户用信用卡结账时,先将卡在他"读码机"上刷一下,以便收集有关VISA卡国际旅行者的个人消费资料。王某将此事托给自己的妻子翁某,她在希尔顿酒店当收银员。不久,黄某带来一个姓蒋的男子,交给一个香烟盒大小的"读码机",许诺每获一条信息付给500元劳务费。

翁某用"读码机"刷10次。蒋某嫌速度太慢,要求抓紧时间。翁某便找自己的上司,即收银领班董某。董某想,他们只是搞市场调研,便爽快地答应了,大大加快了速度。

不久,在香港的VISA公司发现,他们有部分客户的密码被窃,并在日本制成伪卡消费。警方很快追查到王某、翁某和董某,但黄某和蒋某两个真正的骗子却逍遥法外,甚至无法确定他们的身份,法官只能怀疑他们是在日本的中国留学生。

国人很重"人情",骗子尤其重用。

6."算渣器"阴谋

伦敦一家医院的管理人员曼格,平常一向谨慎小心。她在伦敦一家大型商场购物后,收到英国最大信用卡公司巴克莱卡的来信,说她的账户出现反常消费。她这才发现有人利用她的账户,在一家网上购物中心以及玩具连锁店购买价值800美元的商品。

有关专家介绍,这种骗术叫"算渣",是最新出炉的,也是信用卡伪造案中最难防范的。犯罪分子招募一批勤杂工,让他们到饭馆、旅馆或零售超市里当临时工。这些新员工却悄悄安放小型电子装置"算渣器",在顾客刷卡那短短几秒钟,截获所有的信用卡或借记卡详细资料。勤杂工随后将"算渣器"送给伪造者,得到150美元的报酬。伪造者得到详细资料后便"克隆"信用卡,分别出售。

据警方介绍,伪造卡价值一般在400美元至700美元不等,视信用卡的信用限额而定。金卡或铂卡通常是犯罪分子看中的目标，因为它们有较高的信用额度。这也意味着银行需要花更多的时间才能发现问题。据专家介绍，犯罪分子每张信用卡平均花掉2800美元，用于大宗且频繁的交易，用两天就抛弃。

“箅渣”已影响到全球信用卡用户。伦敦成为它的中心区，而“克隆”卡则泛滥到整个欧洲、中东地区以及美国。

“箅渣”这个词在英语原文中何意，尚不得而知。在汉语中，这是个动宾词组，生动形象，可以“望文生义”。不过，这该“箅”的“渣”，该是“箅渣器”本身及其主人。

7.“信用卡杀手”

汪某、刘某认识香港号称“信用卡杀手”的米某，米某交给他们16张伪造的国际信用卡，安排他们乘飞机到重庆。他们又雇用朱某和关某，四人到阳光百货公司刷卡购买黄金首饰，回广州交给米某，得到20%的好处费，朱某、关某则由米某直接付给10%的好处费。此外，汪某、刘某等人还以带旅行团入住酒店信用卡交预付金等各种理由套取现金。

这伙骗子先后在北京、云南、新疆、上海等地用国际信用卡作案上百起，金额近300万元，犯罪嫌疑人达20余人。假国际信用卡130余张，都是非法盗取他人信用卡资料、改持卡人姓名伪造的，几名香港人所持的香港身份证、回乡证也是伪造的。

看来，臭味相投伪造信用卡也能组成个黑社会。

防诈骗实用指南

- 发生在POS机方面的诈骗，骗子多使用假的境外信用卡。因为人们往往以为来自境外者都是大富翁，放松了警惕。再说境外信用卡的透支额度一般较大，甚至无限制，可以满足骗子的贪欲。国内信用卡透支额度则一般较少，大骗子往往还“看不上”。

- POS机诈骗，骗子多在娱乐场所、宾馆饭店和商场使用。因为这类骗子往往是贪杯好色之徒，再是得借着那种灯红酒绿的环境让人辨识不大清楚。去商场则多半购买贵重物品，出来低价出手换钱。

POS机操作人员明显违反中国人民银行关于严禁利用信用卡、银行卡、支付卡等新的结算工具违规套取现金的规定,所以其损失只能由特约商户自己承担。

四、调包骗货款

曾有一时，广西、河北、吉林、江苏、安徽、北京、新疆等20多个省、市、自治区的公安机关，连续不断地接到同一性质的报案：储蓄卡被调包诈骗，少则5万，多则数百万，犯罪嫌疑人清一色是福建安溪人。安溪县公安局刑警队，每天接待全国各地来报案的受害者都在10起以上。为此，福建省公安厅经济侦查大队进行专项行动，破获此类案件53起，抓获犯罪嫌疑人32名，挽回经济损失500多万元。以下是其中几起。

1．“看”掉真卡

河北保定涤纶厂的业务员崔某，向福建福清经济侦查大队报案说：

一个自称是福清的男子打电话到我厂业务科。我是业务员，电话是我接的。对方问我要不要涤纶原料。我问他价格多少。他说每吨只要6000元。我听了简直不敢相信，因为这种原料在河北每吨至少1万元以上。对方告诉我，之所以这么便宜，是因为这批货是从海上走私过来的。我一听是走私货，便相信了。对方让我到福建看货，我心动了。对方说有100吨的货，让我带上建设银行的储蓄卡，在储蓄卡里存上60万，到时看货满意，双方一手交钱一手交货。我觉得这种交易方式很安全，便把这件事向厂领导汇报。厂领导当天晚上开会研究，同意让我到福建做这笔买卖。因为当时工厂不景气，能有这么便宜的原料无疑是救了工厂。于是，职工们筹资凑足60万元。我把这笔钱按对方要求存进新开的建设银行储蓄卡，连同密码一起带上。

第二天，我乘火车到福州。一下火车，他们就把我接到福清。接我的人很气派，开着一辆价值60万元的“宝马”轿车，我一看心里就有底，看来对方挺有实力。到福清，他们让我住进阳光大酒店。住下后，我提出要看货。他们说，看货之前，要我和他们一起到建设银行，当场验证一下资金。我心想，验证就验证，反正只是验证储蓄卡，又不是现金，不怕！于是，他们5个人和我一起来到离阳光大酒店不远处的一家建设银行。我拿出储蓄卡和密码，把它递给柜员。柜员刷卡后证实账号上存有60万元，然后把储蓄卡还给我。我记得当时他们中一个人从我手里拿过储蓄卡，说是要看一下。我记得这个人看后，其他一个人又接过去看一下，然后才把卡还给我。我把储蓄卡和密码装进钱夹，和他们一起回酒店，开始谈价。他们中一个人提出要把价再加点钱，我说这不行，价格已经谈好，不能变卦。大约过半个小时，那个买饮料的人回来，带几听罐装啤酒，一人一罐喝。我说要看货，他们说我刚到，先休息，第二天再去看。他们留下一部手机的号码，说会和我联系。

这一走，他们再没露面。我打电话要看货，他们开始是说老板嫌价格报低了，要再提一点，后来则是一天推一天，再后来手机关机。一个星期过去，我发现情况有些不对头，于是把建设银行储蓄卡拿出来看，突然发现储蓄卡上的号码和我办的那张数字不一样，再一看密码，也不是我那张，这才发现自己被骗。

（摘自《法制文萃报》）

经警方查证，这伙骗子是在借看储蓄卡的时候调包。因为他们是团伙作案，配合默契，手脚很快。其中一个人引开崔某的注意力，而真卡假卡外表大致一样，所以崔某没有及时发现。回酒店途中那个说是买饮料的家伙，其实是回到银行，用崔某的储蓄卡和密码把那笔钱转出。他们留给崔某的那张储蓄卡，是另外用假身份证办理的。

骗局的核心，就在最需要信用之时。

2．“明”用副卡

江苏昆山胜莱一家化纤厂负责供销的李某，接到自称姓陈的来电，说有一批走私的化纤材料，价格比市面上便宜近一半。李某向厂长汇报，厂领导碰头一下，同意要这批货。

过两天，陈某到昆山，与李某谈妥交易50万元。陈某还带3个人，说要验证化纤厂有没有这个经济实力。到化纤厂走一圈后，陈某要求李某当即到银行办一张信用卡。李某同意，立即与厂里出纳到银行办一张信用卡。陈某要求存入50万元货款，并要求让他持有这张信用卡的副卡，以保证化纤厂不会将这笔钱划走。化纤厂认为密码在他们手里掌握着，对方无法取出，就照办。陈某告诉李某，货第二天上午就运到昆山。

然而，第二天下午也不见货。李某给陈某挂手机，对方关机。李某感到不对头，让出纳到银行查那笔款，发现那50万元已被提走。原来，他们是用副卡提走的，而且密码对头。通过银行的录像资料，发现陈某的另一个同伙就站在出纳身边。出纳在输密码时，那同伙的眼睛一直盯着出纳的手，并在当天下午两人一起到银行取钱。

有副卡又有密码，就省得另外伪造了。

3．封掉假卡

安溪长坑的苏某等人，冒充经营汽车配件，按电话簿里全国各地汽车配件公司的号码发出传真上千份。安徽淮南的王某拿到传真后，打电话说想要货，但怀疑不可能有这么便宜。苏某在电话中告诉王某，说这些配件是从海上走私过来的，是逃税的，所以才这么便宜。王某的疑惑被打消，便按苏某的要求，把10万元货款存进建设银行的储蓄卡上，然后带着业务员林某一起乘火车到福州。

苏某到福州迎接王某和林某，说货已从宁德运过来了，可以在福州成交。为证实储蓄卡里有没有钱，让王某到银行当着他们的面验证一下。到银行，证实她卡里存有10万元。但王某怎么也没想到，在她输入密码时，对方的一双眼睛紧盯着她手上，把她输入的密码记下。

当天晚上，苏某宴请王某和林某。和苏某一起来的有3个人。席间，苏某让王某和他坐在一起，安排张某坐在王某的另一边，让陈某坐在对面，与林某坐在一起。菜没上的时候，苏某假装要再看一下王某的储蓄卡，王某便把卡递给苏某。苏某在看王某的储蓄卡时，手放在桌上他的一个黑色皮包上，皮包里放着他用假身份证开的另一张储蓄卡。他快速把王某的卡换成他包里的另一张卡。另外两名同伙配合，一个和王某说话，另一个和林某说话。为确保被调包的卡不被及时发现，苏某拿出一卷胶带说，为预防把储蓄卡里的钱转走，他要用胶带封住，写上苏某的名字。虽然王某觉得苏某这样做太小心，有点不正常，但又想储蓄卡在自己手里，密码也在自己手里，苏某有再大的本事也弄不走她的钱，于是同意让他封，并说好第二天一手交钱一手交货。饭后，苏某尽东道之谊，陪着王某到西湖公园游玩一圈。

晚上，王某给苏某打手机，对方关机，打呼机也不回，王某觉得有些不对劲。第二天一大早赶往银行，撕开胶带查卡里的钱，才发现卡被调包。

原来，奸商也善摆“鸿门宴”。

4．烧掉假卡

湖南岳阳东方彩色印刷厂企业法人常某，向福州市鼓楼区公安分局刑警队讲述被骗经过：

我厂收到一份从福州寄来的信函，内容包括纸张小样、价格、品种、规格，信中介绍这些纸张是台湾三星贸易集团的货，委托大陆经销的联系人名叫陈某。此后，陈某不断与我厂联系。当时我厂已有比较固定的纸张供应商，对陈某多次来电话相邀并不当一回事。一年后，陈某电话仍不断，并承诺：如果我厂要货，他纸张价格比在湖南进同样的货便宜一半，货到后验质入库付款，并且说台湾的老板还可以先垫部分资金。当时我心里想，哪来这么便宜的货？因为我是做纸品生意的，知道台湾三星贸易集团的纸张有相当的知名度。陈某告诉我，之所以这么便宜是因为这些货是从海上走私进来的，免关税。于是我动心了，约定在福州见面。

我带儿子从岳阳坐火车到福州。陈某说，因为省内查走私抓得很紧，他们仓库租在尤溪。如果要看货，必须乘出租车到尤溪县。我问他到尤溪有多远？他说打的要200元。我听了很生气，提出要回去。陈某不让我走，表示愿意让人把货送到福州让我过目。第二天下午，他带来一个姓王的老板，给我看样纸。我认可后，以每吨4400元的价格要110吨，共需货款50万元。王某要我在福州建设银行洋下储蓄所新开一个储蓄卡，把15万元定金从湖南直接汇入这个卡，他们就发货。我想了想，办卡就办卡，反正卡是我的，钱打到这个卡上，他们就发货。我马上打电话让公司往这个卡里存入15万元。他又提出要当场把我的卡烧了，以保证王某在接货后不能把这笔款划走。我同意。他拿过我的卡，背对我，把那张卡烧成灰烬，发出一阵臭味。

第二天，我离开福州时，要求他们把货直接用火车发往湖南冷水滩火车站。他们要我去申请火车皮，保证半个月之内把货发到。半个月过去，我没有见到货。打他们两个手机，却被告知已停机。我觉得不太对劲。正好我有一个朋友在福州做生意，便把这事告诉他。他听后对我说，我有可能是被骗了，并说对方当时烧掉的卡可能是被他们调包的卡，真卡里的钱可能被他们取走。他说在福州听说过这种事情。到银行一查，我那15万元果真被他们全部取走。

（摘自《法制文萃报》）

同一类骗术，大同小异，但骗子们还是经常有所“创新”。

5. 剪掉假卡

浙江台州路桥区物资公司女老板王某听一位朋友介绍，说福建武警边防总队从海上截获数千吨走私塑料原料，要内部拍卖，可以直接送货到路桥再付款，并代为办理一切手续。不久，一位自称是负责内部拍卖的吕某来到温州鸥海宾馆，与他同行的说是福建武警边防部队缉私队长。吕某约王某到宾馆见面，说内部拍卖价已定，每吨5500元（当时市价是8300元）。王某觉得便宜，一下提出要300吨。双方说好半个月后付款交货。

几天后，吕某说300吨货已拿到，要王某立即将165万元货款打进银行卡，运费及其他费用另算。王某说现在手头没钱，要过几天才能筹齐。吕某说没关系，可以先到银行开个新户，以示诚意。王某立即叫公司出纳到吕某指定的银行开一新户。吕某说要看一下王某的公司和仓库，以证实王某是否有能力吃下这300吨货。看完公司和仓库后，吕某叫王某拿出新开的存折和卡，建议把那张卡对剪开来，一人一半，以保证王某在接货后不能把这笔款划走。王某心想这么做过于谨慎，而且显得有些可笑，但还是同意。吕某当场拿出一把剪刀，把卡对半剪开，一人一半。第二天，吕某打电话给王某，说货已经上路，货款该入卡。王某专门跑银行，咨询半张卡能否取钱。银行柜员告诉她不可能，她这才把165万元存进卡里。

在吕某保证货到的那天，王某一直等到傍晚也不见货。王某打手机，吕某关机。第二天又等到11点，还没有任何音信。王某觉得有点不对劲，马上到银行查货款。柜员告诉她，那款已经在两天前被分两次取走，第一次是从福建南安诗山建设银行储蓄所取走的，另一次是转到张某账户上取走的，而张某的账号是用假身份证办的。

经查，取款用的卡正是王某办的卡。骗子以忘记密码为由办挂失，然后支取。原来，被吕某剪成一半的卡，被调包。

广西南宁林某的遭遇，和王某如出一辙。有一天，林某的手机收到一条短信息：厦门鸿运公司李某，现有一批海关罚没的进口手机、电脑、轿车等货出售，有意者请与李某联系。林某想：海关罚没的东西一定便宜，而他正想换一部进口车。于是，他与对方联系，得知有一辆八成新的本田雅2.0轿车，价格只要14万，并保证三包：包送货、包发票、包办轿车在当地报牌的一切手续。林某觉得很优惠，约定见面日期，乘飞机到厦门。

李某要求林某到银行验资。到银行，林某从卡上取出1000元，向他证实户头上还有13.6万元。李某又要求林某交1万元定金。林某留心了，说必须见到车后才交定金。对方说车正在办理相关手续，过两天才能看。

一阵讨价还价，最后林某先交2000元定金。林某曾听说过福建一带有人利用储蓄卡诈骗的事，担心自己在银行取钱时被对方偷看密码，分手后立即将这笔钱转存到另一家银行，而且修改密码。第三天，林某飞回南宁。

过几天，李某打电话告诉林某，说轿车已经运到广西，并告诉林某说他已入住南宁某宾馆。林某赶到某宾馆，李某却走了，留下一个信封让宾馆小姐转给林某。信封装着一本在南宁新开的存折，还有一张对半剪开的储蓄卡。刘某在信中请林某把13.6万元钱打入这个新开的户头；他手里持着卡的另一半，林某把钱打进去，谁也取不走款。林某特地向银行咨询：凭剪成一半的卡能否取钱？回答绝对不可能。于是，林某放心，将13.6万元如数转入这个储蓄卡，并通知李某。李某告诉他，那车估计晚上10点会到达桂林。下午5点，林某还特地去银行查那笔款，证实还在，便安心等车。然而，等到第二天中午也没有等到。给李某挂手机，一直关机。林某觉得不对劲，再到银行查，被告知那笔款已于上午8点14分被人取走。

两个案例中的受骗者都很谨慎，都曾专门到银行咨询，都是在得知半张卡不可能取钱后才放心地存入货款。可惜原文都没有介绍那卡具体是怎么剪的。银行卡记载的信息，都在背部那条黑色的磁道上。银行将卡报废，也是采取剪的方式，但要刻意在磁道部位剪出一个三角，以彻底破坏磁道的功能。所以，两个案例中银行职员回答都没错。如果要说有错的话，那就错在这些银行职员跟受骗的买主一样“以君子之心度小人之腹”，没料想骗子会调包。

防诈骗实用指南

- 不论骗子再玩弄一些什么新花样，再怎么都绕不过一道坎：骗你的密码。只要你坚守好这一关，他不能奈你何。
- 关于调包骗货款，中央电视台《社会经纬》记者曾作过专访，犯罪嫌疑人透露了一点防骗绝招。

记者：当初你为什么要搞这个（诈骗）呢？

犯罪嫌疑人：比较好赚一点。因为在安溪那里，搞这个诈骗的比较多，富了很多人。

记者：有没有不成功的时候？

犯罪嫌疑人：就是在通电话（的时候），他说（把）你公司的营业执照，还有那个法人代表这一些的复印件，给我们传真过来，我们就没辙了。也就是说只要对方按照正规的生意往来跟他们做的话，一般都是成功不了的。

五、骗身份资料造伪卡

1．假招工

青海西宁的牛某和陆某在宾馆开间房，打着“中港合资海诚公司”的旗号，在电线杆上张贴招聘启事，声称急聘水晶推销员，月薪750元，另外还有提成，吸引人们前来报名。他们装模作样考查一番，要求应聘者留下电话号码、家庭住址和身份证，回家静候佳音。哪知，他们只选择与自己相貌相似者的身份证，很快撤出宾馆，由牛某拿这些身份证到当地中国银行申领信用卡。银行要求牛某提供担保人。他们则早安排陆某等在大治邮电局的一部电话机边，以此作为他们单位电话，骗过银行的审查，取得长城信用卡。然后，他们又以同样的手法到工商银行和建设银行骗取牡丹信用卡和龙卡信用卡，每人办3张。6张信用卡中，一共才存300元。

这两个骗子骗得信用卡之后，马上到上海，住进不同的高档酒店。当晚，两人在酒店商场疯狂购物，唱卡拉OK，两人叫3个小姐作陪，享用包房里的洋酒，一个晚上就花3300多元。第二天，他们又到淮海路百盛广场、巴黎春天、新华联大厦、益民百货等商场购物2万多元，从ATM机上取现金9000元。当他们再次购物时，不料刷卡机坏了。他们心虚，马上开溜。临行，将宾馆房间里的葡萄酒、可口可乐甚至连烟灰缸都卷走。

后经警方查知，牛某是个老骗子，曾在河北张家口用招工的方式骗取身份证，然后骗得信用卡，进而从商场骗得7000余元的物品。当他在北京典当这些物品时，被当做小偷抓捕。服刑一年半出来，重蹈覆辙。

骗子就是这样贪婪——连烟灰缸都不放过，以为能卷进来的都是自己的！

骗子就是这样挥霍——一人一个小姐还嫌不够，因为他们掏出去的都是别人的钱！

2．利用捐血者资料

尼日利亚的巴某、博某等人，在美国利用捐血者名单中的个人资料伪造信用卡。一年间，他们偷了2300多人的身份资料，其中一些是芝加哥捐血组织生命之源血液局的捐献者的资料。然后，用这些伪卡采购200万美元物品，并用于租旅店客房和买车。

主管芝加哥美国特工署的特工海因茨说：“这是个组织管理良好的集团。他们一旦取得资料就马上行动。”他还说，美国许多大规模的偷窃身份案件都与西非尤其是尼日利亚的犯罪集团有关。

人家去献血献爱心，他去偷身份资料伪造信用卡，好比英雄下河救人他去偷英雄的衣物，在盗贼中也属下等。

3．从信箱窃对账单

台湾台北忠诚路的田某、施某，从他人信箱中窃取信用卡对账单等资料，然后利用电话银行申请遗失补发，进而要求变更地址、换贴相片等手段，骗取新的信用卡，诈财金额高达新台币1000多万元。

防诈骗实用指南

- 身份资料不可轻易透露。
- 必须填出身份资料时，有权利要求对方保密。
- 一旦因对方泄密造成损失时，有权利向对方索赔。

六、真有“万能卡”吗

《北京青年报》以《存折在家存款被盗，北京惊现“万能卡”》为题报道，一位女士给该报打热线电话说：“9月30日，我去一家银行的储蓄所取款，突然发现存折里的1500元已经被人从ATM机上取走。当我又到另外一家不同类别的银行储蓄所查询时，该行银行卡里的800多元钱也已经被取走。令人不解的是，钱是在28日和29日分别取走的，而这两天我一直都在家休息，我手里的银行卡没丢失，密码也只有我和爱人知道。”

该女士随后向公安机关报案，并一同观看两家银行的录像资料。这位女士说：“我在东二环居住和存取款，而刷卡的两家银行却在特别远的北四环和中轴路上，而且录像显示，中轴路上那家银行是两个男人取钱，一个掩护，一个取款。更令人不可思议的是，银行专业人士说，根据取款记录，他们取的不止是我账户上的钱，还同时取了好几个人的账户存款，估计这两天可能还会有人来报案。”该报记者向银行工作人员咨询有关情况。两家银行的工作人员都没有谈论细节，但他们承认：9月底确实发生银行存款被盗取的事，而且这种方式以前还从来没有碰到过。一家银行人士则透露，他们已经向国家有关部门报告，请权威部门协助查处。

次日，该报又以《存折在家存款被盗，“万能卡”非黑客所为》为题报道说，记者为此采访北京航空航天大学一位计算机专家。这位专家说，从理论上讲，任何计算机系统都有可能存在着解密的方法。但是各个国家金融系统都是绝对安全的，不论是国外，还是国内，还从来没有听说过金融系统被解密。因此可以比较肯定地说，ATM机上出现“万能卡”的几率几乎为零，大家不必担心存款安全。简而言之，从ATM机上出钱，必须经过两个加密系统。出现能破解两个加密程度极高系统的“黑客”，不大可能。该专家分析认为，人们对金融系统的安全性应该放心，“存折在家存款被盗”可能还是人为因素，尤其是失主应考虑有没有什么疏忽。他提醒人们，平时存取款时，也要注意不要在无意间向外人泄露密码。

针对北京航空航天大学这位计算机专家的观点，《中青在线》很快发表王尧的文章说：

说这话的“这位专家”可能没有注意到最近发生在德国关于“银行网络安全漏洞”的一件事。德国一家电视台的科技秀节目，曝光一家德国非常大银行的网络安全漏洞（按照中国惯例，此处隐去银行名，尽管德国记者同行已经披露）。

电视台展示了黑客入侵银行的全过程——黑客们从该银行的网络上获取账号、密码以及IP位址等，而这些东西对于银行来说几乎就是生命线！

这些黑客是节目制片人找的。他听说德国的某些银行存在系统漏洞，就找了人来做一次测试。“这些年轻人告诉我，攻入银行系统是很简单的。”制片人还认为，“公开银行的系统漏洞符合社会与公众的利益。”

的确，中国有自己的国情，但是面对网络安全问题，解决的心态应该一样——可怕的不仅仅是缺乏技术，也不仅仅是立法的空缺，最可怕的是知道有漏洞，还在遮遮掩掩。这才是网络最大的不安全。如果掩耳盗铃，漏洞只会越来越大，越来越多。

只要决策者真正意识到网络不安全，网络的立法进程才会加快，安全技术在关注中才会得到更好的应用。

神秘小偷的“万能卡”，给银行上了一堂安全课，目前的学费还不算多。

对于王尧的看法，我很尊重，但我更同意北京航空航天大学那位计算机专家的观点。我认为，“黑客”如同眼下大家所关注的恐怖分子，成事不足，败事有余。即使搞破坏，他们也只能像讨厌的蚊子一样偶然偷袭一两把。真要正面较量，他们绝没那个实力。

如果真有所谓“万能卡”，而“攻入银行系统是很简单的”，ATM机之类不等引进中国早被人们摒弃了！

前面介绍的几个案例，如“看”掉真卡，封掉、剪掉、烧掉假卡之类，在警方没有侦破之前，不也都是“卡在手，钱被盗”吗？

当然，这也只是我个人观点；这毕竟是个大问题，且留待大家观察与思考。

银行卡被冒领，主要是银行卡的密码丢失。

顾名思义，密码要保密。密码丢失，就等于钥匙丢失。广州的许先生到一家银行柜台咨询，得知只要银行卡还在自己手中，即使卡号和密码告诉别人，别人也取不到钱。许先生就放心地办一张银行卡，存入7万元，将卡号和密码告诉福建漳州的联络人。第二天，许先生忽然接到朋友的电话，称7万元变成7元钱，银行证实，有人在福建漳州分3次取走许先生的存款。那位银行职员的答复是错误的，应当对许先生的损失负责。

骗术的核心是密码。广州陈小姐坐公交车到单位上班，接到一个自称环市路派出所的民警的电话，说是抓到一个小偷，从小偷身上搜到陈小姐的工作证和银行卡，为核实该卡是否为陈小姐的，请陈小姐告知密码。陈小姐一时心慌意乱，脱口将密码告诉对方。对方说一句感谢的话，请她速到派出所认领失物。陈小姐挂断电话马上翻查背囊，发现银行卡和工作证真的在刚才路上被盗。为证实环市路派出所是否抓到小偷，她马上打电话查询，却发现根本没有对方所说的派出所。她立刻跑到附近银行挂失，发现存款已被提走5000元。

对于密码，骗子的记性往往比持卡本人还要好。浙江台州椒江区某酒店的厨师周某，将近期积蓄的3000元入存建行，办一张储蓄卡。回到酒店，周某拆开密码信封看密码，生怕记不住，便念了几遍，没注意身边还有同事钟某在场，而钟某偏偏不是个好人。有天上午，钟某到仓库换鞋，见周某的上衣挂在墙上，便偷他的储蓄卡，马上到ATM机上取2990元，存入自己在工行的账户，迅速溜回酒店，把卡放回周某衣袋。当天下午，周某要买音箱去取钱，发现款没了，立即报警，这才逮住钟某。

在你不经意的时候，骗子可能已经弄到你的密码。上海的徐某在市中心一处荷塘搭识女子邓某后，很快发展为情人，住进邓某的居所。不料，徐某竟乘邓某一次刷卡取款时，偷偷记住她的信用卡密码，存入自己的手机。有天下午，徐某乘邓某不备偷她的信用卡，当即刷卡取出现金4500元。接着，他连夜在上海的高档百货公司疯狂消费，购买3万余元的摄像机、1600元的圆珠笔、5台空调和价值27万元的金表等，总计达40.2万余元，并马上将其中一部分送到当铺，套取现金。

而且，早在选择密码时就应注意。浙江丽水某证券营业部电脑升级，将原来的密码全部取消，暂时改为与股东账号相关的某些号码，少数股民没有及时更换，有些更换成自己出生的年月日。该营业部工作人员傅某知道这些情况后，利用工作之便套取6个不常炒股者的账号和密码，然后与丈夫朱某一起，办6张与股票账户相连的龙卡，到温州去冒取这些股民的现金，窃取22万多元。

又如上海任某等三人，晚上窜至黄埔公园，见一对男女在谈情说爱，身旁放着一只背包，便从其背后绕过，顺手牵羊。包内有现金以及信用卡、身份证等物。得手后，立即从本市ATM机上取走3000元。

另有张某到上海人民公园，发现一对情侣在交谈而将一只皮包放在草坪上，即趁其不备窃得。包内有价值2400余元的现金、出租车证、信用卡和身份证等物，得手后，马上到本市ATM机上取得卡内存款1750元。

这两起盗窃案的罪犯为什么可以取走信用卡的存款？上海埔区检察院在案件的审理起诉中发现一个共同现象，这就是根据失主身份证上出生年月日推断出银行卡的密码。

防诈骗实用指南

- 不要相信所谓“万能卡”。
- 只要守牢自己的密码，一般可以放心地使用。
- 罪犯经常根据失主身份证上出生年月日推断出银行卡的密码。

七、真有“美国银行卡”吗

设在大连沙河口区兴华街的传销窝点，传销的不是有使用价值的产品，而是所谓美国第一国家银行发行的自动取款卡（World Net Atm Card），说是高科技产品，信息化，智能化，一张要卖1880元。参与听课的大多是中老年人，对宣传材料上注明另外网站知之甚少，甚至一无所知，但觉得这是美国第一国家银行发行的卡，肯定不会骗人，纷纷认购。

结果，执法人员在这种“World Net Atm Card”卡上和境外寄来的英文资料里查个遍，也没发现“美国第一国家银行”的英语说明。宣传资料说它可以在中国银行自动取款机上随时使用，而中国银行的有关人员断然否认。

防诈骗实用指南

- 银行卡一般是世界通用的。
- 据台海网2009年4月27日报道，台湾“金管会”副主委李纪珠在三次陈江会后表示，很快就可以在台湾使用大陆银联卡。
- 如果有人说他有一张新种类银行卡，你可以到随便一台贴有“银联”标识的ATM机或POS机上试试。

八、“借”卡行窃

1. ATM机边“借”

吕某到福州洪山桥附近一台ATM机上取款，围上前来几个人，其中一人问："这卡怎么取钱？"吕某热心回答："将卡插进去，输入密码就可以了。"等吕某取完钱，那人又说，他办的是外地卡，不知道在福州能不能取，想借吕某的卡对照一下，看有什么区别。吕某又好心给他。那人拿过吕某的卡，跟他自己的卡翻来覆去比较，不到一分钟，将卡还给吕某。过几天，吕某又用这张卡，被提醒密码有错。吕某这才认真看一下手中的卡，发现居然不是自己那一张。他连忙带着存折到开户的储蓄所查询，发现存折里的5900元钱已全部被取走。

俚语说"好心被狗咬"，就是如此！

这种骗术正成增多趋势，且像马戏演出中插些小丑表演。傍晚，林女士在福建三明一家储蓄所柜员机取钱。操作过程中，身后出现二男一女，她以为是等着取钱的，也就没放在心上。她取出钱正退卡时，身后一名男子拍她一下说："你的钱丢了。"林女士往地上看一眼，发现脚下有一张五元纸币。她想自己钱包里的钱没丢，就没去理会，回头取了卡就走。走出一段路，她才觉不对头，还没操作。一查询，发现手里的卡不是自己的，急忙回家拿来存折到银行一刷，里面的3100元被取得干干净净。

骗子在现形之前，往往像活雷锋。

还有更甚者。这是一段视频监控录像：傍晚，黄小姐在柜员机上存钱，四名伺机作案的犯罪嫌疑人见状很快围上来，一男一女分站其左右，另两名身着黑色上衣的男子则在黄小姐的身后排队。他们故意问询，趁机插卡，很快用废卡将黄小姐的卡堵在卡槽内。黄小姐意识到露出卡槽的银行卡有问题，她大声斥责身边的人。两男女故意和黄小姐争吵，而在她身后的黑衣男子则一边催促着黄小姐快点拿走卡，一边拿着卡挤上前要操作，说："你快点行不行？你有问题就报警啊！我们要取钱急用呢！"黄小姐经不起斥责，拿着废卡站到一旁，忘了自己其实没按过退卡键，甚至没有看到屏幕还停留在她刚刚存完钱的页面。黑衣男子就这样当着她的面快速转账。等她回过神报警，黑衣男子已转走她的钱款，并相当自然地在她面前取300元，然后和另一望风的男子急忙逃走。整个过程仅仅3分钟左右。等到民警赶来时，黄小姐一查账户发现26300元已经"飞"了。

这伙骗子实际上是在抢劫。

2. 路上“借”

晚上7时20分左右，广东珠海的唐某，步行去梅花路香洲科技工业区上班，在一公用电话亭处碰到两个年轻男子。他们说是从上海来出差的，路上钱包都被偷，自己的手机也没电，向她借2元钱挂电话。说着，其中一个拿出一部三星翻盖手机，凑到她眼前来回晃了两次，她糊里糊涂就给他们。

那两人打完电话，对唐某说上海方面会寄5万元来，要他们提供一个珠海的账号，请她借个信用卡账号。唐某跑回住处，拿30元钱，又将信用卡带来借给他们。当晚12点，唐某感到头昏昏沉沉的，便向厂里请假回家休息。深夜2点来钟，唐某突然把男友叫醒，讲上班途中遇到的事，说已将信用卡借给别人，会不会有问题？他们认为这里面有诈，急忙拨打110报警。

第二天一早，他们来到开户的银行办挂失手续，被告知她账上7000多元刚才已被人从拱北莲花支行取走。调看录像，一个戴着眼镜的年轻男子来银行柜台取钱，不时地往外张望。唐某说，该可疑男子就是骗她的两个男子之一。

对落井之人，难道不该递条绳子，而应该下块石头？

3. 口岸“借”

某先生从香港经罗湖口岸到深圳。从联检大楼出来时，有两名男子主动上前与他套近乎，最后说：“我们是为公司提货的，但钱不够，信用卡也没带来，借用一下你的信用卡好吗？”并对某先生说，所在公司的老板在香港把钱汇进你的信用卡账号，我们可以就在这里提钱。某先生被他们的一番话搞得晕头转向，就说出自己信用卡的账号。那两个人连忙打电话，与对方联络一通，然后对某先生说：“好，老板在香港汇钱进账了，我们去提钱吧！”就这样，两个骗子带着某先生到ATM机上提3万元港币。

当某先生第二天返回香港查询账户时，才发现自己受骗。

如此“借”，最省时省力。

防诈骗实用指南

- 银行卡跟存折一样，是金钱的另一种存在形式，不可轻易借人。
- 骗子在现形之前，往往像活雷锋。
- 无论柜员机前发生什么状况，一定要牢记按退卡键，并且检查是否是自己的卡，若有问题，立刻报警。

九、偷骗并举

1. 偷卡行窃

到上海打工的吉某，找一个同在上海打工的女朋友，但她嫌他穷，与他关系越来越疏远。为讨女友欢心，吉某竟打起同寝室驾驶员朱师傅的主意。朱师傅平时很随便，衣服皮包有时随手一放便出门去。而且，他还知道朱师傅的工资卡密码。吉某很容易偷到朱师傅的信用卡，到ATM机上盗取1400元后，把卡放回原处。吉某用这钱带女友回老家风光一趟回上海，见朱师傅没什么反应，又如法炮制盗取700元。这回，朱师傅发现，马上报案。

2. 骗密码行窃

福建安溪的易某，用化名通过手机发送短信，称他们公司正在出售某走私案中的一批小车。上海的吴某收到这条信息，与易某谈妥以68万元购买一辆“奔驰”和一辆“凌志”轿车。在市场上，这两辆车起码得200万元以上。根据易某要求，吴某在虹口提篮桥一家农行分理处办金穗卡，存入68万元。几天后，易某来电，说要确认他的货款是否到位，请他告诉金穗卡的卡号和密码。吴某想，反正卡在自己手里，对方无卡提不走钱，便把卡号与密码告诉对方。五天后，吴某在农行的自动取款机上查询，发现打进去的68万只剩下270元，立即报案。

虹口公安局经侦支队成立专案组，很快查出这钱是被一名持"陈建立"身份证及金穗卡的人，从农行成都分行蜀都支行柜台上查询过。在安溪县公安部门的配合下，查阅当地警方已掌握的上千名参与制作假信用卡的嫌疑人资料和照片，发现易某骗取吴某的金穗卡卡号和密码，制作假卡，指使蔡某到农行成都蜀都支行提走67万元，余款则由易某在自动取款机上提取。他们还先后到上海、西安、武汉、辽宁、济南、贵阳等12个省市，用伪造的近20张长城卡、金穗卡骗提110余万元。

正确的观念应该是：只要密码还在我手上，骗子拿了卡也没用。吴某刚好弄反了。

3. 冒用他人信用卡

毕业于厦门大学的苏某，到美国求学，在俄亥俄州立大学取得硕士学位、经济学博士，随后即受聘于阿克伦大学，讲授金融和微观经济学课程，年薪5万美元左右。该校还出面为他解决在美国的永久居住身份问题。苏某在学术上被认为很有成就，单独或者与导师合作发表了许多经济和金融方面的研究成果，一本经济学专著即将出版，多次获得专业性奖励，并被载入美国名人录。

然而，苏某的生活方式一直被人怀疑。他亲口描述的"幸福三字经"是：玩电脑，游天下，骑山车。人们不明白：苏某哪里来那么多钱？前不久，美国联邦检察官对苏某提出14项涉及银行诈骗的指控。检察官说，苏某非法使用包括社会保险号以及驾照号在内的他人信息申请信用卡，或者在截获和盗窃别人信用卡后冒名挥霍使用，涉案金额11.5万美元。苏某的律师拉里泽克曼在接受记者的电话采访时说，苏某对未经许可非法使用他人信息进行金融诈骗的两项指控供认不讳。

据报道，如果苏某被判有罪，对其惩罚将可能包括递解回中国，仅有临时性签证身份的妻子也可能被递解出境。最为尴尬的是，鼓励苏某赴美留学并为他办好一切手续的学术导师佛莱舍。在为苏某办保释奔走的同时，这位教授不得不提出这样的疑问：苏某在同他合作发表的论文数据中，是否也有欺诈？

如果犯罪能够被预料，哪里来这么多骗子？

防诈骗实用指南

- 要提防骗子利用你的卡号和密码制作假卡，取的还是你的钱。
- 正确的观念应该是：只要密码还在我手上，骗子拿了卡也没用。
- 特别防止某些高智商骗子“未经许可非法使用他人信息进行金融诈骗”。

十、手机短信诈骗

1. 中奖圈套

山东济宁公务员杨某接到一来历不明的短信，被告知他的手机号中大奖，杨某信以为真，按短信发送号码打过去，对方给个银行账号，要求先寄去税费，然后是邮费。后来又说是中更大的奖，税费、保险费和邮费也要增加，杨某一一照办。如此几番，杨某共寄去82840元后，对方再也联系不上，手机号拨打为空号。

大奖都肯给人家，小数税费却不肯代扣，骗子总是善始不善终。

台湾新竹一名七旬老妇，两年前接到自称是香港某马会经理的电话，对方向张妇表示，她是台湾区幸运的彩金回馈头奖得主，可独得两千一百万元奖金。但赞助商及马会规定，若得奖人要领取彩金，一定得在一家合办单位银行开户，并存入定额款项，以表示对马会与银行的支持，马会也会将存款转投资，让她赚更多的钱。张妇听信，先是拿出一笔“头款”开户，然后每月转汇三五万元不等金额至指定账号，希望能存满领奖标准限额时，以得到彩金。对方一直未表明究竟要存款多少才能领钱，如此像无底洞般的定期转汇，半年多后，心中也起疑心。终于，妇人在告知儿女后，儿女赶紧唤醒老妈别再汇款，并陪同她到派出所报案。但对方在骗走老妇一百多万元后仍不满足，继续与她联络，并极力利诱，提醒张妇已“存”了这么多钱，现在突然放弃，不仅先前的两千一百万元彩金拿不到，连存款可能也无法回收，要她有耐心，再多汇几个月存款。张妇被怂恿后，又掉入诈骗集团圈套，由于身边存款都已汇光，只好向外人借贷，这才恍然大悟，后悔不及，在家自焚身亡。

骗子也信奉“春蚕到死丝方尽，蜡炬成灰泪始干”，要骗你到死方罢休。

2．谎称消费透支

陈女士在家中接到一个陌生电话，对方告诉她，她在大连沃尔玛商场消费透支9860元。陈女士顿时一惊：“自己从未去过大连，怎么会在大连沃尔玛商场消费透支呢？该不会是自己的银行卡被人盗用了吧？”对方告诉她可以向大连市公安局报案。陈女士放下电话就拨通对方给她的所谓大连市公安局报案电话，一位自称是大连市公安局的人接听陈女士电话后，又给她一个号码，说是北京银联管理中心的咨询电话，让陈女士挂电话咨询。陈女士赶紧打电话过去咨询，在听陈女士的陈述后，对方说陈女士的银行卡资料被盗用，为保证她卡里的资金安全，让她立刻把卡上的余额转入一个邮政储蓄所户名为“龙忠秀”的账号代为保管存款，否则后果自负。由于害怕卡上的钱被盗用，陈女士不假思索就照办。结果，款一转过去，对方就再也联系不上。陈女士这才发现自己上当。

在骗子来说，一身二任三任是家常便饭。

这类骗子不仅能忽而大连忽而北京，还能轻而易举出国。新加坡林先生本人撰写一篇题为《来自中国的新骗术》的文章：有人从中国用手机发一则短信到他的中国全球通手机说：“中国工商银行提醒您：贵客户您于6月26日在重庆商场刷卡消费7800元（人民币），将于结算期内扣除您卡内现金。疑问咨询023-61654356银联卡部。”由于这段时间他不在重庆，对此信息起怀疑，马上电“重庆工商银行”。接电话的吴小姐说他确有此事，如果不向北京银联卡报警中心报案，他的个人损失会更大；如果他不还钱，“重庆工商银行”将用法律来追回刷卡费。于是，他又马上电“北京银联卡报警中心”，接电人为“中心主任”陈某。陈某说：确实有人冒用他的身份证去刷卡。他说他根本没有中国工商银行户头，怎么扣他卡内的钱呢？这时，陈某转而问他在中国有几个户头，在外国有什么户头。他说在中国没有银行户头，国外的户头没必要告诉。他要对方把北京的办公地址告诉他，好派人去见，同时也要向110报案。对方听到此话，马上挂线。

林先生够逗的，把骗子给玩了一把。不过，如果他刚巧在中国的银行有账户，还能如此幽默吗？

3．谎称退税

车主赵女士近日收到“国家金融财政中心有政策要按比例退还汽车购置税”内容的短信。赵女士致电询问，对方告诉她：税务局本来已经向她邮寄出告知信，但又被退回来，所以通过短信的形式再次通知。听到对方能够准确地说出自己的购车情况以及家庭住址、电话等信息，赵女士深信不疑。

随后对方以核对为由要求赵女士告知银行卡卡号以及卡内存款数额，又要求她在ATM机上检查退还的税款是否已经到账。赵女士按照对方的要求进入转账程序，并输入对方所给的所谓“核对密码”(实际上是对方的账号和转账数额)，全部操作完成后，赵女士卡内的9万元钱已经全部打入对方的账号。

骗子能无所不能，包括制定“国家政策”。

防诈骗实用指南

- 骗子还可能将银行、银联或相关管理部门的电话给篡改了，比如“疑问咨询023-61654356银联卡部”。
- 向银行咨询时，应使用全国统一的号码，比如中国建设银行：95533；中国工商银行：95588，而不要使用别的号码。

退税诈骗有蔓延趋势，尤需警惕：如购房退税，购车退税……

十一、网上诈骗

1．网络钓鱼

钓鱼式攻击(Phishing)，与钓鱼的英语 fishing 发音一样，因此又名钓鱼法或网络钓鱼，是指骗子通过电子邮件或即时通讯信息，把用户诱骗至与官方外观几无二致的假冒网站，冒充真正需要信息的值得信任的人，欺诈性地获取敏感的个人信息（比如密码和信用卡细节）的行为，从而使用户蒙受损失。

早期的案例主要在美国发生，但随着因特网服务日渐普遍，有关攻击也开始在世界其他地方出现。从 2004 年开始，有关诈骗也开始在中国出现，曾出现过多起假冒银行网站。如在一网站 BBS 论坛上，薄先生发现一个关于工商银行网站抽奖的链接，点开后发现页面和真网站相差无几，只是中间部位的工商银行大楼照片被换成抽奖的大广告。网民参加抽奖要进行注册，登记在银行开户时的真实姓名、真注册卡号和密码等信息。薄先生担心，如果有人信以为真填写的话，肯定会受骗。于是向新闻界反映。

记者登录薄先生提供的网址为 www.icbc.org.cn 的网站，该网站上介绍活动详情，奖品包括笔记本电脑和数码相机等，很是诱人。记者拨打工商银行的客服电话时，工作人员告诉记者：工商银行的网站永远不会向用户索取密码，如果有异常情况可以拨打 95588 查询。

这种骗子想学姜太公呢，不过东施效颦罢了！

2．购物骗局

重庆的秦某迷上网上购物。网上购物需要储户的信用卡号、身份证及取款密码等资料，而秦某没有这些，便到江北和江南两家银行的储蓄所偷看储户密码，然后在网吧用这些储户的姓名在网上申请支付卡号，从网上骗购手机、快译通等物品，价值达2.7万元人民币，销赃得款1.1万元。

3．“魔兽世界”游戏骗局

文昌市文城镇20岁的林某，中午在网吧玩“魔兽世界”游戏。在玩的过程中，有人在给他发信息，说他游戏中获大奖，让他与游戏商主QQ114486×联系。

当他与QQ114486×联系后，对方说他获18880元大奖，让他交1400元税金到工商银行某账号，然后就可得到这笔奖金。对方还向他要他的银行账号，说是只要他付税金，对方在一个小时内就可将奖金汇到他的银行账号。林某按照对方的要求汇去1400元税金，可到下午4点钟也没见到对方汇来的奖金。林某感觉自己遭遇网上诈骗。

经调查，发现有五六名外地人，其中包括一名年轻女子近日常出没和平南路的红苹果网吧，几个人几乎是每天中午12时至下午3时在网吧上网，时间非常固定。在上网中，这几名外地人鬼鬼祟祟。

根据被骗人提供的银行账号，警方在和平北路的一家工商银行发现，有一名年轻女子在该行的自动取款机上频频取款。随后对这名神秘女子进行跟踪，发现神秘女子走进位于沿江南路的东海宾馆。据种种线索分析，6名临高籍男女行迹非常可疑，有重大作案嫌疑。文昌公安局决定立即收网，抓获王×、林小芳（化名）、陈海×、王留×、江杨×、李×等6名诈骗疑犯。

据警方调查，王×是这起网上诈骗案的主犯。王×不仅为其同伙提供住宿、伙食费用，还为陈海×、王留×、江杨×、李×每天发30元的工资。诈骗所得的赃款由王×负责保管。王×说：“我每天除了睡觉6个小时，其他时间大部分是上网。”他父母在临高县机关工作，只有他和上高中的妹妹两个孩子。2003年，他考入海南财税学校，2005年下半年还没有毕业他就自动退学，现在没有职业。他说："我非常喜欢上网，在网上玩游戏的水平一般人比不上。"他常常在网上向人传授网络游戏的技巧，有很多人请他代练游戏基数，但他为人代练不是白代的，从零级到五级收费90元。他的网名叫"刘佳"、"陈婷婷"女孩子的名字，更有亲和力，对方容易上当。

林小芳去年在商业学校毕业后，利用星期六和星期天在海南大学北京工商大学函授班学习，还有两门课程就毕业。她在此案中负责到工商银行自动取款机取款。被捕后，她急于问警方什么时候放她，因为她过几天还要参加北京工商大学函授考试。

对这伙骗子来说，诈骗只是一种游戏。

4．中奖骗局

绍兴市民李女士将要念高三的儿子飞飞，平时非常喜欢上网。他在家中上网时点中澳大利亚某网站。该网站介绍，如果接受这个网站发过来的广告内容的电子邮件，上网就可以免费。飞飞在入网登记时，留下自己的姓名、地址、电子邮箱等个人资料。

过几天，飞飞突然收到一封来自澳大利亚寄来的航空信件。信中用英语说，飞飞中230万澳元现金大奖，只要飞飞立即电汇18美元的手续费，并告知确切的联系方式，48小时至72小时内就可以将现金送到飞飞手上。飞飞和李女士都将信将疑，去中国银行进行咨询。银行职员告诉他们，最近到他们银行来汇这种款的人很多，最近几天几乎每天都有，所以他们怀疑这可能是国际诈骗，目的就是为骗取这一定数量的手续费。其中数额最大的达到1000美元，这些来汇款的人大多数被他们劝了回去。

当我被假QQ的大奖骗一半时，我写了一则博客说："这证实我的一点看法：骗子难防，但如果防到要点也不太难。政治骗子图的是权，防要防在把权利委托出去的时候；爱情骗子图的是色，防要防在宽衣解带的时候；金钱骗子图的是财，防要防在掏我们钱的时候。如果不要我掏出650元，你要奖给我2.8万元现金和一台笔记本，有何不可？我卡号已经告诉你啦，请速转账过来吧，亲爱的骗子网友！”

5. 网络知识产权骗局

新加坡《联合早报》一位读者撰文说，他所在的公司从2004年起，陆续收到来自中国的电话和电子邮件，内容如下：

关于贵公司“×××”和“新加坡×××”网络标识审核期限于2006年6月2日到期，目前为止我机构并未收到贵公司关于该网络标识任何书面处理意见，那么在超过审核期限之后，我机构自动视贵公司放弃该网络品牌的优先保护权，并在十年之内贵公司不再拥有该标识的使用权。我机构也将按正常程序对“×××投资有限公司”递交的注册申请进行下步的处理工作，对贵公司造成不便敬请谅解。如需保护请在审核期限内尽快予以书面答复。

上面这个网络标识，网络品牌还可以换成“中文域名”、“关键词”、“通用网址”、“cn域名”等等。个别骗子还会写一些蹩脚的英文信，内容相同。由于域名注册的价格比较公开透明，骗子们就挖空心思，故意抛出一些模棱两可的网络新名词。

这位读者所接到的几个案例，骗子全部自称“×资源”杭州分公司的业务员。他曾将这类诈骗电邮转给“×资源”杭州分公司的网站公开电邮，也转发给“×资源”总公司的网站公开电邮，但是全无回复。

值得注意的是，这家“×资源”公司的确是中国政府CNNIC授权的中文域名注册商。所以这一骗局就更加隐蔽。如果你付出几百元注册费，他们的确给你注册几个无关紧要的中文域名或关键词，你也很难因为这几百元的损失而投诉他们，只能自认倒霉。

发明这种骗术的高人，快去申请这种骗术的“知识产权”吧！

6. 网银信息失窃

2009年中央电视台“3·15”晚会，探讨了“骗子如何获得我们的个人信息”的秘密。其主要内容如下——

解说：2007年1月福建泉州的蔡先生突然发现自己的一笔存款不翼而飞。2007年5月，江苏省无锡市温女士的信用卡被人分四次消费了2000元。紧接着，江西省一位姓陶的女士也向警方报案。究竟是什么人盗取了这些人的钱呢？

范中：发现这个案件所有的受害人的卡都开了网上银行。

解说：但是要从网上银行盗走这些钱，盗贼要知道储户的详细信息。很快一个网名叫“蚂蚁”的人进入了江苏省无锡市警方的视线。

警察：他就通过这种方式卖点卡。

解说：如果小额账户上的钱是被蚂蚁盗取的，那那些金额大的钱又去了哪里呢？警方在蚂蚁与一个网民的聊天中发现一个细节。

警察：我们发现一个账号是福建泉州那边被盗21万的。

解说：这个发现让警察眼前一亮，他们很可能是主要的犯罪嫌疑人，警方立刻对他们实施了抓捕。这就是蚂蚁的电脑，警方很快从这台电脑里发现了多达一万多个用户的网上银行信息，还有用户的身份证号码、手机号码等等，几乎无所不有。

警察：这里边他成功盗窃的有500多个账号，他所掌握的这一万多个网民的账号随时随地有被盗的可能，只不过他还没有来得及继续作案就被我们抓住了。

解说：据蚂蚁交代，他掌握的信息都是从“顶狐”那买的。关系到无数家庭财产安全的个人信息，就这样在网上以如此低廉的价格被随意买卖。那么“顶狐”又是个什么样的人？他又怎么得到这些用户的信息的？根据蚂蚁提供的线索，警方在北京将顶狐抓获。

蒋文伟：他曾经是2005年瑞星排的十大病毒之一的制造者。

解说：这个就是顶狐，是一名黑客高手，2006年他编写了木马程序，从此开始了盗取个人信息的行当。顶狐还以免费下载的方式任由人下载和传播，顶狐偷偷给自己留了一手，黑客们盗取的所有信息都会自动回复到他的手中。

警察：每天存储在他电脑上的信息有3G，相当于15亿个汉字，这么大的信息量。

解说：顶狐对盗取回来的信息分类整理，将密码等信息廉价出售，而网上银行用户信息则以400元每G的价格打包售出。

警察：我们受害者往往在不知不觉中突然发现你的账号已经被盗。

该节目还说——

解说：这个公开叫卖个人信息的网站叫海量信息科技网，全国各地的车主信息，各大银行用户数据，甚至股民信息等等，这个网站一应俱全，而且价格也极其低廉。我们仅仅花了100元就买到了1000条各种各样的信息，上面详细记录了姓名、手机号码、身份证号码等等，应有尽有。如果说上面这些信息你觉得还不够全面，接下来的这个木马程序一定会让你心惊肉跳，种了这种木马后，电脑会在你毫不知情的情况下在网上随意任人摆布。

警察：上面所有的信息他都能看到，他都能用。

解说：记者发现只要在百度等搜索网站里输入“肉鸡3389”，就可以发现一个惊人的信息。为了验证他出售的信息的真实性，他给记者发来了一个文件，接收后不到5秒钟，电脑里的鼠标自己在屏幕上移动起来，并点击打开了电脑中的各个文件夹，直到自动关机。

警察：通过他的软件，他想什么时候用，就什么时候用。

防诈骗实用指南

2009年4月7日《新京报》报道，央视“3·15”晚会曝光网上支付和网银盗窃案之后，我国网银市场受到一定冲击。不少消费者纷纷质疑网银的安全性，银行开始对网银进行优惠和系统升级。记者从多家银行了解到，银行开始进行网银优惠促销和升级系统。与此同时，银行也开始尝试更多的网银工具。

《新京报》请专家出的几招，倒很实用——

◆ 网民必须仔细辨别真假网站，核对登录网址与自己同银行签订的协议书中的网址是否相符；尽量避免使用搜索引擎等第三方途径登录网银。近年来，假冒克隆网站层出不穷。被揭发的工行假冒网站“www.1cbc.com.cm”与真工行网站的网络地址“www.icbc.com.cn”只有“1”和“i”之差，致使大量客户上当受骗。最好记住（收藏）正宗网站的网址，并在链接到一个银行网站时，对网址进行仔细对比。防止假银行网站受害的最好办法是记住正宗网站的网址，并在链接到一个银行网站时，对网址进行仔细对比。

◆ 与信用卡之类相同，消费者最好不要把自己的出生日期、家庭电话号码以及自己的身份证号码作为密码，应选择有代表性的数字和字母混合的方式设定密码。同时，消费者尽量避免在公用的计算机上通过网上银行进行交易，防止数字证书等相关资料落入不法分子的手中。

◆ 用户需要警惕各种垃圾邮件，尤其是邮件里的超级链接，不要轻易相信邮件里的各种虚假信息。

◆ 安装防病毒软件，保护电脑安全。此外，一旦发现木马程序入侵，用户在清除木马程序的同时，应立即修改个人资料信息，这些信息包括登录网络的用户名、密码、邮箱密码。

◆ 有些非法网站极易混淆视听，平时注意不要贪图小便宜。同时可申请网银“手机短信验证”、“余额变动提醒”等功能，一旦发现资金被盗，立即修改网上银行登录密码，并更换新的口令卡。

第五章

借贷诈骗

一、趣话“借贷”

借钱这事，一点也不新鲜。自古以来，几家盖房子是等自己赚积够了才破土动工？几家结婚办喜事、治病救命不需要借钱？新鲜的只是向银行借贷。过去，对中国人来说，银行只是国家的账房。现在，寻常百姓个人也能向银行借贷。

中国人注重人情，加之过去银行没有为百姓个人提供服务，所以有了急事也是求亲告友。因为是亲友，仿佛天然欠人一笔债，不借就对人不起（更甚者是还要“给”）。其实，向亲友借钱，欠的不仅仅是钱。台湾作家刘墉著文说：

有天到一位教授家拜访，适逢他的一位朋友去还钱。那人走了之后，教授就拿着钱感叹说：“失而复得的钱，失而复得的朋友。”追问后，这教授进而说：“我把钱借给朋友，从来不指望他们还。因为我心想，如果他没钱而不能还，一定不好意思再来，那么我吃亏也只是一次；如果他有钱而想赖账，一定不敢来，那么我等于花点钱，认识一个坏朋友。逢到朋友借钱，只要数目不太大，我总是会答应，因为这是通财之谊。至于借出之后，我从不去催讨，因为这难免伤了和气。因此，每当我把钱借出去，总有既借出了钱又借出了朋友的感觉。而每当不待我开口，他们就如约将钱还来，我又有失而复得了钱，且失而复得了朋友的快乐。这不是一种很平和完满的境界吗？”

如果都能达到这样一种境界，那么借钱就像过年包个小红包一样皆大欢喜了。事实上，这样的亲友不会多，私人借钱也就往往难以愉快。俗话说："借钱是亲家，还钱是冤家。"《笑林广记》有则笑话：有个人借钱时说："我写张借条吧！"主人说："借条倒不必写，你画一张笑脸就行了。"借钱人莫名其妙。主人解释说："只怕我以后讨债时，你不是这张笑脸了。"

何况现在是经济社会，存款有息，炒股发财，借钱实际上至少是等于送了一笔利息。因此，现代人宁愿找银行贷而不愿找亲友借。我曾在福建清流采访过一位武装部的政工干部，他说："我参加过房改，装修时钱不够，向亲友借了些。上半年，有个亲友突然要我还，我一点准备也没有。再向人借是容易，但我不想第二次碰上这种事，于是向建行贷款，付点利息我就不要欠人情！有计划地往卡里存点钱，什么事也没有。"

贷了款会有某种压力，但这种压力往往会转化为一种动力。张丽钧在《教育笔记》中记一则有趣的故事：

在一次段考中，一个男生的语文得了59分。他找到我说："老师，您就再给我的作文加1分吧，就1分，求您了！"我说："作文绝对不给加分；但是，我可以给你把总分改成60分——我借给你1分。不过你可要想好啊，这1分不能白借，要还利息的，借1还10，下次考试我要扣掉你10分，怎么样？要是觉得不划算就不要借了。"男生咬了咬牙说："我借。"结果，在后一次段考中，他语文得了91分，扣掉10分，净剩81分。

试问，世上有哪一个高利贷者敢与我比收益？

应该说，这男生收益更大。如果没有这笔"信贷"，他很可能仍不努力。而有了这笔"信贷"，有了"还贷"的压力，他就发愤了，改变了学习态度，且很可能进而改变他的一生。

贷款生产、经商，何尝不是这样？

经济学家茅于轼的夫人向"希望工程"捐款，这款被安排给山西省临县湍水头镇龙水头村学生韩某。该村学校雒老师说，他们那儿还有比韩某更困难的学生，于是茅家便又捐助3名学生。雒老师再给茅家写信，终于使他们明白：这里的贫困程度超过了他们的想象，捐助再多也解决不了问题。于是，茅老以投入1500元开始，在那儿设立一个近8万元的基金，用于治病、求学的，贷款期限为一年，还本不付息；用于生产的，贷款期限为6个月，到时还本付息。到年底，有两户人家还不起，茅便请雒老师主持召开村民会，让还不起债的人跟大家说明情况，请大家帮他还，不够部分由茅老补齐。这样，维持了“债”给人的压力，促使人尽快自强起来，也赢得投资者的信心。如今，这个基金增加了教授、港澳人士和县长、省长们的投资，有效地改变了那里的经济。

联合国开发计划署对我国下岗女工进行帮助，也不是简单发放救济款，而是发放“扶助下岗女工再就业与创业”贷款，帮助他们就业与创业，使其增加收入，摆脱贫困。首先在天津试点，原则是“贷穷不贷富、贷小不贷大、贷女不贷男”。首次贷款额度为4000元，无须抵押，利息低，整贷零还，但要求获得贷款的下岗女工必须将贷款用来进行经营符合社会需求的项目，不得用来进行养老、看病、购房等家庭生活或不正当经营上。已有1107名下岗女工得到这项小额贷款，放贷500多万元，目前贷款回收率为100%。天津市妇联项目办，对首批60户贷款户中的33户一年贷款使用情况及收益进行跟踪调查，结果显示这些下岗女工所贷款资金基本用在申请的项目上。从贷款前与贷款后收入比较看，月收入增加在300～500元的有12户，500～800元的15户，800元以上的5户，没有增加收入的只有一户。

可见，从发展角度看，贷款比送款好，形象说法是“增加造血功能”比“输血”好。

那么，消费贷款的压力呢？

武汉一位消费者，通过分期付款购买一台价值8000元的空调，事后说：“每个月还几百元钱我能行，紧一紧就省下来，松一松就用掉，重要的是可以减缓一次性集中购买对正常生活的冲击。”这种紧一紧、松一松的体会，想必家家户户都有过。

福建泰宁烟草局干部江某，想盖一幢像样的房子，但又怕欠钱。有位老人开导他说：“背点债没关系，有压力才会有动力。你不做事业，工资又高，天天钓钓鱼，日子是好过，可是有什么出息呢？想做的事要抓紧时间做啊，一辈子没多久，很容易过的。”又经两个女儿的激励，他终于鼓起勇气走进招标现场，向当地建行贷款9.9万元。如今，他那幢7层高的私宅已像一道美丽的风景矗立在金湖岸边。他深有感触地说：“咬咬牙关，也过去了。”

请用贷款从事现代经济建设！

请用贷款享受现代生活！

借贷诈骗也早有。从前有个人在京城当官，日子久了，随身带的钱都用光，想借1000两银子。消息传出，很快有个人来说某官那里可以贷500两银子，但得先送一份厚礼，如果他高兴可以增加数目。这人同意，东拼西凑筹100钱，到那官府上去送礼。那官的府第果然气派，仆人都穿丝绸。屋里两壁的米袋堆成墙，米袋上还写有“御用”的字样。那官很胖，过很久才出大厅，要由两个小孩用头顶着他的腰才能走动。这人献上礼，那官高兴，答应借给800两银子，付现金，明天来取。第二天一早，这人到那官府上去取银子，却见那房子空空如也。堂下堆着两堆煤土，是那“御用”米袋里倒出来的。房子主人说：“昨天有个人来租半天房子，但我不知道他的姓名，也不知跑哪儿去了。”这故事与下文将要介绍的新案例有几分相似，不知有无相承关系。

防诈骗实用指南

- 对于民间借贷，专家建议坚持以下原则：一是弄清用途。如果是用于应急或生活需要，可以借得爽快而果断。如果是投机冒险，要规劝阻止。如果是干违法或犯罪的事，则要拒绝，不能一味仗义。
- 二是亲疏有别。对初交或分别多年的亲友，不要轻易将钱借出去。以你亲友名义来借的，更要慎重对待，谨防冒名顶替。
- 三是要立凭据。如果因情面不好意思要求写借条，可以请个第三者在场，以免日后出现纠纷。

二、假存单真抵押

1．无中生有的存单

有种人专门帮助企业筹措资金，从中提成获利，说是“融资生意”。秦某便是做此生意的，但他自称在中国银行海南分行工作，在广州对同是做融资生意的邓某说：“我可以开到中国银行海南分行的大额定期存单，这种存单可以在全国任何一家银行拿到大额抵押贷款。”他们决定合作。

广州某公司的赵某，急需大笔资金，听说邓某有渠道，当即联系，专程到海口找秦某，商定开票费不低于3.2%，当即付给5万元。第二天，秦某拿出两张中国银行海南分行定期两年共1000万元的企业存单。赵某反复查看，确认这存单是真的，又支付57万元。邓某从中得4万元介绍费。但后来，赵某发现这存单虽然真，存款却是空的。害怕出事，他决定吃个哑巴亏。

邓某拿着那存单继续行骗。他联系到江苏滨海某公司的戴某，以10万元的酬金要戴某疏通当地银行的关系。戴某照办。邓某拿着这两张存单到中国银行海滨支行要求抵押贷款500万元。当地中行与海南中行进行联系，将存单传真过去鉴别。结果被告知：这是用海南文昌支行失盗的空白单伪造的。同时失盗的假存单共有8张。

邓某受法律制裁了，但那8张空白存单是谁盗的？秦某在哪里？另外6张空白存单又流向何处？尚不得而知，不知又在哪里行骗。

2．小额变大额的存单

吉林长春的杨某，在长春七马路开电器商行，经常去深圳进货，每次都住在长安大酒店，和这酒店的一些常住客混得挺熟，同河南李某特别好。每次见面，李某都请杨某到饭店喝上几杯。有次，李某掏出一张1960万元的存单，说想找一个铁哥们代办抵押贷款。

杨某约了山东好友陈某，让他以存单上存款人毕某的名字，在广州买一个假身份证。两个人精心设置一个圈套，以帮助贷款为名，骗取某公司经理的好处费13万元。

杨某和陈某带着某公司不明真相的经理，一起来到中国农业银行长春开发区支行恒河分理处办理抵押贷款。经办柜员第一次见到这么大数额的存单，马上向负责人汇报。这负责人也觉得事情重大，立即向开发区支行行长汇报。行长要求将他们领到支行信贷科，让王某辨别存单真伪。

下午，杨某等人来到支行信贷科。王科长一边热情接待来人，一边仔细辨认这张大额存单的真伪，说："办理信贷手续不是简单的事，需要一些表格，存单还要留一张复印件才能办手续。"说完迅速将存单复印一张留下，将原件退还来人，约他们明天再来。两个人刚刚离去，在一边观察的行长连忙走出来，要求王科长："快把复印件再复印一张，如果这张存单有假，一会儿他们可能会返回取复印件。"这话果然说中了，杨某真的很快返回要走了复印件。

杨某等人走后，行长立即从全国电子联行行号簿上查找农行淮河市源汇支行的电话号码，又通过源汇支行查到其下属的电话。他们反馈说，从未开过200万元以上的存单。再查对存单账号等一系列手续，进一步证明这张存单是假的。原单上仅300元，现在存单上1960万元的数目是骗子通过技术手段改造的，但伪造手段十分高明，从表面上根本无法辨别真伪。

如果银行都能像这个农行一样，骗子一定会大为减少。

3. 大量印刷假存单

山东青州长虹电器厂厂长孙某，公然大量印刷假存单。其来龙去脉，还是看看这个骗子自己的供述：

我原是一名个体出租车司机。1993年年底的一天，朱某这个刚刚被从大狱里保出来的诈骗犯，因为有一笔"业务"坐进我的车。我们一拍即合，摇身一变成为长虹电器厂正副"厂长"。

应当说，朱某头脑灵活，心眼多，经济上也有一套。如果他真的横下一条心痛改前非干一番事业的话，也许能干出点名堂来。但事业远未成功，“爱情”却不期而至。那还是三年前，他在诸城设办事处，与杨某母女开的小店为邻。别看杨某只上过两年学，思想挺“解放”。朱某也是个“热心人”，每次都用小车从青州给他们带点香烟，一来一去，朱某的办事处就成了他们两个人的“办事处”。再后来，朱某就干脆在潍坊买房子，金屋藏娇。我不甘落后，与原是我厂工人的女青年窦某明铺暗盖，打得火热。后来把窦某从车间调进办公室。中午，我就和窦某到电业宾馆包房午休。这一休，下午上班的时间就没个准。而傍晚，我们这两个“厂长”一人抱一个妞各人忙各人的，这厂子哪还能搞好？

不久，贷款到期，银行催还，我们只好拆东墙补西墙，想方设法贷出款来还到期的利和本。这法子虽可以顾一时，窟窿却越补越大，债主到处追着要贷款本金和利息。贷款还是得还，担保人实在无法找。银行的人说，要贷款，必须有存单作抵押。于是，伪造存单贷款的罪恶开始在朱某的脑海中酝酿……

伪造的存单，由孙某拿到青州信用社申请抵押贷款，被当场识破。孙某与情妇仓惶而逃，但逃不过警车。他们的假存单是在深圳东升印刷厂印制的。当警方追到时，印刷机仍在飞快地赶印着。已经印好包好存放在仓库里的，有14箱。由于数量太多，东升印刷厂一家吃不消，还请另外两家代印。已印好的有8吨重，计340万联，这还不包括朱某以看样品为名带回青州的100本。

这案子如果没有及时破，长虹电器厂完全可以附设“三宫六院”。

防诈骗实用指南

- 抵押的存单，同样要认真辨真伪。
- 必要时，肉眼辨识之后，还应打电话核实。

三、冒名贷款

1．冒同事之名

天津下岗工人杨某，听说只要凭有关资料就能办下岗女工小额贷款，便到有关机构用自己的名字试着办一份，得到4000元贷款。

她还想多贷一些，但这项贷款规定每一名下岗女工只能贷这么多。于是，她找与自己一同下岗的同事，连自己孩子同学的家长也成了她的目标。她谎称可以代办下岗工人特困补助，骗得22名下岗女工的身份资料，然后以她们的身份到有关机构办贷款，分5次贷出8万多元。

骗得这些贷款后，杨某大肆挥霍。由于这种贷款必须按月返还本息，下岗女工刘某等人发现被骗后，立即到公安机关报案。

真是“煮豆燃豆萁”！骗子就是这种德行，同是生意人他要异化为骗子，同是亲友他要异化为骗子，同是天涯沦落人他要异化为笑里藏刀的骗子。

2．虚构人名

黑龙江省通河县三站乡四村陈某，结识凤山镇农行营业所主任杨某后，拿户名李某2.15万元的活期储蓄存折和该储蓄所的核保单，找杨某要求贷款2万元，期限半年，贷款人则为徐某。杨某当日给办手续，并提了现金。

半年后，陈某找杨某说：“我现在没钱，先还你5000元，你再给我贷1.5万元。”陈某这回拿一份三站邮政局储蓄所的核保单，杨某当日又为她办理了手续。不久，陈某找杨某说还想贷点款，拿了两个三站邮政储蓄存折（活期）和核保书。一户杨某，折上显示存款3.4万元，另一户史某折上显示存款4.2万元。贷款人分别是“王军”和“姜峰”，手续显示上述人员均为三站乡农民。陈某用杨某的存折担保为王军贷款3万元，用史某存折担保为姜峰贷款4万元。这3笔贷款本金总金额为8.5万元。

据警方调查，徐某根本没有申请过贷款，“王军”则是个虚假人物。后来法院判决“被告王军”时，只有称“身份不详”。姜某也“无法核实”。而为上述3名申请贷款人提供担保的李某、杨某、史某，从来就没有任何人提供过存折并做过担保。当地派出所证实，史某已于贷款前一年因病死亡。另据证实，上述申请贷款人和提供担保人之间并不认识。李某说，这几年他一直在佳木斯打工，没有回通河，怎么可能贷款？从贷款担保书上填写的数据推算，今年他已经60岁，其实他才30岁。姜某说：“我从来没办过身份证，也没刻过私章。”

在整个贷款过程唯一接触过的陈某，卷款在逃，法庭审理这起贷款纠纷案，陷入“剪不断，理还乱”的境地。

有的人是先小人后君子，先难后易，骗子则相反。

防诈骗实用指南

- 身份资料不可乱借人。

四、冒名借钱

1. 假学生

有位青年男子到山西太原一位退休教师的家，说是他的学生，从北京回来，在太原经商3年，现在一家医疗器械公司任经理，今天特来看望恩师。

老师觉得他陌生，他就报了一些同学的名字，说得老师非常感动。老师向他要名片，他惊叫道："哎呀，糟了！我的包忘在车上，车开到机场接客人，这下连回去的车钱也没有了！"他连打三个电话，司机都没联系上。看他很为难的样子，老师就给他100元钱做车费。临走时，那人留下联系电话。

晚上，老师的儿子听说这事，觉得蹊跷，便根据那人留下的电话号码打去，发现是空号。这儿子忙叫父亲立即打电话告诉其他老师，以防受骗。

骗子也会装可怜相，但他首先要装富翁。

2. 假冒朋友

在天津商学院读书的罗某到广州探望表哥，出火车站，到电话亭打表哥的手机，联系不上。继续打电话时，一个妇女在他身边等着用电话，并接了一个，然后问罗某："你是等家人来接吧，你家人叫什么？"罗某说出表哥的名字。这妇女说跟他表哥很熟，并说："刚才你表哥打电话说，他在广源西路通通大酒店门口等着你，你现在赶快打的去吧！"罗某听信了。

罗某到酒店门口下车，马上有男青年到罗某面前，说是他表哥叫来接他的，但指着酒店门口的一辆小轿车说道："离合器坏了，得去修一修，可是我身上的钱花完了，这车坏了回不去怎么办？我是你表哥的铁哥们，要不，你先拿点钱，我去买一个离合器，把车修好再送你到表哥那里，怎么样？"罗某又听信，给他700多元。

那人拿钱走后，有人在酒店吃完饭来开车，说这是他的车。罗某这才感到不妙，再给表哥挂电话，发现这是个骗局。

据悉，此类案件在广州火车站多有发生。

骗子总是在你最需要的时候出现。他们的"道具"则往往信手拈来。

3. 假冒老部下

浙江杭州的李某骑自行车去上班，到中山北路路口时，忽然有人喊他"老领导"。下车一看，只见一个穿西装的中年男子站在一辆黑色桑塔纳边上正向他挥着手。李某走过去，辨认他是谁。对方热情地说："我是刘×

呀，您不认识了？”李某想起以前的单位好像有这么个小伙子，但十几年不见了。刘某说：“您把自行车停一停，到我车上坐会儿。这么久不见了，想跟您聊一聊。”

上了车，刘某说他现在下沙经济开发区一家房地产开发公司任总经理，不过今天忘了带包和名片，就在一张白纸上留两个电话号码给李某。这时，刘某的手机响，听谈话内容好像是一个农行的行长下午要到北京疗养院去疗养。打完电话，刘某问司机：“你身上有多少钱，我想买点东西去送送行长。”司机说：“我只有三四百元，今天还没到财务科去领。刘总，你的老领导不是在吗，你不会先向老领导借点，反正大家这么熟。”刘某说：“那怎么好意思呢，我怎么能向老领导借钱？”李某连忙说：“没关系，我身上还有600多元吧！”李某想也没多想，就把钱给了他。

李某下车，还没看清车牌号码，车子就飞快地开走了。他才感到不对劲，按刘某留的号码打那手机，发现是空号。

钱虽不多，但足以让人闻“借”生畏。骗子总是导演悲剧，将人生最美好的东西撕裂给人看。

防诈骗实用指南

- 只要涉及利益，就得“验明正身”。
- 有道是“士别三日，当刮目相看”，即使“正身”，原本品行良好，在阔别期间也可能变成另外一种你所陌生的人。
- 必要时，你可以“好人做到底”。比如他说打了三个电话没联系上司机，你帮他打第四个电话；又比如，他说车坏了，你陪他去修。

五、公司只为贷款

广东湖阳的谢某，初中毕业时，因家境贫寒，到深圳一建筑公司打杂。几年后，他以推销员的身份到昆明，在董家湾租铺面，开一家五金公司，年营业额最高时达百万元，利润20万元。在此基础上，又成立振丰进口机电有限公司。

谢某通过关系结识景洪南亚边贸城市信用社主任罗某。罗某说，城市信用社的存贷业务比较灵活，只要拉来钱在信用社存，想贷款也很方便。他们决定合作。这时，刚好谢某的弟弟生意亏本，无法还清向玉溪高仓农业合作基金会的贷款。谢某了解到这家基金会有近2亿的存款未贷出，便替弟弟支付50万元的贷款。玉溪高仓农村合作基金会老板高某见此，主动与谢某交朋友。谢某鼓动高某到景洪存钱。高某等人到景洪南亚边贸城市信用社考查，认为钱存入农村信用社可靠，便通过谢某将基金会的1.05亿元资金引存到那去。罗某也对谢某贷款网开一面。他们口头协议：谢某拿到贷款后，立马支付给存款人高额利息。这样，引来更多的存款人。

罗某对谢某在信用社贷款都交给他的心腹孙某去办。孙某对谢某贷款有求必应，对他提供的抵押手续一概不验证。就这样，谢某用虚假证明，共诈骗景洪边贸城市信用社贷款7321万元。谢某利用诈骗来的巨资成立振丰卷烟辅料厂，在昆明饭店开世界名牌服装店，并成立振丰实业集团公司。他有3辆“奔驰”、一辆“凌志”、一辆“宝马”等8辆轿车，约800万元的高级别墅及其他房产，4家他直接任法人代表的公司。据商界人士估计，谢某的身价接近一亿元。而谢某从一名建筑小工变成亿万富翁，仅仅5年时间。

在谢某成为亿万富翁的同时，信用社空了，储户的户头空了。滇中玉溪市高仓农村合作基金会的储户去取钱，取不到，愤怒了。当他们得知存款被引存到西双版纳州景洪市南亚边贸城市信用社，而版纳方面也无力支付，储户们更是怒火中烧，把垃圾堆到农村合作基金会办事处门口，声称要挖断公路，把版纳的车子扣押，并成群结队涌向市委、市政府前请愿。

玉溪、版纳方面紧急向云南省委、云南省政府汇报，然后一层层批示下来，要求严查。

警方查明，狡猾的谢某总是亲自做明细账。贷款后，亲自办理转款手续，转到什么地方只有他自己知道。直接开支票取现金691.76万元，转到他个人账户上取出现金29.9万元。他在南亚边贸城市信用社贷款总数达7321万元，而转到昆明其名下企业才4880万元，其中包括其他企业的贴息1000余万元，仅贷款就有2841万元没有划到企业账上。他将这笔诈骗来的巨款大肆挥霍，日常吃住也是按五星级标准，生活奢侈到极点。他在香港领取永久居住证，买了房子、车子，并用1万美元作定金在美国申请绿卡。

法国历史学家米涅在评论法国大革命的时候写道："好事和坏事一样，也是要通过夺的方法和暴力才能完成。"难道果真如此？如果玉溪的储户们讲"文明"，那么谢某至今仍在美国、香港甚至就在玉溪当地的天堂享福？

防诈骗实用指南

- 发现合法利益受到侵犯，就得及时依法维护。否则，就是纵容，将会有更多人受到侵害。

六、"爱情"只为骗钱

1．男人骗女人

刚离婚的林小姐偶然认识一家广告公司总经理。他请她吃饭，她又无意中透露离婚时前夫给了她17万元的事。经理越发对她温柔有加了。有一天，经理拿了一份合同给陈小姐看，说他跟这家地产公司签的广告策划佣金是100万元，现在急需付8万元回扣给地产公司主管广告业务的副总。他说他手头上只有4万元，只要她借给他4万元，定当得到丰厚回报。她想，已经签订合同了，生意算基本做成了，而且地产公司都很有钱，这笔单很快就能净赚几十万，所以没怎么思考就借钱给他了。

从此，他对她非常好，几乎每天都要请她吃饭，经常买礼物给她和她女儿。从来没有一个男人对她这么体贴，这么细心，她有点感动，善良的她终于有了跟他结婚的想法。他则更经常把她的账户当成他自己的腰包了。他每次向她要钱，总是找一个非常正当的借口，比如急需周转，马上就能产生利润等借口。有时她一时拿不出来时，他就一把鼻涕一把泪，让她本来就善良单纯的心，软得没有了控制能力。后来，有两次他要钱时，她身无分文了，她还向老家的人借高利贷给他。

她前后给他近20万元，其中有4万元是她回老家借的高利贷。至此，他知道陈小姐再也拿不出钱后，就渐渐对她冷了。一连好几天没有消息，她有种不祥的预感，跑到他的办公室找他，没想到已人去楼空。打他的电话，要他还钱，但他竟然说她这个少妇玩弄了他这个少男的感情，那些钱是赔他的青春损失费。

爱情太圣洁了，所以太容易被玷污了！

2. 女人骗男人

自称河北廊坊市外贸局副局长、外贸局下属华澳公司董事长兼总经理、建行总行驻廊坊资金部主任的刘某，原与赵某结婚，生有二女，离婚后办厂。她结识建行廊坊市分行信贷科科长田某后，很快与他结婚，田某之妻为此自杀。但不久，田某从信贷科调到老干部科，不再主管贷款业务，刘某很快又与他离婚。

没多久，刘某又认识建行河北省偃师市支行副行长孙某。刘某说她想买下很有发展潜力的廊坊市金光大道一栋6层大厦，请孙某贷些钱给她，等资金周转后马上还清。孙某马上指使本行营业部主任用特种转账凭证，从偃师建行系统内账户划拨出350万元，偃师市佛光耐火材料厂账户汇到刘某名下。然而，刘某不仅无法还款，反而要求再汇一笔钱办银行承兑汇票。孙某又指使部下分6次从本行划拨出资金750万元。刘某用这些钱以她和孙某两人的名义买下那栋6层大厦，然后将这大厦抵押给当地一家信用社，贷款900万元，投资于自己集餐饮、住宿、娱乐为一体的花澳美食广场。这样，孙某只得与妻子离婚，成为刘某第三任丈夫。

孙某终于归还500万元挪用的公款，可是还有1100万元根本无法偿还。他感到迟早要出事，便向领导请长假，说是到外地治性病，传开来不好，还请保密。他和刘某改名换姓，双双逃到广西桂林，托人办假身份证，买商品房，深居简出。

可是，刘某耐不住寂寞，又在桂林市集资办起高科技农业生态园，还开办桂林市光华足球学校及一家其他公司。她结识了桂林市公安局科长蒙某，很快又成为蒙夫人。离婚时，刘某给孙某13万元，用于买房、炒股。孙某财运不佳，又不善交际，年龄又大，为了维持生活，只好到刘某的公司开车、看门、做饭、扫地。

刘某到处抛头露面，根本忘了自己是逃犯，但警方是不会忘记的。孙某的仆人生涯，直等到警方来才“解放”。这个案例，简直像瞎编的小说。

3．傍大款

湖南邵东的汪某，高中一毕业就开始在社会上游荡，曾因盗窃在湖南怀化劳动教养3年。之后，他化名欧某，流窜到上海，混迹于娱乐场所。经过精心包装，他把自己打扮成一个阔少，专门骗那些想傍大款的小姐。

有天晚上，汪某来到陕西南路的一家酒吧，走到独自喝酒的梅子身边，从西装口袋里拿出一张营业执照的复印件，上面写着注册资金1.2亿元，又拿出一本驾驶证给她看，上面写着车辆型号是“宝马”。他说：“前不久，我在上海买了一套公寓。房价是贵点，不过是酒店式管理，住着挺舒服的。”这样，梅子对他顿生羡慕之情。

两天后一个中午，汪某约梅子到他那里玩，梅子爽快地答应了。晚上，梅子来到汪某的套房。屋内白纱窗帘低垂，轻音乐回旋。梅子觉得这个单身大款不仅有钱，而且懂得生活，倾心不已。

又过两天，汪某说他有个朋友从深圳到上海来，要梅子一起去看看。

在一家酒店，他和那朋友闲聊一会儿，那人突然说："上次在深圳，你欠我5万元赌债还没还。我马上要去俄罗斯做一笔生意，急需资金，你快把钱还给我。"汪某说："我的钱被另一个朋友拿去。今天是星期天，我身边的信用卡不能取钱。你就宽限几天，我又不会赖你的账。"那朋友怎么也不同意，非要今天拿钱。汪某被逼得没办法，拉着梅子到底楼大堂，用手机找朋友借钱。可是打半天电话没借到一分钱，他只好对梅子说："你能不能借我点钱，等我朋友晚上从南京回来，马上还给你。"梅子打电话给一起来上海做服装生意的蕙子，说自己的好朋友急需5万元，保证一定归还。蕙子同意。

次日早上离开酒店后，梅子打电话给蕙子，请蕙子一起到汪某处看看，欣赏欣赏她的"白马王子"。不想服务员告诉她们，这套公寓是出租的，那个房客已结账走了。梅子如梦初醒。

骗子精心包装的只是外表。

防诈骗实用指南

- 真正的爱情，只关乎精神。如果涉及金钱，那么你得警惕了。
- 帮初恋的情人应点急，也是人之常情。如果一而再，再而三地"借"，至少得要张借条。

七、骗取货物

1. 利用分期付款

天津某酒店职员王某，得知荣众公司专营分期付款购买业务，购买商品只需首付20%，余款可以逐月分期偿还，便到该公司以这种形式购买一台彩电。事后，他反复琢磨，寻找这种消费形式的漏洞。

王某来到南开区一处写字楼招租处，自称某公司经理，租下一间办公室，找来姚某给他做秘书。开业没几天，又招来李某等人。招李某等人是有特殊用意的。因为他们都是拆迁户，搬家之后没有办户口迁移，身份证、户口本上的户籍地都是拆迁前的老地址，而这些地址已被夷为平地，根本找不到具体地方。然后，利用这几个人的身份材料去办分期付款。

按照王某的要求，李某等人先后两次从荣众公司鞍山西道店购得两台联想电脑，以及SONY、JVC摄像机各一台，价值3万余元。得手后，王某立即换个招牌，另租南开区黄河道的一处写字楼办公。

两个月后，王某亲自上阵，带上姚某和李某窜至地处华苑小区的荣众公司连锁店，要求以分期付款的形式购买一台联想电脑、一台大屏幕背投式彩电、一部SONY摄像机及一辆电动助力自行车。服务员接过王某填写的表格及身份证、户口本等证明，打开公司各连锁店的联网销售记录，发现李某因涉及一户连环担保购买电脑等价值3万余元的物品逾期未还款，已被列入恶意骗购“黑名单”，连忙将这一情况提示给另一名同事，及时报警。民警迅速赶到现场，将骗子当场拿住。

骗子与良民的区别在于：前者既利用人和事物的优点，又充分利用其缺点漏洞。

2. 借花献佛

江苏的陈某是个老骗子，因诈骗，一次被处劳教3年，又一次被判刑5年。出狱后，化名在上海市金汇花园某街坊租套房子继续行骗。她嫁个70岁的台湾退役老兵，却吹他是台湾某集团的大老板，拥有该集团30%的股份。她常说：“我是信佛的，讲究因果报应，做了坏事佛要报应的！”可背地里，她伪造各种各样的公章，从公安局、法院到房产公司都有，到处骗人。

陈某来到上海某汽车发展有限公司，对沈经理吹嘘说：她在南当小莲庄开假日酒店，有2500万港币快到账了。这全赖佛的保佑，为此她要给大学捐辆奥迪车，以后还要来买现代跑车和宝马车。签了购车合同，她又让沈经理垫付车款64万元，说等那笔2500万港币到账马上来还。沈经理为难。她就请他为她贷款，因为她的身份证、户口簿都遗失了。她说："到时候，我另付2万元给你辛苦费。"沈经理同意。

陈某开着沈经理贷款买来的奥迪车到某寺庙，大搞捐赠仪式，吸引很多媒体，大出风头。一星期后，她又来到该寺，说是善始可善终，开这车去挂牌照。方丈同意。而她将这车以30万元的低价卖了，所得款项自然进自己的腰包。沈经理上门讨债，陈某拿出一张她丈夫"5000万台币资产证明"给他看，斥责道："你急什么？"

陈某当然不急。家里有那么多"公章"，街上有那么多商店，山上有那么多寺庙，她还怕没钱吗？

防诈骗实用指南

- 要认真核实身份证件。
- 要认真核实公章。骗子有可能伪造各种各样的公章，从公安局、法院到房产公司都有，到处骗人。
- 骗子既利用人和事物的优点，又充分利用其缺点漏洞。

八、地下钱庄及高利贷

1. 借钱的杀人抢劫

重庆某高校教师吴某，收入可观，平时爱玩啤酒机，赌博时认识了赌友唐某。2008年11月，唐某向吴某借1.5万元，约定每天利息300元。仅仅10多天，他又把借来的钱输光。同年12月5日，鉴于利息累积到数千元，吴某要求他还钱。唐某请吴某来家中吃饭。吃完饭，唐某请求宽限还款日期，吴某则坚持立即还钱，发生抓扯。唐某拿起身边一根三四十厘米长的钢棍猛击吴某后脑勺，致其昏厥倒地。唐某来到菜市场，向卖肉的屠夫借菜刀和剔骨刀。傍晚7时许，他回到家中，发现吴某已没有气息，便用借来的刀将尸体肢解，抛于嘉陵江。然后，将吴某银行卡中的3400元取走，开始逃亡。但两周后，迫于经济和精神压力，唐某向公安机关自首。

唐某的辩护人在法庭上称，吴某明知唐某沉迷赌博仍借钱给他，在一定程度上纵容了唐某的赌博行为；再说，高利贷本身不具备合法性，因此吴某也存在过错。

2. 担保的被迫行凶

广西贺州的罗母，喜欢放贷收息。女老板黄某租了罗家的店面开店，与罗母关系极好，被认为干女儿。罗母请黄某打听，看什么人急于用钱，好处也会分点给她。黄某听说开车的邹某想买辆新车，但手头有点紧，便马上热心起来。签字据时，罗母要求黄某作为担保人在欠条上签名，黄某照办。

不久，罗母说这欠条不见了，多次哀求重签一张。黄某和邹某也答应，并注明："因原字据已失，现按此据还钱。"每个月初，罗母按时催黄某找邹某收月息。没想到，邹某借高利贷并不是买新车，而是还赌债，为此把原有两部车都卖掉了。所以，这笔债务拖得很久。

罗母逝世后，债务由她在医院当牙科医生的儿子罗某负责。邹某勉强还清本金，尚差1万元利息，协商决定另写一张一万元的欠条，利息降到4分。这样，第二张欠条当场撕毁。

然而，罗某突然找到那第一张欠条，坚决要求按那张欠条算账。被逼得走投无路的邹某，和黄某商量抢回这张欠条。黄某找到赖某，许诺事成之后给他1万元好处费。还没开始行动，邹某在一次车祸中丧命，这笔冤枉债眼看要落在担保人头上，黄某更急于抢回欠条。黄某约出罗某，赖某在途中伏击。因路上突然来人，赖某只是击伤罗某，没抢回欠条。第二次，赖某找黎某做帮手，抢回欠条，罗某也因伤势过重致死。黄某终于烧掉那张烦人的欠条，但给自己带来覆灭。

有些事只要开始错了，就像石块开始下滚。黄某就是这样一块石头。

3. 送上门的“无息贷款”

湖北十堰的马某，偶然收到这样一封信：

1999年9月27日是某公司谭董事长的七十大寿，谭董事长愿无息（无息期为5年）提供1800万元人民币辅助700人经商做生意，条件是受理人必须让全国各地100位年龄在18岁以内的人在他七十大寿之日前，给他寄去贺卡或贺礼，男女不限。欲贷款者，服务部支付你所贷款总金额的2%的手续费。

马某一眼看穿这个骗局，根本不予理会。然而，他却效仿成立“十堰市东方经济商务会社”，自称是“IBI国际商务金融投资集团”、“IIIS信利国际投资公司”、“菲律宾投资财团”等多家跨国公司的“驻华代表”，向全国各地寄发这样的一封信：

某部直接代办5年无息贷款，提供1800万元人民币，扶助700人经商做生意，每个县市名额只限一位，每位起贷额为1万元至3万元。

如您决定争取这次难得的机会，请电汇275元咨询服务费。为争取时间，请另付25元特快专递费，见资寄发全部详细资料，由您亲自签办手续。

不久，给马某的汇款单，从江西、广西、内蒙古、吉林、上海等地雪片样飞来，直到这个骗子落网后，仍有人往那个“商务会社”汇款。

看来骗子确实比不少人“聪明”。

4. 骗取保证金

台北“洪小姐信用贷款公司”在报纸刊登广告，诱骗那些因经济不景气急需款项的中小企业前来贷款。

当这些中小企业主上门时，该公司先让他们留下姓名、出生年月、身份证字号等基本资料，然后要求他们到特定银行新开户，并在户头内存入贷款的一半作为“偿债能力保证金”。

被害者存入“保证金”后，该公司立即用电话拖住他们，再利用一些特定银行的新开户密码（一般为开户人生日或固定密码0000等），在10分钟之内将被害人的存款通过语音转账方式，汇到数十个账户内，一提而空。

5. 跨国诈骗

早在20世纪80年代，西部非洲就有一些不法分子通过邮寄、传真向全球发送大量信函，谎称是政府官员或权威公司的代表，以资金需要转移为由，要求需要贷款的提前支付手续费。

近年来，我国又发现一些西非不法分子利用互联网从事这种违法活动。他们发的电子邮件称，已掌握上千万美元的尼日利亚政府项目工程款，中方人员如能协助将这笔资金转移到中国，可获得20%的提成。有的还发来政府申请书样本，要求中方假冒负责工程施工的公司，向尼日利亚政府申请贷款。

尼方人员在出示他们伪造的尼日利亚中央银行正式贷款申请书后，说要向负责贷款审批的委员会成员送价值上万美元的礼品，请贷款人通过快递公司寄出。委员会一收到礼物，即可批准付款。我国已有一些公司或个人上当受骗。上海一家公司落入圈套，被骗人民币208万元，公司因此倒闭。

最近，我国还发现南非等其他非洲国家不法分子以融资为名与我国一些公司、个人和驻外机构联系，以利相诱，进行诈骗活动。

如果说乞丐在大街上散发金币，你相信吗？

防诈骗实用指南

- 现在我们的手机短信和街上“牛皮癣”广告声称提供贷款，就是地下钱庄及高利贷行为，其中部分只为骗中介费。

- 据《三秦都市报》报道，在陕西西安的高利贷行业，只要你借贷，放贷者都会借给你，但是必须要到借贷者的家里去一趟，对借贷者的身份进行确定。在确定了借贷者的所有信息资料后，放贷者才会毫不犹豫地将借贷者所需要的资金借给。

- 聊到就不怕借贷者还不起贷款跑了时，中介人王先生说：“他（借贷者）哪儿也跑不了，因为他们的所有信息资料我们都会提前掌握得一清二楚，再说了人跑了还有房子等物件。”

- 贷者到借贷者的家里去考查，不仅要对借贷者的身份进行确定，还要暗地里打听借贷者的背景，看借贷者的亲属里面有没有政府官员。如果有的话，一般都不给借贷，省得为自己惹麻烦。这就意味着他们只选择弱势者为客户，并准备好了一切手段对付将来可能出现的不利局面。这实质上也是一种黑社会，充满凶险。

- 2002年中国人民银行就发布了关于取缔地下钱庄及打击高利贷行为的通知，通知要求人民银行各分行、营业管理部要组织力量摸清当地地下钱庄和高利借贷活动的情况；对非法设立金融机构、非法吸收或者变相吸收公众存款以及非法集资活动，一经发现，应立即调查、核实，经初步认定后，及时提请公安机关依法立案侦查；对经调查认定的各类形式的地下钱庄和高利借贷活动，要坚决取缔，予以公告，没收其非法所得，并依法处以罚款；构成犯罪的，由司法机关依法追究刑事责任。发现金融机构为非法金融机构和非法金融业务开立账户、办理结算和提供贷款的，应当责令该金融机构立即停止有关业务活动，并依法给予处罚。这就是说地下钱庄及高利贷行为是不合法的，非法的利益也就得不到法律的保障。因此，地下钱庄及高利贷行为还是不涉足为上。

- 当然，我也理解迈步地下钱庄及高利贷行为的无奈。俗话说：“口渴盐卤也得喝。”借此机会，呼吁合法的金融机构为弱势者多提供些服务。

九、诉讼欺诈

1. 伪造欠条

江西瑞昌的徐某，在广东东莞太平手袋厂皮塑贸易商行打工，因能说会道，深得总经理吴某赏识。该公司与北京某公司在生意上发生186万元的经济纠纷，徐某主动请缨，通过他在北京高级人民法院的亲戚找到天池律师事务所代为诉讼，帮助吴某打赢官司。但徐某认为自己劳苦功高，却没有得到公司的什么好处，耿耿于怀，另作图谋。

徐某借口瑞南公路有土方工程，骗福建某建筑公司经理黄某到瑞昌。黄某到瑞昌后，因有事要离开，徐某主动提出帮他跑项目，索要有关手续，黄某把盖好公章签好名的两张空白信笺当着他人的面交给徐某，徐某却将它打印成“黄××借徐××现金伍拾万元整，利息按每月叁分计算”的借条，向法院起诉，诈骗黄某，没有得逞。

不久，仗着自己在北京高院“有人”，徐某诈骗太平手袋厂。原来，吴某常邀他到家中玩，徐某趁机窃取盖有公章和吴某签名信笺3本。他用这些信笺伪造欠条，称吴某拖欠本厂打工人员徐某40万元债务，起诉到瑞昌法院。

吴某从广东赶到瑞昌法院，对欠条上太平手袋厂所印自己的签名进行仔细辨认，觉得印章和签名都不是假的，但欠款实在太冤，便向公安局报案。调查发现，虽然欠条上的印章和签名绝对正宗，但内容漏洞百出。一是欠条上写是合伙经营手袋原材料销售利润款，但通过多方调查核实，双方确实从未有过任何生意上的往来，合伙关系更是子虚乌有；二是欠条上写明此款如果发生纠纷，只能在原告所在地起诉，这是明显不平等的事。三是欠条上写此款到期未还，由吴某担保还清，而欠条上的签名正是吴某，难道吴某自己为自己担保？四是通过到当地派出所取证，吴某的名字早就改了一个字，而这张欠条上的签名却仍是原名。

也许只能怪徐某有个亲戚在北京高院，并且帮他赢过一场官司，否则他不会有如此“创意”。

2. 伪造“收到条”

2005年年初，在广州做律师的田某向广州市番禺区人民法院起诉，山东临沂市糖酒经贸总公司（以下简称临沂糖酒公司）及其出资公司山东兰陵美酒股份有限公司（以下简称兰陵美酒）。

田某称，临沂糖酒公司在2003年3月收到田某为其弟交纳的担保金80万元，约定2003年年底前返还，但临沂糖酒公司一直不还。兰陵美酒则称，他们根本不知道80万元担保金的事，临沂糖酒公司也从未收过什么担保金。直到首次开庭，他们才见到所谓公司开具的担保金“收到条”。他们认为“收到条”是田某盗用盖有公司公章的空白信自己填写的（田某的弟弟曾是糖酒公司的职员），但由于没有足够的证据证明这张“收到条”作假，法院判决临沂糖酒公司败诉。临沂糖酒公司上诉到广州市中级人民法院。二审中，临沂糖酒公司申请对“收到条”做司法鉴定，结果显示盖章日期比落款日期至少早两个多月，又由于田某“在一审、二审诉讼中的陈述不一致”，广州市中级人民法院于2007年6月作出终审判决，认定田某的主张不足信，驳回其诉讼请求。

2004年年初，茂源公司在承包广州一处副食品批发市场时，与对方发生合同纠纷，经朋友介绍，聘请田某为公司的代理律师。田某代理官司期间，除4万元律师费外，还以疏通仲裁委为由要公司另行支付12万元，并以服务招待费名义收取1.16万元。官司打到最后，田某不管了，到现在还有50多万元没收回。2005年年底，茂源公司以收取不合理费用13.16万元为由，将其投诉到广州市司法局、广州市律师协会和广东省司法厅。次年2月，田某则将茂源公司告到苍山县人民法院，说茂源公司向其借款36万元逾期不还，证据是一张“证明及欠款说明”。对于这字据，双方承认全文为田某所写，公章为茂源公司所盖。但茂源公司认为后半部分的“借款”内容是田某私自添加的。公司经理杨某回忆说：“2004年5月26日早上，我们在广州市仲裁委的大厅里准备材料，田某突然说想在广州买房，要我们公司为他出一份收入证明。我让田某自己写一个证明：‘兹证明田某为我公司副总经理，月薪陆仟元整。’当时恰好随身带着公章，我就在文后盖了章。”然而，茂源公司没提出对该字据做司法鉴定申请，没法证明该证据不实，苍山县人民法院便于2007年12月判决茂源公司败诉。不过，茂源公司至今并未被强制支付这笔36万元的“借款”。

与此同时，田某还有一场债务纠纷。山东的褚某通过朋友认识田某，当时觉得他是老乡又是社会名人，应该可靠。2005年，田某说在阿联酋做电脑配件生意能赚钱，她便筹集39万元前往广东，采购鼠标、键盘、MP3等电子产品，按田某的指点往阿联酋发货，接货人是熊云立。褚某赶到阿联酋，货物已被人接走。没想到，接货人说田某讲货物是他本人的，没讲是褚某的。她回国后多次联系田某，他总是避而不见。她只好以诈骗钱财为由向深圳公安部门报案。但根据现有证据，无法证明田某诈骗事实。深圳公安部门答复：如果想证实，需要通过国际司法协助向居住在阿联酋的熊云立等人调查取证。由于没有足够的调查资金，无可奈何的褚某只好写一个题为《田某是个大骗子》的帖子发在《齐鲁晚报》网站。田某委托律师向该报发律师函，认为该网站对“在全中国拥有高度的美誉，获得过多项社会荣誉，广受社会公众尊敬和爱戴，堪称社会道德楷模”的田某造成名誉侵权。但是，他却没向发布该帖且公布真实身份的褚某发函，也从来没主动和她联系过。

就田某涉及的此类民事诉讼案件，《齐鲁晚报》记者采访山东财政学院政法学院副教授孟凡麟。孟教授表示，这类案件属于典型的民事诉讼欺诈案件。这种情况在我国有一定的普遍性，且目前愈演愈烈。他解释，民事诉讼欺诈主要是指一些不法行为人通过伪造证据，在民事诉讼当中通过法院的审判和强制执行，达到非法占有他人财物的目的。诉讼欺诈与我们熟悉的诈骗是有明显区别的。诈骗的客体主要是他人的财产所有权，但诉讼欺诈的客体首先是法院的正常审判秩序。

骗子与“社会道德楷模”本来风马牛不相及。然而，时下流言：“只有骗子是真的。”即使在古代中国，就不乏假的“社会道德楷模”。“优秀”、“先进”、“模范”之类含金量日益下降，是不争的事实。不信你查查当今的贪官污吏，哪个没几箩筐荣誉证书？

防诈骗实用指南

- 公章得妥善保管。
- 名不可乱签。

第六章

票据诈骗

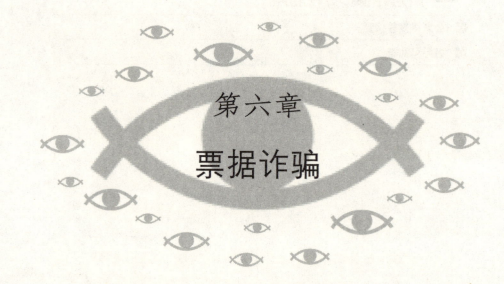

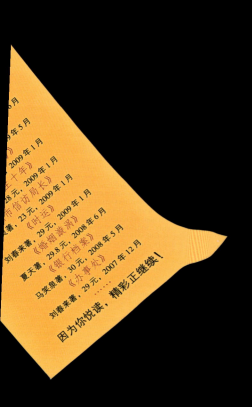

一、趣话“票据”

票据有广义与狭义之分。广义的票据是指一般的商业凭证，如发票、提单、保险单等，作为通货的纸币也包括在内。狭义的票据则指以支付金钱为目的的特种证券，即由出票人签名于票据上，无条件约定由自己或另一人支付一定的金额，并可以流通转让。本书所说的票据，仅指后者。

中国金融业至今不够发达，但其票据历史令人刮目相看。著名学者马寅初在1923年11月《银行杂志》创刊号上发表《吾国银行业历史之色彩》一文，曾作这样陈述：“今谈之银行业者，每谓欧美银行组组完善、发达迅速，而吾国之银行业尚属幼稚，无足述者。几不知吾国银行业极盛之时，英美德法诸国尚属草昧时代，几不知银行为何物也。尝考吾国银行业发轫于山西。”看来，咱金融祖宗也曾“阔”过。而这值得夸耀的历史，正是票据。

《水浒传》第十六回《杨志押送金银担，吴用智取生辰纲》，最后那10万生辰纲还是给弄丢。冒着酷暑，挑着重担，那10个挑担的禁军又累又渴，几乎要造反。在这种情况下，吴用差人装扮成卖酒的路过，而酒中下蒙汗药，包括杨志在内的一行人禁不住诱惑，眼睁睁看着他们将生辰纲劫走，看来，骗子与强盗异曲同工。

明清时期，山西巨贾富商很多。山西平遥的雷履泰，创办“西裕成”，经营颜料手工业作坊。不仅在本县设号，还在北京崇文门外草场南口设分号，成为众商之首。据考，当时山西人经商各地，特别是北京集中不少。每逢年终结账，常有大批款项运回山西。起初，银两是通过镖局运现，就是像押运生辰纲那样武装押运。到清末，时局动荡，战乱频繁，现银失盗时有发生。于是，有人同雷履泰商议，从北京往山西销的银两交到北京西裕成，再由北京写信在平遥城提款。雷履泰同意了。开始时，这种“票据”业务只限于朋友和亲戚之间，两相方便，也不要什么汇费或手续费。后来，同乡们都觉得这种方式比镖局更方便、更安全、更经济，要求参加的人越来越多，并愿意出一些汇费或手续费。西裕成在京也需要款项，因而也主动揽收，向汇款人交付一定的帖利，蹲汇结合。这样，西裕成改名为“日升昌”，专营汇银业务。繁体字的“升”字是上“日”下“升”，这样“日升昌”号名中就含有4个“日”字，意为日日升腾，日日昌盛。

日升昌独创有密押法，即用汉字作为签发汇票银两数目的10个数字。一年中12个月和每月30天的代码，这些汉字又不断变化。至今悬挂在日升昌遗址墙壁上的一张《防假密押》，全年12个月的代码为“谨防假票冒取，勿忘细视书章。”30天的代码是“堪笑世情薄，天道最公平。昧心图自利，阴谋害他人。善恶终有报，到头心分明。”代表银两的10个数目是“生客多察看，斟酌而后行”或“赵氏连城壁，由来天下传”。此外，“万千百两”4个单位另用“国宝流通”4个字来代替。这样，比如6月20日为某号汇银4000两，汇票上写的代码就是“取人城宝通”。这样，外人谁也看不懂。而对经办人员来说，对码过程中不知不觉又警示了一次，加倍小心。

日升昌恪守诚信。清末年间，一位在平遥城内沿街乞讨数十年的老太太，拿着一张数额为1.2万两的日升昌张家口分号的汇票，到日升昌总号，要求提取银两。这张汇票签发时间却是30年前。原来，老太太的丈夫在张家口做生意赚了钱，在日升昌张家口分号汇款1.2万两后起程回家，途中暴病身亡，尸体被运回。老太太的生活越来越贫困，最后沦为乞丐。几十年过去，老太太偶然拿起丈夫留下的唯一一件衣服，在衣角摸到这张日升昌的汇票。日升昌掌柜问明汇票的来历，查阅几十年前的账簿，确认汇票是真的，便如数付现银。就这样，日升昌的声誉越来越好，生意越来越红火。后来，官府也利用票号汇上解京饷。前文所述，马寅初指的就是日升昌。

现代商业银行的汇票业务，与日升昌的汇票在原理上差不多，当然具体方式方法不可同日而语。

骗子及时盯上了票据。有个衣着华贵的人带着仆人乘车到当铺，取下手上的两只金手镯当钱。当铺老板仔细验过那两只金镯，认为是纯金的，决定收下。讨价还价，给他一张300贯的钱贴(相当于现在的支票)。那人一走，旁边就有个乞丐要求用身上的破棉袄当20贯，说："人家的假金镯可以当300贯，我这破棉袄为什么不能当20贯？"老板听呆了，再次检查那两只金镯，发现真的变成镀金手镯。

老板问乞丐怎么知道，乞丐说："那是个有名的骗子，我还知道他住在哪里。"老板便出两贯钱请乞丐带他去找那人。到那人家门口，乞丐用手一指便走。那仆人正在喝酒，老板走上前，责问他为什么用假金镯骗人。仆人不承认，两人大吵起来。那主人闻讯而出，请老板到里面好好说。他说："你我都是有身份的人，宁肯吃亏也不能跟那种下人争吵。"老板说那金镯是假的，主人马上掏出钱贴换回那两只假金镯。老板拿回钱贴，晚上到钱局取钱，却发现那钱贴已被人兑取，现在这张是临摹的。老板再去找那人，那里人走楼空，那乞丐也不知去向。

偷儿永远得带个小字，费尽九牛二虎之力到手也不过是万八千，而票据诈骗变个戏法就是上百上千万。钱币诈骗、银行卡诈骗虽然更常见，但数额一般不大，也许只是十元、百元假币。如果不是信用卡恶意透支，弄张卡去大不了也就是百元千元。而票据诈骗，动辄千百万元。如果说钱币诈骗、存单诈骗、银行卡诈骗之类只是走路不小心打个趔趄，顶多是骑自行车摔个倒的话，那么票据诈骗则是车祸，车毁人亡，惨不忍睹。

美国银行家协会估计，1993年美国共发生130万起支票欺诈案件，平均每起的欺诈金额为1000美元左右，给银行造成的损失达到8.15亿美元。美国联邦储备委员会的调查则显示，1995年有60%的商业银行、信贷储蓄协会因为支票欺诈受到损失，损失金额为6亿美元左右。

钱币诈骗、存单诈骗、银行卡诈骗之类的受害者一般是普通居民，而票据诈骗的受害者是企业(包括银行)和单位，或老板个人。

防诈骗实用指南

据有关专家分析，票据诈骗的特点主要有：

伪造汇票

一是伪造整张汇票，即整张汇票票面均属伪造，或指明的出票人根本不存在。一旦作案得逞，骗子早已逃走，追逃和追赃难度较大。随着科技水平的发展，骗子对汇票的仿真伪造已从简单的复印、刻版印刷发展到电脑扫描制版等，有的是按照真汇票进行"克隆"，而大多为结伙作案，分工合作，多处行骗。

二是伪造出票人或承兑人签章加盖于真实汇票上，这比识别伪造整张汇票难度更大。由于汇票行为具有独立性特征，一行为无效，并不影响其他行为效力。骗子将真实汇票加盖假印鉴再背书转让后，拿到汇票的一方加盖真实印鉴，再行背书转让或要求承兑等。真假行为相互交织，给审核工作增加难度。传统的目测比较方式难以杜绝假印鉴汇票诈骗。

假汇票一般也有暗记、有水印，用纸较好，仿制逼真，票面要素与真银行承兑汇票要素一致，只是签发手写字体不同。仔细辨别，假汇票与真汇票毕竟有一系列不同之处，一般特点是：

A．人民币银行暗记在紫光下，真汇票显绿色，假汇票显现白色；

B．背面暗记处在紫灯下，真汇票无显示，假汇票有荧光反应；

C．真汇票外框印刷清晰，假汇票外框稍有间断；

D．真汇票下画线字母清晰，假汇票下画线字母模糊；

E．假汇票印刷厂名与真汇票大小不同。

变造汇票

最常见的是变造汇票票面金额，由小变大，有的只是变造汇票付款人的名称，还有的是对到期、付款日等进行变更。

由于变造方式拙劣，骗子往往有着相当的侥幸心理。有很多是与金融机构内部人员勾结。如银行工作人员在压数金额时只印小写，而大写要求持票人自己填入，或者违反规定在金额压制时不顶格，而留有空隙，为同伙变造创造机会。

作废汇票

该类汇票曾经有效，但现已失效。由于付款人和有关关系人未履行对此票收回、销毁义务，或由于工作疏忽，该作废汇票持留在某些别有用心者的手中，被骗子利用。骗子往往不轻易出示正本，而是先以复印件试探虚实。有的还伪造合同等证明文件，以证明该汇票的真实性。

冒用他人票据

最常见的是冒用他人已挂失的旅行支票。骗子模仿票据所有人的签字笔迹，危害性很大，往往还不易被发现。

不论是常见的银行汇票、承兑汇票，还是电汇、信汇等其他种类的银行票据，对其真伪的判断，最保险的是到银行查询，所花时间不长，且是免费服务。

二、伪造票据

1．伪造印章

北京的胡某，曾被判刑20年，狱中脱逃。这人老谋深算，常常自诩"一万个人中也找不到一个我这样的脑袋"。在一系列抢劫、诈骗案中，他都只是策划，很少抛头露面。为了精心策划京城诈骗案，他还专门研究了一些金融管理的书籍，然后交由沈某和徐某等人去实施。

等待出国的杨小姐感到无聊，独自到新桥饭店三宝乐吃饭，被徐某等人相中。他们自称是广东华侨总社在京公司的，想高薪聘个女职员接接电话跑跑银行，问她愿不愿意。杨小姐想闲着没事，不如出去赚点钱，便答应。

过两天，徐某接杨小姐到德胜门外一家饭店，说这是他们的公司。接着带到王府井一家银行分理处，交代说："明天你上这二楼办汇票。"第二天一早，徐某把一张汇票和一个棕色皮工作证给杨小姐，一再教导办汇票的具体手续，连去第几个窗口、交多少手续费都讲到。杨小姐按照徐某的交代，拿着一张北京东安市场家电部的汇票委托书，到这家银行分理处办出票手续，将45.1万元汇到上海华联商厦照相机器材部，准备采购100台日产录像机，提款银行是上海黄浦银行分理处。

上海某银行入账时，发现东安市场家电部的账面上没有那么多款，相差近20万元。再仔细检查一下，发现委托书的印章是伪造的。但报案后查起来并不容易。北京这家分理处位于繁华的王府井商业街，业务十分繁忙。经办人员无暇去观察每个客户的长相，无法向警方提供办汇票委托书的女青年的面貌特征。

尽管如此，胡某等诈骗团伙最终还是落网，并查出这骗子曾经在海淀区两家银行分理处，以同样手段伪造了61.2万和43万元的汇票，从上海某电器公司骗走100台日产录像机。他们还用伪造的委托付款单，从北京某实业公司诈骗录像机100台，从珠海某新技术开发公司诈骗录像机20台。

在这个诈骗案中，胡某始终躲在幕后。他的脑袋确有可能属于万分之一的聪明，但中国太大了，他之外还有多少个万分之一？不过，如果说每万人中就有9999个可能受他骗，那已经够可怕了！

2．伪造签名

工商银行西安分行党委办公室秘书刘某，分管该分行西部大厦工作组报销会议费用，竟虚构会议费用情况报告，又模仿该分行行长和党委办公室主任的笔迹，在报告上签署审批意见和签名，然后用这假报告在该行财务室领取空白转账支票，填写金额。

他先后51次将分行行政经费183万元转至西安第二服装公司锦绣服装百货商店的账上，再用该商店提供的空白发票，通过他人加盖中国人民解放军总后某招待所的印章，在单位财务室报销。所骗出的钱，用于同性恋挥霍。

一项大型地区性医学会议首次在港举办。主办人是香港大学医学院内科系副教授何某，护士胡某协助这个会议的筹备工作，并负责处理会议支票付款事宜。没想到，胡某竟然在3张会议支票上伪造何医生的签名，从会议账户盗窃16.8万元港币。

3．伪造印鉴

北京西城的徐某，到黑龙江大庆投资办养猪场，认识了工商银行大庆龙南支行龙源分理处主任高某。高某见徐某朋友多，联系广，很有能力，便说："徐总，你能不能给我拉点存款？"徐某马上应承下来，但提出条件："存款打入后，我要用一笔款炒股。股市我消息灵通，几天就能成倍盈利。"高某问："几天内本钱能回来吗？"徐某说不成问题，保证能堵上这个窟窿。于是，他们决定冒一次险。

由徐某牵线的大庆长恒投资有限公司将6000万元存入龙源分理处。徐某的副经理余某带着仿制的印章来到大庆，给高某好处费20万元，另外给他一个手机以便联系。第二天一早，高某拿来两张汇票，让徐某盖上大庆长恒投资有限公司仿真印章和夏某仿真名章，并冒充会计在汇票上签字。之后，高某急匆匆回分理处，让分理处工作人员张某将大庆长恒投资有限公司存入的6000万元打出4900万元，马上分别汇入北京嘉毅盛源经贸有限公司和北京兴泰基业经济发展有限公司的账上，并一再叮嘱：企业着急，要办加急电汇。高某一直等着办完，才放心离去。

好在张某事后安下心来仔细核对，意外发现回单底联上的印鉴与大庆长恒投资有限公司账户预留印鉴卡不符。她马上向高某汇报。高某说："别着急，我找长恒公司换印鉴。"一直拖到下午，高某才领一个人来分理处。行领导发现，马上过问。高某便私自将真印鉴卡抽出，把假印鉴卡放到会计前台。行领导反复验证，很快发现问题。警方也迅速介入，及时追回款项，并从边境线上将徐某这个大骗子逮回来。

幸好"吃里扒外"的人并不多！

4．伪造电汇凭证

四川仁寿的钟某和湖南桃源的游某，从电视导购节目中得知上海、厦门、广州、潮阳4家有关厂商的联系方式，便虚构武昌有线电视台购物有限公司、湖北有线电视台新生活电视购物有限公司的名目，骗取4家厂商货物价值10多万元。警方查实，钟某、游某使用的电汇单经过涂改，即先开小额银行汇单，再用涂改液将其中有关数据改大。订货单上的公章，是找人私刻的。

福建安溪的苏某等人，利用伪造的身份证，自称石狮某商行或某公司老板，在石狮市区租私房，配齐电话和传真机，开办假公司。然后到广东、浙江等地收集数以千计的客商名片，按名片四处打电话，以购货为由传真去伪造的银行电汇凭证，使对方误以为已汇款，迅速发货。等货主发现受骗，他们已人去楼空，又在另一个地方以另一家公司的名义进行诈骗。他们先后作案16起，骗得广东、浙江等地客户价值40多万元的货物。

河南杞县的葛某，高中毕业考入某学院读应用电子专业，对电脑苦心钻研，可他将聪明才智都用到歪道上。他跑到南京，在水西门附近骗取李某的身份证，用此证租房，而真正住的却是在下关杨家花园某旅社。又置办传真机、手机等通讯设备，从《全国电子商情》中挑出北京、广州等地的7家公司，自称是江苏某设计院的工作人员，将伪造的各种单据通过传真机发给他们，将货物骗到他指定的地点。然后，再通过网络将骗来的货低价卖出，一切都在双方未见面的情况下完成。

传真的功能有二：一是快捷，二是真实，但人们偏偏容易忽略其二。

5．伪造系列证件

浙江宁波教委教育基金会出纳杨某，伙同陈某，由陈某携带伪造的有关文件和身份证，以宁波海曙区机关联合工会的名义，从有关单位骗取组织机构代码证、开户许可证，在工行鼓楼支行开设该联合工会账户，购买现金支票、进账单等，填写4张宁波市海曙区机关联合工会的现金支票，金额达187万元，并伪造提取现金的有关证明，分4次到工行鼓楼支行骗取提取现金审批手续。

陈某使用由杨某盖上伪造印鉴的转账支票，将宁波慈善总会在银行账户上的195.8万元转入宁波市海曙区机关联合工会账户，又以发放特困救济金名义，利用已审批的4张现金支票提取现金187万元。杨某分得赃款115万元，陈某分得72万元。

杨某做生意亏了本，确实需要救济，但如此伸手也太不“慈善”了。

6.“周末支票”

上海一些骗子利用商店急于做成大生意的心理，星期四到店家“看样订货”，要求星期五送货上门，并开出“支票”。成交后，商店在星期一把支票解入银行时却遭退票。等找上门时，他们已人去楼空，钱物俱失。

如上海香江家具城奥迪斯家具厂专柜，来了两个自称是海龙宫海鲜大酒楼的工作人员，声称要做一笔近5万元的大买卖，哪知是骗子。刘某和张某见商家上钩，私刻“上海市海龙宫海鲜大酒楼财务专用章”和姚某的私章，购买上海城市合作银行空白支票一张。1月9日（星期六）、10日（星期日）晚，奥迪斯家具厂分两次将货运至“海龙宫”。刘某和张某收货后，用盖私刻印章的支票支付货款，打发走商家，随即将这批家具以“跳楼价”卖出。1月12日（星期一），奥迪斯家具厂将支票解入银行，因“存款不足、印鉴不符”遭退票。

张某和于某等人的诈骗方法如出一辙。他们租下一个办公室，伪造“上海顺达科技工程发展总公司”的法人营业执照，私刻全套公章，化名“陈晓刚”，以开会购礼品及公司办公室需要为由，在星期五打电话或上门联系订货，约请商家先送样品，承诺用银行支票、汇票或现金结算货款。商家真的送货上门，他们用假支票、假汇票应付。等被骗商家星期一将支票解入银行后发现被骗，他们人去楼空。经查，这两个骗子从多家公司骗得手机、计算机等价值6万余元。

又如广州佛山的谢某，与某医药公司签订协议，承包其销售部，然后同黑龙江、海南、广西等地的41家制药企业订购400多万元货，周五下午开出空头支票，到周一被发现时逃之夭夭，受骗企业不断到某医药公司要求赔款。

只知时尚“假日经济”，没想到还有人发明了“假日诈骗”。

7. 假借他人之手

沈阳的宁某，想在连州至广州的线路上投资3台大客车，资金不足。

广东搞过个体客运的陈某，答应帮忙，说能通过朋友帮宁某开出银行承兑汇票，但有个条件：在开票前要交15万元，在对方银行查询时再交20万元。宁某先交给陈某20万元，其中15万元用于开银行承兑汇票，5万元代付营运线路费。然后，宁某到合肥与某汽车有限公司签订3台客车的购销合同。

陈某在河源开出一张498万元的银行承兑汇票，交给宁某，并多次叮嘱他要在7月14日（周五）下午4点之前将汇票交给汽车公司，并要在周六准备好20万元现金，以便他及时返回，用这20万元办理银行498万元承兑汇票的查询事宜。宁某按时将汇票送到汽车公司。但汽车公司送票到银行，发现这汇票是假的。

俚语说“抓别人的指头去撩火”，说的就是这类骗子。

8．安排假证

浙江宁海某公司经理朱某，带着新任副经理潘某到永嘉化工厂，购货7万余元，如约付款。不久，朱某和潘某又到该厂，签订100万元的购货合同，约定20天付款，当即提货10万元。但这次拖过付款期，潘某才带一张15.7万元的商业承兑汇票来付前批货款，另带宁海桥头胡镇煤炭经营部经理程某一张10万元的商业承兑汇票新购一批化工原料，两张汇票均有宁海农行的承诺书。

永嘉化工厂销售科长陈某拿起汇票仔细查看。见此，潘某建议说：“如果不放心，可以打电话问问！”说着还提供一个宁海农行的电话号码。陈某按这电话挂去，得到肯定的回答，但他还是不放心，派人拿着汇票和承诺书到当地银行询问，回答也是肯定的。于是，永嘉化工厂收了潘某的汇票，给程某发货9.2万元。

后来，程某带一张35万元的汇票和农行承诺书，又一次到永嘉化工厂提货。财务科长林某很怀疑，暗中通过宁海114查询电话号码，向宁海农行了解，结果对方不承认这张汇票及承诺书。林科长当场责问：“宁海农行不承认，这是怎么回事？”程某说：“我去问问他们。”说着溜之大吉。化工厂立即报案。

经查，3张汇票和承诺书均属伪造。汇票上的付款单位宁海桥头胡镇煤炭公司是个皮包公司，早已关闭，在汇票上盖着大印章的公司经理胡某早已逃之夭夭。而他们提供的宁海农行电话，是他们安排好的。直到5年后，才相继抓到这伙骗子。

骗子会精心安排他们的后路，如电话查询、逃跑路途等等，唯独忽略最后的归宿。

9. 调包汇票

山东烟台洪展实业公司设在韩国的株式商社，要从阿联酋购进价值150万美元的复炼乳状油，香港代理商要求预交30%的订金。因其韩国商社没有足够的外汇，只好请总公司调节兑换。于是，董事长吴某四方求援。青岛的同学单某说，他有个广州朋友林某，可以按国家牌价兑换50万美金。吴某按照对方的要求验资，从烟台农行开出一张415万元的汇票，经单某传真发往广州。

广州的林某与港商周老板到青岛，吴某如约赶往，将汇票亲手递给对方。周老板接过一看，认定汇票真实无误，但还是谨慎地说："吴老板，咱生意人凡事讲究信誉。我回去立即筹集50万美金，划到你指定的香港金城银行。等你的代理商见到款项入账，你再把汇票给我。"吴某问用什么方式给汇票。周某说:"我房间有个保险柜，咱俩各设4位密码，将汇票放进去，然后双方各派一人守着。等我50万美金到位，你再说出你的密码，由我的秘书开柜取汇票。"吴某没异议，顺手找一个酒店的信封，当众将汇票装进去。周老板打开吧台下的保险柜门，请吴某先设密码。然后自己蹲下身。不料，他鼓捣半天锁不上，对吴某说："你帮忙看看出啥问题。"吴某随手将信封往吧台上一放,俯下身去仔细查找保险柜的毛病。就在此时，周某起身，将伪造汇票掏出来，与那张装在信封里的汇票调包。吴某调理好保险柜，将信封放进去，毫无戒意地上锁。

周某回广州后来电话，说他筹措的50万美金已到银行。到双方协议的最后时限，周某还准时给吴某打电话，说会计正在银行办理转账划款，估计要12点才能办理完。守保险柜的孙某在旁听了电话，说是身体不舒服要去药店。吴某的司机连忙陪他去。孙某一计不成又生一计，说要买包香烟，一去就没踪影。吴某耐着性子等到中午12时，忙给周某打电话，可连拨几次都关机。吴某感到不妙，叫保安人员将保险柜打开，看有张汇票在那就放心，又锁上，找单某通过广州林某找香港周老板。

第二天上午，林某回话说："昨天上午，周老板划款时，营业厅的计算机突然发生故障，所以没有办好，请再等一天时间，我保证兑现。"吴某只好再耐着性子等。但是想与周老板通话，他仍然关机，林某则一直忙音。至此，他才清醒，重新打开保险柜，拿出汇票仔细看，发现这并不是他的。

不久查明，吴某那张汇票早已在广东佛山被解付，并支出人民币180万元。解付人是做生意的梁某。梁某为了做资金生意，买下建兴贸易公司的营业执照、财务专章、法人公章以及法证等一套完整的假手续，在农行河宕分理处开设账户，主要做汇票解付、转账、调汇等资金生意。而香港周老板是个大骗子，真名叫黎某，长年居住北京。

看似最保险的地方，往往最不保险。

10．伪造国外汇票

梁某等四人，伪造出入境身份证、美国亚洲银行的巨额汇票和美国柏发公司的授权书等材料，以外商的身份，流窜全国各地，利用一些公司引资迫切的心理，骗取兑现汇票的先期费用。

梁某等与河北黄骅瑞迪欧传媒开发公司签订协议，承诺投资3000万美元，并带来美国亚洲银行新加坡分行开出的350万美元汇票，要求付给投资先期费用80万元人民币。对方同意支付该金额，但在支付时间上有分歧。

梁某等要求先看到80万元人民币再办托收，瑞迪公司则要求先办理托收再付现金。争执中，瑞迪公司职员王某、赵某感到其中可能有诈，便找沧州中行鉴定，发现这汇票是假的，向警方报案。警方查知这伙骗子还有以下劣迹：

——用日本东海银行美国三藩市分行开出的150万美元的假汇票，以提取投资先期费用的手段，骗取贵州遵义三山水泥厂人民币60万元。

——他们与湖北黄冈中国陶瓷业总公司签订协议书，以日本东海银行美国纽约分行开出的200万美元的假汇票行骗，因对方要求汇票款项到位后再付先期费用，诈骗未得逞。

——与湖北宜昌市政实业有限公司签订协议，以美国亚洲银行开出的350万美元假汇票行骗，因当地银行不办理托收而告吹。

——以日本东京银行美国纽约分行开出200万美元的假汇票，骗取河北保定易猎枪厂现金40万元人民币。

月亮并非外国的比中国的更圆，票据也不见得外国的比中国的更好伪造。

防诈骗实用指南

- 票据也是钱，可得辨仔细。
- 相关证件也必须辨明真伪，连相关人员都有可能是骗子的同伙。

三、空头支票

1. “著名企业家”负债经营

上海的吴某从技校毕业，分配到向阳玩具厂当工人。后来，他下海，在松江注册成立雄恒公司。这时，一个同学向他借款，许诺说：“你借给我120万做金属生意，一星期后我给你2000元利息。”吴某想：与其借给他，不如自己做。就这样，吴某闯人铝锭市场。在短短5年时间里，一跃成为铝锭市场的亿万富翁，获得“市十大私营企业家”等荣誉称号。

而司法审计表明，当年松江县新发私营经济区仅收1万元手续费，就为吴某注册资金百万元的雄恒公司。他的其他公司，也如法炮制。他采用“空转回购”、“高进低出”等手段套用50多家客户的货款，进行“负债经营”，即先与被骗单位商定融资意向，后由吴某的一家私营公司按约定价格将铝锭虚销给对方，收取对应货款。同时，他又让他的另一家私营公司加价购回。实际上，先后两份购销合同所对应的货物，有的在仓库原地不动，有的甚至子虚乌有。另一方看到有利可图，也就放心将资金划出。吴某利用两份购销合同的时间差，骗取他方钱款。

人们怎么会放心把几千万甚至上亿元的资金划给吴某呢？有关部门在调查处理中注意到：一些负有管理、监督、评审乃至宣传等职能的单位和所谓的客户，为这出丑剧起了推波助澜的作用。沪北仓库业务二科副科长张某，为吴某制作1.55万吨假提货单，实际上仓库无货可提。江苏澄达集团公司，一次投入资金数千万元，每次都拿到差价利润，几年获得2000多万元，但他们最后一次被骗6500万元。某“农投”公司为利，轻信谎言，短短一周内，在不要求吴某交付铝锭的情况下，动用财政专项拨款，最终1亿元全部被骗。

对于企业间的融资活动，国家明令禁止。违规给了骗子可乘之机，给受骗者带来了惨重的损失。

2. 专业公司购货

浙江黄岩的牟某，到上海租金昂贵的北京西路605弄57号嘉发大厦A幢8楼G座租店，开办崇原公司，但生意不好，欠债越来越多，便找来懂电脑的朋友凌某和包某，请他帮忙“借鸡生蛋”。

凌某等人以仲赢印务技术有限公司的名义，给上海华清企业发展有限公司京科分公司挂电话，要求订购12台电脑兼容机。这张送上门的订单虽不大，但在竞争激烈的电脑销售行业仍属可贵，于是京科公司迅速备货，由部门经理吴某亲自送到仲赢公司，当场收取货款支票。

但公司财务人员把这张汇票拿到银行兑现，却被告知是一张空头支票。吴某不敢相信，立即赶到送货地点，仲赢公司的影子也没有。问牟某，牟某说他们办公房租给仲赢公司，该公司支付房租的支票也是废票。静安公安分局经侦支队后来发现，这牟某与凌某等人是一伙的。牟某与凌某虚拟一份租房协议骗警方，分赃两套电脑。

牟某还能预谋骗警方，似乎比其他骗子高一筹，只是高不过警方。

3. “高干子弟”的便宜货

山东烟台的邢某，办一皮包公司，到处冒充高干子弟，这边说“我是某省长的私生子。你想要汽油的话，我打个电话，绝对是一级油，价钱随便”，那边又说：“你要钢材吗？我是中央某首长的侄子，国内最便宜的价格，进口钢材也好说。”

为了让人相信，他进行全方位的包装：3万元一套的登喜路西服，近万元的皮带，抽中华牌香烟，打火机也用8000元一个的，还租用高级轿车、包了高档宾馆。他父亲居然全力支持。在别人面前，邢某把父亲称作叔叔，他也点头认可。

邢某来到福山区某石油公司，找业务员邹某说：“我要50吨柴油，打点关系用，价钱你说了算。”邹某早闻邢某大名，就按牌价给他。邢某签支票时，故意多划2000元，说是“一点小意思”。此后邢某来买油，每次都出手大方，当场兑现，而且暗地里送给邹某个人2万多元。后来邢某又找邹某：“这次我要400吨0号柴油。这是支票，你随便开！”邹某丝毫没有怀疑，就把提货单交给邢某。几天后，油提光了，支票却被顶回来，因为是空头支票。但邹某因害怕被处分，迟迟不敢向单位汇报。

邢某将骗来的油以极低的价出手，让人们对他“高干子弟”的身份深信不疑。在不到两年的时间里，邢某骗得山东某石油公司、某银行芝罘区西郊办事处、文登市某信用社等单位550多万元。对于这些骗来的钱，邢某挥金如土。他在烟台有处住宅，却长期在本埠几家高级宾馆包租房间，长年租用高级轿车，吃喝嫖赌，20多天就挥霍30余万元。案发后，仅追回100多万元赃款赃物。

如果邢某真是“高干子弟”，这空头支票就会变真吗？

4. 富婆订货

在贷款诈骗案例中介绍那个“借花献佛”的陈某，到上海某友谊商店珠宝柜台前，对吴老板说：她投资500万美元的小莲假日酒店过段时间要开个大型招商会，现在来订做一套豪华的首饰，要在这个招商会上显示一下实力，价格不谈，但质量一定要好。

吴老板连夜设计，遂带6颗金刚钻上门征求意见。陈某同意设计，并选一粒2.02克拉的宝石做钻，另一粒1.22克拉的钻做挂件。吴某要她先付3万元，作为这20万元首饰的订金。陈某不高兴："你连我这种人都不放心？"

到交货的时候，陈某爽快地开一张20万元的支票。但拿到银行兑现不了，因为是空头支票。再找陈某，鬼影子也不见。

警方查知，陈某手头实在没钱，只好将这些首饰仅以5万元人民币送进当铺。

陈某没有第三次骗吴某，似乎发了善心，终于"功德圆满"。

防诈骗实用指南

- "空头支票"早成为人们的口头禅，那意义不用我解释，但在实际生活中往往忽略。支票是不是空额，只要查核，不难明了。
- 违规给了骗子可乘之机，给受骗者带来了惨重的损失。

四、盗用公司（单位）名义

1. 出纳偷配会计钥匙

贵阳市土地登记处的年轻女出纳陈某，迷上了泡吧、上舞厅、买时装，很快感到工资有限，注意上手中经办的公款。有天上班时，同办公室的会计老大姐因有点急事外出，怕有人来找她盖章开票，临走时顺手将自己的钥匙交给陈某，万一有事请她代劳。没想到陈某竟然抓起这串钥匙跑到楼下偷配一把。后来，她利用这把钥匙偷偷在银行支票上盖章，偷填金额，偷取单位的款项。开始时，挪用公款64.5万元。

为掩盖犯罪事实，她先后38次采用“小头大尾”、不提现金而只填现金支票存根金额及私自存入现金等方法，归还单位17.5万元。为防备银行与单位对账，她还私刻一枚“交通银行贵阳分行瑞金支行转讫”的三角章，采用后款还前款，以打时间差和不缴存的手段，先后4次伪造土地登记处上缴财政专用的“一般缴款书”，共计金额74万余元，交给会计做账。

挪用出来的公款，除高消费外，陈某伙同男朋友投资开个“麻辣烫”小吃店，一边继续挪用，一边积攒点归还。单位从来不对账，一切风平浪静。直到贵阳市财政局综合计划处出纳员许某同情夫贪污公款7272万元的惊天大案败露后，贵阳市委、市政府发出“关于加强机关纪律，整顿机关作风”的通知，要求各单位采取积极措施，查漏补缺，在这种情况下，陈某的罪行才暴露出来。案发后，陈某虽能积极退赃，仍有35.2万元公款无法追回。

人们常说能够做同事也是一种缘分。骗子对于这种缘分也不轻易浪费。

2. 出纳兼会计

内蒙古广播电视厅办公室出纳康某，是个单纯、朴实的姑娘。单位将5个银行账户工作都交给她，同时将会计名章、专用章也交由她保管。这就意味着身为出纳员的康某，除了签发报销的权力，其余的财务大权都有。

康某天天和钱打交道，慢慢对钞票产生特别兴趣。她自填两张现金支票，从银行取出2000元公款装入自己的包里。一个月过去，领导和同事们仍然那般信任她，她便又私取1000元。后来，她加快了“致富”的步伐。

结婚后，一笔又一笔的现金继续从单位的账户流向康某家中。她曾暗暗将1.1万元补回单位账户，但更多还是流出。她把每一笔钱都交给丈夫，说是与别人做买卖赚的。丈夫也就心安理得地挥霍。呼和浩特各大高档饭店、歌舞厅，无不留下他的足迹，还买了小车、两辆高档气派的摩托车，房子豪华装修，现代化电器全有，还有13件高档皮衣、19件白金首饰、13件黄金首饰。

康某挪用公款案件暴露后，同事们第一个反应是问“是不是搞错了”？因为她自己平常言语不多，衣着打扮一般，没有挥霍的现象。然而，检察机关查证她挪用公款317万元。

对官员来说，不受约束的权力必然导致腐败。对职员也一样，尽管他们的品质原本有多好。

3. 出纳涂改发票

中央电视台《今日说法》报道，山东潍坊城市建设综合开发公司的出纳员丁某(违规的现金出纳兼银行出纳)，是单位团委书记，曾获潍坊市“青年突击手”称号，荣誉证书有一大摞。然而，她利用职务上的便利，采取用现金支票、银行本票、提取现金不入账或少入账、用转账支票将公款转存到个人信用卡或银行存折等很简单的方式大肆贪污，工作6年中有5年半在贪污。

丁某认识交通银行潍坊市分行信贷科的刘某，可谓“志同道合”，一边谈婚恋一边谋划贪污。丁某把公款以她或刘某的名义挪下来，转到他们夫妇私人账户。他们还采用过涂改发票的方式贪污，一张600元的餐费发票被改为53600元，一张2000元的发票被改为20万元。这些发票不可能经过合法途径报销，丁某便做假账。最多时一天作案4起，一次最多提取公款45万元。有一个月作案达10起，提取公款144万元，平均3天一次，每天4万元。潍坊市检察院组织60多名会计进行认真的清查，认定她先后私自支出单位银行存款248笔，共计1078万元。

骗到公款，丁某和刘某挥金如土。婚礼上鲜花瓣儿就扔掉3000多元，烟酒9万多元，旅游住的是总统套房。他们家里不亚于一个高档商场，没有低档的东西，全部是名牌。由于贪污的数额越来越大，又赶上公司急需大笔资金，丁某慌了，潜逃上海。

丁某和刘某最终受到法律制裁。有意思的是，刘某对记者说：“我觉得我没跟她(丁某)犯罪，我觉得我是被她(丁某)欺骗的。”记者问：“你改过发票吗？”刘某说：“有啊，有这种事情。她(丁某)让我偷改发票，我就给她改了。”

《笑林广记》有个笑话：钟馗专好吃鬼，其妹给他送寿礼，单上写道：“酒一坛，鬼两个，送与哥哥做点剁。哥哥若嫌礼物少，连挑担的是三个。”钟馗看完，叫左右将三个鬼都送厨房烹杀。担上的鬼对挑担的鬼叹道：“我们死是本该的，你何苦来挑这担子？”刘某可是这种挑担鬼？

4. 财务科长兼出纳

贵州林东矿务局总机厂财务科长金某，儿子吸毒，每周要吸掉七八百元，在外面欠下一屁股债。金某取出家中多年的积蓄，一笔笔替他还，很快用空家当。为了帮儿子戒毒，她从单位货款中挪用2万元。她带着儿子去西双版纳散心，到戒毒所戒毒，四处求医问药。可这不争气的儿子总是戒了又吸。家里的钱花光了，挪用的公款也花光，她自己的心态也完全变了。

金某调来十几年，厂长换了一个又一个，但从来没有谁在工作上挑过她的毛病。在所有认识她的人当中，特别是在财务科里，没有谁不信任她、不尊重她。她的人品和工作总是那么让人放心。她入党，提科长。但与此同时，她对公款爱得疯狂。本来由出纳员负责的存取款工作，她常常代劳，主动帮忙。厂里的存款账户设在市区银行，去一次很不方便。每当出纳员因这样或那样的原因去不了或不想去时，她就主动揽下。出纳员心想，财务科长多干点也是应该的，索性将这工作让给她。后来，调一个年轻姑娘接替出纳，业务不熟。金某说：“没关系，我先替你干着，等业务熟悉了再交给你。”

就这样，金某恣意支配公款。她把私自截留下来的现金支票盖上由自己保管的法人代表印章，又顺手拿来人人都可以拿到的财务专用章盖上，在支票填上自己想要的金额。至案发，她先后25次将单位的568万元提取私用，还利用代出纳员到银行取工资、备用资金的机会，从出纳手中取得空白现金支票，采取“大头小尾”的方式，47次将121.5万元占为己有。

金某贪污这么多钱干什么？说来可笑。检察官到她家搜查时，看到令人不可思议的场面：家里晦暗肮脏，陈旧的家具上积满尘埃，吃的用的穿的胡乱堆放，地上鞋袜随处可见。但是从废报纸堆里、台灯座下、床底下搜出现金15.7万元、银行存单28.9万元、国库券13.8万元，有些钱已经霉烂得连银行的验钞机也辨不出真伪。金某常到贵阳疯狂地购物，光发票说明金额的就有170余件计12.8万元，可是买来的珠宝首饰全都没有戴过，买的、做的衣服，布料，被揉得像烂菜叶一样皱巴巴，早已没有原样。

金某的丈夫是某医院院长，也收过不少病人家属送的高档烟酒和其他礼品，有的“红包”还没拆开。他交代说：“开始她从单位拿钱回家主要是为了还儿子欠下的毒债，想等有钱了再还。后来她拿回的钱越来越多，又没人知道，我也就没问这件事了，只觉得钱放在家里用起来方便，但又不敢拿到银行去存……”

终究会有人知道的。林东矿务局总机厂财务科另一名会计在与外县一矿区对账时，发现三年前对方交来一笔购货款在本厂的账上没有记录。对方很快又找出当年由金某开出的这笔收款凭条，于是东窗事发。

看来，金钱可令人变态。

5. 业务员代理法人代表

福建漳州新浦经济开发区有限公司总经理王某，拟成立一家的士出租公司，但手头缺资金，便找该市耀盛皮件厂业务员杨某，想以该厂的名义向银行申请承兑汇票，事成之后送两部的士给杨某经营。杨某同意。

王某填写一份新浦公司与耀盛皮件厂签订购买提花布的虚假合同，杨某则利用工作之便，瞒着法人代表苏某，擅自在王某提供的购销合同上盖耀盛皮件厂的公章和苏某的私章。然后，杨某以虚假的合同等资料向农业银行漳州市芗城支行申请承兑汇票，王某则以其经营的新华针织服装厂做担保，与农行签订《保证担保借款合同》，得到100万元的承兑汇票。王某将这张汇票拿到工商银行漳州分行营业部申请贴现，并以转账、电汇和开具现金支票等方式提取现金96万元，其中30万元给杨某。

耀盛皮件厂注册资金仅8万元，却背上100万元的冤枉债。法人代表苏某发现后，立即报案。

这也是一种篡权方式。

6. 内外勾结偷转账

成都某新成立的三资企业，财务管理没走上正轨。该公司会计柏某，与朋友颜某谈起此事，决定趁机弄些钱。柏某将公司的开户银行及账号告诉颜某。

不久，颜某搞来该银行省分行印制的两张转账支票。柏某将这支票带到公司，盖上财务专用章，并提供在银行业务部预留的周某和李某印鉴纸样。颜某找人私刻周某和李某的印章，然后以该公司支付成都青羊区创意部装修工程款的名义转款58万元。

颜某骗得那58万元就逃跑，分文没有分赃，这让柏某觉得很不平。于是，她找同学王某，如法炮制，又骗得583658元。当天，她分赃辞职。尽管银行一直及时提供对账单，这家公司在柏某离开几个月后还不知被人骗走110多万元。

家贼已是难防，再有外应，简直防不胜防。

7. 冒充公司职员

浙江天台的龚某，曾因盗窃罪、流氓罪和寻衅滋事被劳教。湖南邵阳的匡某，曾因吸毒被处劳教。两人在劳教释放后一起混迹于上海滩。一个偶然的机会，他们同进康能公司。这是个皮包公司，他们决定利用这个公司行骗。

经人介绍，他们认识A公司的业务员詹某、业务部经理杨某及公司老总田某，得知湖南株洲化工集团公司尚欠A公司120万元货款，而湖南岳阳鹰山石化又欠株化公司的货款。龚某、匡某称可以帮A公司的忙，把株化欠A公司的120万元货款从鹰化转过来，条件是这笔货款先转到康能公司，由康能公司以发焦炭形式支付给A公司。A公司正愁这笔钱怎么讨，马上同意。

A公司特地派人到上海对康能公司的情况进行考察，认为公司是个有实力、有信誉的大集团公司。为表示诚意，A公司承诺康能公司提供的焦炭可以略高于市场价。A公司与龚某、匡某签订合同，康能公司把120万元货款以发焦炭形式发还给A公司，龚某、匡某发给A公司价值4.5万元的焦炭。然后，龚某、匡某以康能公司名义同株化、A公司签订三方抹账协议，并从A公司及株化公司取得转账财务证明。随即，龚某、匡某通过鹰化公司转出120万元承兑汇票。

然而，龚某、匡某以焦炭价格上升为由拒发焦炭，将15万元现汇及30万元商业汇票(经查是废票)给A公司，承诺余款用其他方式偿还。此后，A公司再也无法与龚某、匡某联系。到上海康能公司去找，其总部早已人去楼空。下属十几个分公司，一个也未找着。找到几个在康能公司干过的人，但他们对龚某、匡某一无所知。被骗的120万元货款已被瓜分，用于吸毒、赌博及还债。到落网时，他们已身无分文。

急病乱投医，给庸医平添发财的机会。

防诈骗实用指南

- 提防你的财务人员沦为“家贼”！
- 钥匙、公章之类重要物品，不可由同事代劳。

五、收票不付货

福建安溪农民陈某，自称广东客商，在厦门注册成立空壳公司“意利高”，谎称有一批聚乙烯要出手，广泛散发商业信函。在西北的新疆梧柚塑料厂余厂长收到这商函，发现差价有一两万，觉得是桩好生意，只可惜自己资金不足，便找新疆昌吉市五家渠经贸公司经理高某商量，决定由梧柚塑料厂出面和厦门意利高公司签合同，银信经贸公司筹资280万元，合伙做这笔生意。

余厂长和高经理亲自到厦门，经过一番讨价还价，签订合同。高经理掏出一张20万元的汇票给陈某作办理运输费用。陈某请他把货款也一起付。余厂长不同意，说要一手交钱一手交货，争执不下。早在此前，陈某已悄悄跟高经理许诺过，只要促成这笔生意，就会给他10万元回扣，所以高经理圆场说："要不然这样吧，你先替我们办好运输手续，看到铁路的运货单，我们就把货款交给你。这汇票我们先解付了，汇到你们公司的户头。"双方同意。

要搞铁路运货单本来也不容易。陈某找到同乡谢某，请他办一张高某的假身份证，先将20万元汇票解出来，再去办铁路运货单，事成之后给他15%好处费。谢某拉来常跟铁路部门打交道的张某，一起找安溪某火车站站长。站长说，按规定没有货是不能开铁路运货单的。他们软磨硬泡，站长考虑到车站创收，勉强同意。

陈某将铁路运货单交给两位冰山上的来客，换得230万元的汇票。接着，由谢某出面到安溪某银行解汇，将230万元转到信用社，然后取现。取钱时，信用社工作人员认出他，问："你不是谢某吗？怎么身份证叫高某？"谢某连忙说自己在厦门做生意，长期都用这个名字。但这个疑点仍然太大，惊动信用社主任。主任考虑到揽储任务，要求将这笔钱存在这里。谢某只得同意。但不久，他说是要做大笔生意，还是将这笔钱全部取走。

且说天山脚下的高经理等货等得不耐烦，却意外发现自己给陈某的汇票已被解汇，马上给仍在厦门催货的余厂长挂电话。余厂长给陈某挂电话。陈某安慰说："不要急嘛！货票就在我身上，再过几分钟才能给你送过去，你就在宾馆等我。"可是，到第二天也不见陈某的踪影。余厂长叫出租车找到意利高公司，那儿已经人去楼空。

一个好汉三个帮。骗子也如此。有的是入伙，如谢某和张某等，有的则只是捡些残羹冷炙，如这火车站和信用社，对骗子都是不可或缺的。

防诈骗实用指南

对骗子身边的人，也得多盯几眼。

六、比收款人更迅速的骗子

传真汇款是信用社的一种结算方式，这边将款存入信用社，信用社将汇款凭证传真到那边信用社，很快就完成结算，深受个体工商户的欢迎。

然而，浙江永嘉一些骗子却专门钻这方面的空子。他们在这边信用社柜面偷看汇款人填单，马上用电话通知收款地的骗子抢先一步，伪造身份证冒领这笔汇款。据警方调查，以朱某等人为首的特大诈骗犯罪团伙，交叉结伙,先后在浙江义乌及上海、天津、沈阳、武汉、南昌、哈尔滨、海南、株洲等地偷看信用社客户汇款，然后在义乌、永嘉、石狮、晋江、瑞安、常熟、上海、桐乡等地冒领巨款16起(不包括各地未汇总的)，成功13起，案值近100万元。

警方还披露，浙江永嘉的古庙、渠口两个乡，有那么一些人以诈骗为业，专门挖国家、集体和他人的墙脚，是全省闻名的“诈骗专业乡”。犯罪团伙成员之间虽然平时也勾心斗角，但更多是聚在一起“研究”作案方法和反侦查伎俩。如果其中一人不慎落网，其余同伙马上组成“公关小组”四处活动，花钱买“平安”；或继续作案，混淆视线，使警方对抓获的嫌疑人产生动摇。因此，该地一些人虽经当地和涉案地公安机关屡次打击，诈骗活动仍然时有发生。

骗子如果明了“唇亡齿寒”之理，发展为“诈骗专业县”也不难。

防诈骗实用指南

- 填写票据，最好也像在柜台一样与他人保持“一米线”，防止他人窥视。
- 骗子经常在这边信用社柜面偷看汇款人填单，马上用电话通知收款地的骗子抢先一步，伪造身份证冒领这笔汇款。

七、离奇的票据

《深圳法制报》发表一篇题为《陕西农民骗倒香港大亨》的通讯，揭露陕西一个农民用巨额假存单让一个香港大富翁受骗上了大当(参阅本书外币诈骗中的案例)。没想到，不久竟会有一个读者找该报社，要求见那位香港大富翁，因为他也有一张离奇的票据。

这位读者姓卢，四川人，在深圳经商十多年。在云南做烟草生意时，有位朋友带他到偏僻山村见一位80多岁的老太太。这老太太姓付，是马来西亚归侨。她负有一个神圣的使命：第二次世界大战结束后，为了保管战后余资，八国梅协专门从马来西亚挑选21位出身孤儿院的华人女性，要求这些女人终生不结婚，以生命来保管这些票据。付某是这21位女性之一，归八国梅协联合协商会代号为AKOO270的总管领导。这些老人都很爱国，想把这些财富弄回祖国。而要弄回这财富，首先要找有钱人从财力上资助。找这有钱人的任务，交给卢某这朋友。付某还给中央领导写了一封信，内容如下：

尊敬的×××阁下：

我们受原八国梅花联合协商会AKOO270总管的指派，到北京来向您反映梅协资产结算等有关情况，请您安排时间接见我们，在听取我们汇报并对我们所持有的结算票据进行认证认可的基础上，派员协助我们尽快向美国联邦储备银行进行清理和结算。

“二战”结束后，战争期间各国政府筹集的资金总共剩余3863亿美元，寄存在美国联邦储备银行，寄存期从1949年9月到1999年9月。

由于此笔资金是由美英法等国发起，多国为“二战”筹集的专项资金，所以从制票、保管到支配，都有它的独特性和特殊性，而且一切都在美国白宫的严密监控下进行，特别是战后余资票据的管理更为严密。21位马来西亚华人女性，为保管这些票据耗费了整整一生，其中3人为之献出了宝贵的生命。

这批资金的本金3863亿美元，已于1995年10月8日向联合国经济仲裁委员会申请诉讼保全，并且仍然要受到原八国政府的管理与约束。我们现在要结算的利息，直接由AK00270总管指挥使用的有1600亿美元。

AK00270总管和其他老人，从1931年进入中国至今，已经60多年。为感谢中国60多年的居留之情，她们愿拿出自己的全部生活费200亿美元和她们能够支配使用的利息1600亿美元的结算票据让我们办理，要我们尽快将这些资产拿回中国永久使用，为中国的现代化建设和华夏民族的振兴服务……

付××

一九九八年十一月十九

读这个案例，请与本书外币诈骗中巨额假存单的案例相结合，不同的是那个案例已由有关部门证伪，而这个案例尚未有人(其实，那封信上就有不少破绽) 证伪；相同的是：

一、都高扬着爱国的旗帜。

二、都找人去资助(投资)。

警惕啊，很讲政治又很想发财的国人!

防诈骗实用指南

- 现实生活中，确实常有一些令人感到不可思议的事。如果过于蹊跷，看看听听笑笑也罢，如果诱惑你掏钱，那么要警惕了。
- 特别警惕那种人：一、都高扬着爱国的旗帜。二、都找人去资助(投资)。

第七章

集资诈骗

一、趣话“集资”

所谓“集资”是指筹集用于经济活动的资金。稍大一些的经济活动就得集资，越大的经济活动需要越大的集资规模。

俚语说：“吃芝麻得蘸湿口水。”吃芝麻就相当于经济活动，口水相当于资金，蘸湿口水相当于集资。历史上，尽管经济不发达，民间还流传不少集资活动。在我的家乡就有好几种，比如：

1.助首会。参加者一般都是乡邻，集股多少，由首会自定，每股定额10元、20元、30元不等。每股只帮会首一次，不计利息。做首顺序，拈阄决定。按月或季偿还，直至还清。也有以此筹粮的米会，按年举办，定额5斗或一石。

2.标会。由会首发起，每集10—20人，每股定额由会首酌情而定，5元、10元、30元、50元。每月集会投标一次，谁的标息高，会款就给谁。

集资也是金融之意。“资”与“金”同义，“资金”合为一词。“集”是集合之意，“融”则指融合，也是同义，也有“融资”之词。

金融是现代经济的核心。美国资本主义的象征是金融荟萃之地华尔街，道琼斯股票的指数是世界经济晴雨表，格林斯潘的国际知名度比好多国家的元首还高。

现代企业离不开金融。过去，曾有“信贷科长领导下的厂长负责制”之说。在计划经济体制下，企业的资金来源只有银行，所以对于企业的兴衰，似乎银行信贷科长比厂长还重要。在市场经济条件下，企业资金来源渠道多了，但这多的无非是证券之类，厂长像孙悟空多了腾云驾雾的本事，可还离不开如来佛的手心——金融。

现代生活也离不开金融。一般人或多或少都在银行(包括信用社、邮政储蓄等有关机构)有储蓄，也就等于参与集资活动。因为，银行收储你的钱，并不放在金库里睡大觉，而是转借给别人（企业）从事经济建设。你出让这钱的使用权的报酬——利息，实际上可以说是有关企业支付的。如果你买债券、基金、股票，那是直接参与企业集资的行为。

如果是成年人，如果根本没有直接或间接地参与任何集资活动，你能想象那是一种怎样的人生吗?

如果说钱币诈骗、存单诈骗、银行卡诈骗之类只是走路不小心打个趔趄，顶多是骑自行车摔个倒的话，那么票据诈骗则是车祸，车毁人亡，惨不忍睹，而集资诈骗更惨，好比飞机失事，涉及百万千万元是家常便饭，上亿元也不少见，且难有生还。

集资诈骗的受害者有普通民众，包括亲朋好友，有很多大小企业，往往还祸及党政官员。各级各部门官员都想为发展当地经济做点实事，招商引资是重要工作之一。有人前来投资，有关官员甚至当地一、二把手都常会出面，奉为座上宾,哪料会是骗子！经济损失如果不算大事的话，丢尽面子可是令人又恼又羞的。

防诈骗实用指南

2009年5月7日，国家公安部发布提示，当前非法集资违法犯罪活动仍较突出，其手法不断花样翻新，仍需引起各地群众高度警惕。其特点：

一是以投资房地产为名的非法集资活动仍然多发。

二是以境外理财服务为名的集资活动仍屡打不止。

三是借投资墓地获高息及代理转让墓穴类为名的非法集资仍时有发生。

四是利用民间〝标会〞等传统形式的非法集资仍然存在。

公安机关提醒广大群众，要提高自身的甄别能力，谨慎投资。对社会上的投资项目要多渠道、多方位了解，特别要注意一些所谓的“零风险”、“高回报”的集资方式，不要心存幻想，应理性思考和面对因参与非法集资活动带来的风险。盲目参与非法集资活动，不受国家法律保护，极有可能造成血本无归的悲惨局面。

◆ 公安机关呼吁：要自觉抵制、远离非法集资活动。已经参与非法集资的人员要尽快脱离非法集资活动并主动报案，配合公安机关查清犯罪事实。

二、假银行

1.“中国国际银行”

河南巩县的刘某，曾供职于公安和政府机关，但因偷窃、诈骗被公安机关多次处罚、判刑。刑满释放回原籍，他纠集一些社会闲散人员，四处放风，说他有一笔海外资金无法进入中国，想成立一家民间银行。接着，伪造国务院批文等材料，流窜到开封、北京、西安等地，骗取许多人的信任。不久，中央有关部门对此有察觉，向各省市自治区下发紧急通知，刘某闻风而逃。风声过后，刘某在河南郑州成立“中国国际银行中原分行”，然后在郑州、广州、珠海、海南、深圳等地建立分行，以可成为“中国国际银行”的股东为诱饵，诈骗不明真相者的钱财。

刘某用一张伪造的美国花旗银行一年期期票(面额500万美元)作抵押，骗取上海华昌企业投资有限公司12.5万元人民币，受骗者报案。警方对刘某的宾馆客房进行搜查，在卫生间惯棚上查获大量文件，其中包括“中国国际银行筹委会”向中国人民银行总行的请示报告、中国银行总行国际结算部3亿美元的资金证明、世界联合基金会的委托书、“中国国际银行”章程等等。在一份申请人为刘某“关于组建中国国际银行的请示报告”中，还有三行字迹苍劲的手书：“同意设立该行，资金到位正式行文，即可注册组建。1996.元.26”，还赫然印有中华人民共和国国务院红彤彤的印章。

直到被捕，刘某仍然谎称早年投身革命，长期担任领导工作，离休前是部队的一位将军，与中央领导有着密切的接触，目前受有关高层领导的委托筹建中国国际银行，警方一定要“保密”。在审讯中，刘某还拍着胸脯担保自己所作所为都是合法的，只要资金到位即可组建银行。

骗子虽然没有杀人放火，但胆子并不比杀人放火的小。有几个敢造假造到国务院？又有几个敢在审讯的警官面前老三老四？

2.“中国万宝通银行”

温某和张某自称是“中国万宝通银行(总行)深圳分行筹建处”的，拿着中国人民银行批准的金融许可证和营业许可证副本复印件，到中国银行深圳市分行的营业厅，要求开设账户。受理业务的工作人员发现，这对男女出示的金融许可证等证件是伪造的，于是工作人员一边稳住这对男女，一边用电话跟中国人民银行总行联系。人行总行答复说，根本没有批准设立什么“中国万宝通银行”。中行有关人员立即报案，罗湖区南塘派出所民警马上出动，将他们带回派出所。

温某和张某交代，他们受雇于陈某。陈某在深圳向西某大厦13楼租房，作为“银行”活动场所。民警马上赶到向西，抓获正准备逃跑的陈某等人，并在其房内搜出私刻的“中国万宝通银行(总行)深圳分行筹建处”公章及财务章等。

陈某交代，钟某自称在北京设立“中国万宝通银行”总行，注册资金3亿美元，营业许可证等证件也已齐全，准备在全国各大城市设立8个分行，分行每年向总行交纳一定数额的资金。陈某觉得有利可图，纠合几个人，自任分行董事长，开始筹建深圳分行。已骗得一港商信任，答应在银行账号设立后，融资200万港币。

银行有句行话：“有账户就会有存款”，看来对假银行也适用。

3.“中国国际科技银行”

广州林某等人,伪造国务院关于同意成立“中国国际科技银行”的批文和国家工商局的营业执照，并私刻了银行公章，在广州筹建“中国国际科技银行华南分行”,在广州环市中路某大厦租用两间办公室,公开挂出筹建处的牌子，声称这是官助民办的股份制银行，在联合国注册，规模不受控制，全免税，以年息一分八至二分甚至更高的利息骗取存款。

4.“中华民族银行”

广东金元投资顾问有限公司法人何某等三人，以筹建“中华民族银行”的名义，先后与多家银行联系，打算非法融资。好在侦破及时，他们的诈骗未能得逞。

5.“美国创业集团贷款银行远东区代表处”

香港的张某和梁某，原本是做小生意的。他们认为，内地一些银行、企业和个人对外国银行知之甚少，但又迷信外国银行，有机可乘，便以注册过期的香港威煌集团的名义，租下广州市人民中路某中心大厦为办公地点，未经中国人民银行等有关部门审批，就以“美国创业集团贷款银行远东区代表处”的名义挂牌开展金融业务。

他们谎称，这个代表处开出的远期汇票，可以在内地的银行抵押贷款，也可以该银行的名义作担保，只要收取2.5万美元的开户费和8000美元的手续费。如果贷款成功，用款人向该代表处支付4%～8%的利息。这个假银行先后开出8张金额共1800万美元的假汇票、3份假担保函。

警方查获他们伪造的美国万国银行、加州银行、城市银行空白汇票12张，半成品一沓，以及用于作案的“美国创业集团贷款银行”、“远东区代表处”印章和制假工具一批。他们伪造的汇票工艺很差，纸质粗劣，用水轻轻一擦便会掉颜色，而且是不规范打印制作，明眼人一看就知是假，但对银行业务不熟的人还是可能上当受骗。

因为对银行外行的人太多了，因此骗子觉得没必要做得太真。

防诈骗实用指南

- 合法的银行都要经过国家银行业监督局、工商局等部门严格审查，并将颁发的审批证书高挂在每个服务网点的醒目之处。
- 每一个服务网也得经过严格审批。
- 如果没有挂出审批证件，不可相信。

三、私设其他金融机构

1. 私设基金会

蔡某，持香港身份证，曾是泉州市政协港澳委员、石狮市政协常委、福建石狮全家福集团公司董事长、石狮市商会(农村)基金会董事长。

但他未经中国人民银行批准，便以石狮商会(农村)合作基金会名义，采取高于同期银行利率的手段，向社会公众募集资金，共募得1900多万元人民币。

蔡某没有按基金会的章程操作，除贷出40万元、支付利息264.47万元和将部分作为赞助款外，其余存款全部由个人支配及挥霍，有804户计1309.77万元存款无法偿还。案发后，仅追回赃款168.67万元。

这骗子骗的远不只是储户。

2. 私设股金站

河南浚县的赵某等六人，合作创办经济实体。他们打着该县计经委的旗号，成立“浚县企业管理协会股金站”。随后，又相继在乡村成立分站。

他们在未经中国人民银行浚县支行批准，未取得《经营金融业务许可证》的情况下，以固定利率向社会吸收大量存款。中国人民银行浚县支行发现其非法吸收公众存款的活动后，曾明令停收股金、清理债权债务，但赵某等人置之不理。

当地人行将其有关印章21枚销毁，但赵某等人又通过不正当手段刻制有关印章29枚，继续吸收存款。至案发，他们共发展分站32个，涉及储户1300多家，吸收存款780余万元，其中280余万元无法退还“股民”。

这骗子根本就不知道什么叫“央行”。

3. 私设钱庄

浙江三门以“商行”、“公司”等名义经营存贷款业务的私人钱庄，曾有100多家，非法集资1亿多元。由于盲目投资，管理不善，几百位借款大户的本息无法归还，几千万资金难以追回，几万名存款户损失惨重。陈氏家族四大钱庄，是其中最显赫的。

闲居在三门城关的陈某，未经人民银行等有关部门批准，率先在海游主要街道人民路设立“四通商行”，以高息吸收公众存款，并以高出银行利率数倍的高利率放贷。其长子从父亲手中接过商行，以2分的高息吸存，然后以3分、4分的利息放贷，坐收渔利。其妻原在邮电部门工作，也停薪留职与丈夫一起干，改为“三门县四通实业有限公司”，继续从事非法借贷业务，吸收公众存款达1100万元，除贷出、投资外，尚有850万元无法兑付。

陈某前妻林某与陈某三子在三门城关蟹山路口开设“光明调剂商行”，以当铺的形式经营存、贷款。陈某之女也从三门时装总厂停薪留职，参与经营。不久，他们又利用“城西合作基金会”的合法招牌，扩大经营，吸收存款达819万元，除投资外，尚有460万元不能兑付。

陈某三子退出与母合办的“光明调剂商行”，另立山头，开办“光华实业有限公司”,也是非法经营存、贷款。后来，他又将这家公司交由其妻杨某经营，自己另行创办“鲲鹏实业有限公司”，下设“鲲鹏真品城”，业务不变。他们吸收存款高达1386万元，有304万元不能兑付。

陈某次子原是工商银行三门支行的职员，其妻李某原在县变压器厂工作，见家里人办非法钱庄都发财，也双双停薪留职，在县城人民路创办“三门城关丰裕燃具行”，非法吸收公众存款90万元，有45万元不能兑付给存款人。

非法金融机构的“利润”，正是无法兑付的那部分存款。

防诈骗实用指南

- 与前同理。如果没有合法证件，即使以正规企事业单位的面目出现，也是非法的。

四、借金融机构揽储

1. 冒充银行拆借资金

在四川万县搞移民开发的万某,通过关系找到建行湖北神农架支行下属海口神建工贸公司负责人梅某,要求搞点资金平整土地,以神农架建行的名义拆借,再贷给神建公司,但资金不划到神农建行,而划到他的清江公司,好处分享。梅某同意。万某又找农行三峡分行大坝支行,要求帮助组织拆借,所借的钱加2%。该支行也答应了。

于是,梅某伪造一份《法人代表委托书》,又私刻神农架建行的公章及行长私章。然后,与万某到大坝农行驻宜昌办事处,拆借2000万元,并通过万县清江公司转出来。两人分赃,梅某得1300万元,承担利息299万元和“中介费”91万元;万某所在的清江公司得700万元,承担利息161万元和“中介费”29万元。

一年后,农行大坝支行发现神农架建行借贷一年期2000万元到期未还,上门催讨,这才发现神农架建行根本没有借过这笔钱。通过警方努力,仅从梅某处追回150万元,从清江公司追回153万元,其余追索无望。

如果赃款都能追回,骗子岂不是白干?

2. 银行员工私自揽储

广州的王某,从同学付某处听说南宁一些银行有高息,便带70万元现金飞到南宁某银行新城办事处,获得11万元高利息。不久,王某又携105万元现金赴南宁,也获得高利息。但当王某到某行提款时,却发现她两个账上175万元存款不翼而飞。

王某存款时根本没想到:当时没有按规章要求填写“开户申请书”,

也没有查看开户单位的营业执照和主管部门证明等法定文件，账户随便开立。她后悔说："一切都是贪图高利息害的。"

有此遭遇的远非王某一人，另外还有"南宁市前山摩托车行"的100万元，"朱××"的20万元，"南宁市政府招待所"的25万元，南宁市慈善事业协会的80万元，"广西民族学院"的200万元，"广西凭祥边防检查站"的200万元等。众多个人和单位的存款都不翼而飞了。这些储户纷纷向南宁某银行索赔。南宁某银行一概拒绝，理由是：此事属"个人行为，与银行无关"。

如果有骗子借你的名义去行骗，而要你赔偿，如何?

3. 承包信用社

湖北武汉前川镇的林某，初中毕业，年仅14岁就到镇电影公司当放映员，不久辞掉公职，与人合伙经营黄陂水产局综合经营部，自任经理，几年后资产达数百万元。他又在武汉市区成立"湖北威格实业集团"，自任董事长和总经理，集团下面先后建立11家子公司。同时，贷款7000万元筹建一个以生产"胃康"牌牙膏为主的胃康集团公司。这样，他成了青年创业的楷模，先后被评为武汉市优秀青年、湖北省优秀青年、武汉市优秀企业家，还被团中央授予"全国优秀青年企业家"称号，威格集团也多次被评为省、市十佳企业。

随着摊子不断铺大，林某明显感到资金捉襟见肘，便通过关系弄到湖北国际信托投资公司麾下恒昌信用社的经营权。他一方面通过高息揽储大肆吸收存款，另一方面通过威格集团及其下属公司以贷款为名，从恒昌信用社拿走1.065亿元资金，造成储户存款到期不能兑现。在武汉金融界，威格集团名声扫地，林某只好把眼光转向外地。

广西桂林县市信用社，由于经营不善，出现大量呆账，欲转让经营权。林某通过关系买下这信用社原来3个法人股东的股权。控制桂林县城市信用社后，林某故伎重演，以高出国家同期利率10%～20%，四处拉存款。同时，在信用社内部下达任务，与职工福利挂钩，组织职工外出拉存款，使许多储户及单位上当受骗。林某等人通过桂林县城市信用社向社会非法揽取存款4.07亿元，储户达1.6万户。对于拉到信用社的存款，林某等人当做威格集团的“小金库”。为达到非法占有存款的目的，林某等用账外客户资金非法拆借、发放贷款，不办理任何手续直接转款。这样，通过威格集团及其子公司和有关个人，将桂林县城市信用社存款10167.03万元非法占有。

200多名对林某等人有所了解的储户一起涌来，要求提取存款，一片混乱。第二天上午，另外数百名储户也闻风而动。此后一连几天，要求取款的储户越聚越多，信用社根本无法应付。100多名走投无路的储户到桂林市人民政府上访，要求市政府给个圆满的答复。由于上访没有达到目的，储户们沿着信义路往西门铁路立交桥方向涌去，要到铁路上卧轨。市政府、市公安局和银行领导出面做工作，才渐渐平息下来，并查处了此案，将林某等骗子绳之以法。

为什么要等到储户们闹事才“发现”问题？当地有关部门早干什么去了？

4. 挂靠银行

湖北松滋八宝镇的周某，由于家境不好，读初中便辍学到沙市当保姆，后来摆地摊。有次，她了解到荆门沙洋的存款利率比沙市低一些，就找沙洋某信用社科长全某，私自将信用社几百万资金转到沙市，半个月就赚20万元的利差。

从此，她想方设法与银行工作人员套近乎，把银行当跳板，用高息吸引储户存款，然后拿去投资。她还定标准，3万元以上才收存，后来又提高到5万元，比银行还有派头。她需要银行，银行也需要她。她成了沙市商联信用社不在编的副主任，银行内部的人也这么称呼，一般储户更是深信不疑。

荆州某国有大银行的任某，将储户托她存高息的250万元人民币交给周某。周某收下钱，说办手续的人不在家，要过一个月才能开存单。一个月后，周某躲着不见。任某无意中碰上周某，她还是拿不出存单，任某这才报案。警方查明，周某采用种种非法手段吸收公众存款达2.8亿元，骗走资金7382万元，造成储户个人损失2189万元、金融系统损失5003万元、其他单位损失190万元。虽然追回赃款6741万元，绝对损失仍达600多万元。

需要个摆地摊的来当“副主任”，是中国银行业的悲哀!

5. 利用信用站工作经历

浙江永康七村的林某，仅小学文化，曾当过村会计、村信用站负责人。凭着村民的信任，她许诺有高额的利润，先后向本村及邻村近百户村民借款204万元。非法集资来的钱，开始用于建房，不久办起一个生产电热板的小厂。后来，按高出银行5倍的利息借给胡某做生意。胡某生意亏本，林某借给他的钱也打了水漂。此后不久，又高息借给徐某9万多元，也一分未归还。村民们的钱就给她这样“借”掉了。

大处大骗子，小处小骗子。对于一个村来说，200多万元已经是天文数字。

防诈骗实用指南

- 尽管那个金融机构是合法的，人也确实是那金融机构的人员，但如果是在服务网点之外揽储，仍有可能不可靠。

五、假企业真骗钱

1. 发行投资卡

肖某原是湖南长沙口腔医院技师，到北京西城区羊肉胡同租房，以“北京亚艺广告艺术中心”之名，在未获得中国人民银行批准的情况下，以明显高于国家规定的利率，向长沙周南中学校友会北京分会成员及其亲属吸储。

她先发给出资人投资卡，后改为借据，并与出资人约定付给固定比例的高额利息，变相吸收公众存款。短短时间，150余人受骗，存款达600余万元。所集资金，除部分用于经营活动外，有180多万元下落不明。

过去的匪徒往往讲究“兔子不吃窝边草”，而今的骗子可不讲那一套，甚至专吃“窝边草”。

2. 发行购物卡

内蒙古巴盟五原县的丁某，原在某银行工作，因经济问题离职，到呼和浩特天源鑫物资贸易中心打工，从中发现商业有奖销售的猫腻，便自己办个万博贸易中心和万博商店，专搞有奖销售。

这有奖销售的规则是顾客在购买商品时，要将人民币换成每张面值为50元的购物卡，购物后再发放同等金额的兑奖卡。兑奖卡分两次进行，购物一个月后，可兑购物额的40%，叫小奖；购物4个月后，可兑购物额的140%，即大奖。两次购物共兑购物额的180%，中奖率达100%。这对客户来说，当然合算。

然而，当大量兑过小奖的客户来兑大奖时，发现丁某失踪。经查，丁某共发放兑奖卡6万多张，非法集资300多万元，受骗群众达1200多人。

丁某如果再不“失踪”，岂不真要成人家的“摇钱树”了？

3. 加盟电子商务

山西众奥电子商务有限公司，说是以网上购物加服务中心的复合型电子商务模式运营的公司，是山西省第一家在电子领域内取得合法经营资格的电子商务公司。该公司实行会员制，会员以“报单”的形式投资，会员卡白纸黑字写着：“一卡在手，资讯全有，风险归零，获利交友。”每单298元，可买单数不封顶，承诺30天后返还本金，50天后返还本金85%的利息，吸引了许多市民。

初期，还本付息运作很正常。每到规定的日子，人们都能拿到钱。很多前期投资的会员，从高额的回报中尝到了甜头，投资的数额也越来越大，从最初的几千元到上万元，甚至有一个会员一人就投入了100余万元。

随着众奥的名声越来越大，又有很多新会员在亲友、邻居的介绍下参与其中。每5天报一次单，有些大站的站长，一次就能报1000多单。有一天，公司通知说，为了配合国家整顿规范电子商务市场的行动，保障广大会员切身利益，从即日起实施每单318元的计划。原定的10天一次还款被调整为15天一次。

这样，更多的人被每单多返还23.81元的承诺吸引住，疯狂报单，直至这个公司突然人去楼空，近3万名会员傻了眼，约1.8亿元资金不知去向。

这种摇钱树，能四季常青才怪呢！

4．“经济互助会”

浙江乐清的高某，假称经营房地产、担保公司等企业，非法组织的“经济互助会”，以5%～6%的高月息回报为诱饵，引诱他人参与。她将会款进行高息“倒款”(月息一般为15%，年末或年初则高达30%)，将钱转借给其他会员，牟取暴利或用于维持“经济互助会”的运转。当资金运转发生困难时，为维护“信誉”，她又“拆东墙补西墙”，向他人借款补窟窿。

2007年10月，高某的“经济互助会”因无资金周转纷纷倒闭。至此，共骗取被害人郑某等115人资金达1亿多元。她将骗得的款项用于参与他人非法组织的“经济互助会”、购置多处房地产及个人挥霍等，共计1.16亿元被骗的巨额资金无法归还受骗人。

如果能如数归还，还叫骗吗？

5．“合作造林”

2004年，亿霖公司聘某明星做的“投资几万元，轻松做老板”的广告开始走进人们的视线。亿霖公司一位业务员具体介绍：“我们公司主要从事托管造林，也就是说，我们把承包或收购的林地卖给投资人，再接受投资人的委托对林地进行管护，等林木长成后，双方再进行利益分配。而我们销售的全是速生丰产林，林木7年后保证成材见效益，每亩地的净收人可达到六七千元。买的地越多，好处越大。”

这样的宣传打动了64岁的何女士。她悄悄支取儿女的20万元存款，又把老母亲的10万元养老费借来，东拼西凑40万元。投资后，她多次要求去内蒙古自治区通辽市实地考察，公司人员以天气冷、工作忙等各种借口拒绝。她还是不大放心，连家人也瞒着，独自去了，发现所有树只有筷子那么粗，高矮一尺多，且全死没有活的，丛生的杂草倒是比树都高得多。于是，她向北京市公安局报案。

北京市公安局经侦部门陆续接到群众举报，成立专案组，开始对亿霖集团进行全面调查。这时，骗子们有所觉察，开始向境外转移资金并择机潜逃，专案组一举抓获亿霖集团11名高管人员。侦查发现，一个刑满释放人员，打着“合作造林”的招牌，纠集一伙不法人员，在短短两年时间内，从全国各地狂敛资金16.8亿元。

明星嘴里出来的，并不都像他们表演的那么完美。

6．“300工程”

所谓“300工程”是指以300元人民币为一股参与集资，80天一期，可得本息380元。以此推算，年息可达当时银行一年期定期税后利率的66.67倍。如果集资3万元，那么每天就有100元的纯利息收入。而且，每10天发一次利息，80天分8次发完所有本息。这种投资回报，不亚于天方夜谭，但确有其事。广西南宁“通五洲科技发展有限责任公司”女董事长覃某公开推出，并炒得热火朝天：

——中英有一场足球赛在南宁举办，“通五洲”公司赞助，在报纸和电台、电视台里渲染得火药味十足。当着无数的公众，老外向覃某送队旗。

——在南宁举行的全国12强体操精英赛，也是“通五洲”公司赞助，覃某频频在有领导出现的主席台和有记者进出的场地亮相。

——覃某上北京几天，捧回一大堆名人合影，并将这些照片放大挂在办公场所。

——“通五洲”还成为“军民共建”单位，公司的招牌竖挂在派出所大门旁边。如要找“通五洲”公司，公司的人便说：“找某某派出所就行了，我们在他们边上。”

——公司专门印制精美的画册,把一位国家领导人在一次外事活动中的照片移花接木放在卷首，给人造成某种错觉。

——覃某还声称参与组织编辑过英国剑桥华人出版有限公司出版的世界百国首脑献给21世纪的《世界和平圣诗》，美国诗人大会主席罗斯玛·魏尔金申夫人曾为她吟诵：“沉浸于欢乐与友情之中，今夜我们同醉。”

通过一系列炒作，连“通五洲”的职员也对本公司的经营深信不疑。不过,明眼人还是不难看穿这层层浮云。何某就是其一,但她想打时间差，趁这个非法集资活动未垮台之前捞一把。她向亲友借9.6万元投进第35期，预计到第52期可得本息13.6万元，没想到惨局比她预料的还来得快。52期到，覃某没钱了，何某想要点钱治病都要不到分文。

覃某本人当然更清楚她面临的是什么，拆东墙补西墙不可能永远为之，但她像一个在快速道上疯跑的人，无法马上停下，稍一止步就会栽跟头。为此，她开始把集资转化为投资，开始了新一轮骗局：

——很快弄个年产3000万盒木瓜酶润喉片的可行性研究报告，计划木瓜酶润喉片年产销1亿盒，获利1亿元以上，并大力宣传这是一种完全没有风险的投资，这种润喉片具有镇痛、止咳、利尿、抗菌、抗溶血等功效，百病皆治。

——在横县果农雷某那里搞一个6000亩的木瓜基地，并请一位高个子、黄红色头发的“苏联专家”来考查，又是照相又是画图，然后大肆渲染(其实，这个“苏联专家”是本公司的女“骨干”李某)。

此外,还有建在武鸣县的草芽基地，建在来宾县的通五洲酒业公司……

连覃某自己都被这一系列虚拟的远大目标陶醉。她到处拍胸膛，召开一个又一个会议，搞一个又一个大型社会活动，不明底细而又热心科技发展的各级领导们来了一拨又一拨，覃某跟他们照一张又一张相。这样，引来越来越多的投资者。警方查实，在不到一年的时间里，她居然骗了1600多人，涉及本金及利息金额1.28亿元。

有关记者在南宁市看守所采访覃某等人时，她依然陶醉在自己虚构的梦里，说：“我的木瓜酶润喉片是赚钱的，眼看就可以赚几千万。你们放我出去，等我还清钱再回来坐牢。”

阿拉伯有一个故事：有个人信口开河说前边有人在散发金币，人们听了纷纷赶去，但去的人太多了，说谎的人自己也开始怀疑前头是不是真有人在散发金币。覃某自欺欺人的做法就是这个故事的现代版。

7. 发展“消费嘉宾”

沈阳的邱某等人，到黑龙江大庆开办再创业经营管理有限公及再创业超市，注册资金200万元，实际只投入30万。

公司及超市开张后，他聘用8名大庆人作为最上线的高级管理人员，在社会上游说：凡是加盟该公司的“消费嘉宾”，每份只需交纳350元，其中8元作手续费和资料费，返还139元的商品，余下203元作为股金参与公司的定期分红。每月5日、15日、25日为分红日，半年内每份可分18次红，受益金额达1800元。这就是说，每个“股东”可得到超过股金9倍的红利。“上线嘉宾”每发展一个“下线嘉宾”,可获得公司35元的伯乐奖，并拥有6次分红的机会。这样，吸引齐齐哈尔、哈尔滨等地不少人。仅两个月时间，就有7000余人加盟，总投入近5万股，非法集资和传销涉案总价值高达1700多万元。

不久，加盟的人数开始少下来，而分红的人却越来越多。邱某和会计王某把公司在大庆的所有存款485万元全部取出，与超市采购部经理矫某、公司财务部经理张某等一起悄悄逃跑。

这案件惊动中纪委、公安部、国务院信访局。黑龙江省委书记、省长作出重要批示，加大力度，尽快侦破。最后，在云南西双版纳将邱某等人抓获。追捕组通过艰难的工作，追回赃款人民币50万元、美元17万元及部分物品，折合人民币200万元，其余已被挥霍掉。

怎么说很重要,但更重要的是怎么做。

8. 发展“营销会员”

河南郑州某企业的李某，下海收购并接管“郑州百花音像租赁部”，经营录像带出租。为筹集更多资金，不久将此租赁部更名为“郑州市百花音像服务中心”，经营方式改为向租录像带者发放“金卡”，每位顾客收取押金888元，在期限内可以随时租带，租越多越便宜，到期后还本并加付酬金200元。短短一年，共收取押金、租金等20多万元。

没过多久，李某虚假注册成立“河南省百花实业有限公司”，下设音像电器分公司和休闲商务俱乐部，采取“营销会员”模式，会员只要先交8000元至数万元的“货物抵押金”，并与休闲商俱乐部签订协议书，就可以优惠的价格从公司提取等值的音像制品、器材、家用电器等商品去推销，不仅可得售货利润，年底还可获得月利率2%～3%的高息。

这样，吸收会员6000多人，收取会员货物抵押金7000多万元。同时，李某大肆作秀，陆续举办崔健演唱会、绿城之夜文艺晚会、中国山水画展览等活动，在《商界》、《时代工商》等杂志作封面人物或刊介绍文章；人们称他“百花王子”，他被评为郑州“优秀企业家”和第四届“河南省优秀青年”。

然而，中国人民银行郑州市支行认定李某是搞变相信资，下文要求立即停止。没停几个月，李某又恢复，将原公司扩展为“郑州百花实业(集团)有限公司”，自任总经理，妻子、小姨子及妹夫任副总经理，妹妹任财务部核算中心负责人，下设16家子公司，但多数是空壳公司。至案发，李某公司非法集资达33607.6万元人民币和2万美元，涉及18488人次。

最后，李某既不付利息也不退本金，一家人携巨款潜逃。公安机关追回赃款、赃物价值7376.8万元人民币，无法追回的达13365.5万元。

为什么会是一边当地银行封杀他，另一边则是当地政府封号他“优秀”？

9. 发展“倒找钱”会员

辽宁葫芦岛中宏有限公司规定：只要购买价值180元的“老酒王”牌黑色酒，便成为该公司的会员，公司将在会员购物4次后退还240元。根据购买份数多少，公司将另外每份付给20～30元不等的奖励。从投资之日起，每周开奖一次。他们还娓娓动听地说：“这不是公司做亏本买卖，而是在做广告销售，与其将大笔的钱给明星、名人，不如让利给老百姓。”

这里的蚁王日用品有限公司，经营方式大同小异，说是只要消费者花269元买一份(两盒)口服液，公司就会每月付宣传费、交通费等105元。如果买10份，先掏2690元，一个月可得3750元。如果再能拉到一位会员，他每买一份产品，还可从中获得相应的好处费。

人们称这种经营方式为“倒找钱”。一时间，葫芦岛陆续出现180、269、696、298、400、288、248等十几家“倒找钱”公司。但这都是骗局。如尹某的公司，当地派出所调查，她账上一分钱也没有。据有关部门调查，全市受骗群众达五六千人，仅“269”就有2000人。“269”涉骗额达2800万元，其他公司一般都有几百万元。受骗者大多是普通工人、农民和下岗职工。

最幸运的是“180公司”会员，他们及时扣住一位负责人，索回310万元，而他们本金却超过790万元。多数老板则早早逃跑了，索债无望。

商人与慈善家之间，绝不可能画等号。

10. 签订预售合同

南京天宇股份有限公司法人代表澳籍华人陈某，以高额利息为诱饵，采取签订商品房预售合同、停车位认购协议等手段，先后向4000余人次非法吸收公众存款达亿元以上。陈某将他所持有的3120万股天宇公司的股份(原价每股1元)，以每股一分钱的价格卖掉，然后逃跑。经当地人民银行举报，警方在上海市长宁区将准备逃出境的陈某抓获。

以原价的1%贱卖，只有骗子不会心疼。

11. 招工参股

南京无业女士费某，在舞厅认识自称是某有限公司执行总经理的陈某。陈某说：“你头脑活络，人品又好，到我公司来吧！让你当个销售主管，月薪3000元。如果参股就更好了，包你发财。”费某交钱参股5万元后，陈某给他一盒印有“销售主管”头衔的名片，派她到浦东寻求伙伴做袜子生意。

过两天，陈某到费某面前，哭丧着脸说："我父亲患癌症住院，急需医药费3万元。要是你肯帮我渡过难关，我将终身不忘。"堂堂一个总经理，怎么会缺这点钱？费某起疑心，找到陈某的家，见他父母好端端在家中。二老得知儿子在外胡说八道，气得不得了。费某翻出参股时的协议书和现金收据，仔细看来破绽百出，马上向静安公安分局报案。原来，陈某只是一名普通营销员，应聘于那家公司还不到一个月。

骗子的心有多黑，此见二斑：对外，狠心吃无业女士的钱；对内，不惜要自己的父亲得绝症。

12. 向职工揽储

江苏常州一洋贸易公司法人代表商某，对大明公司财务科记账员李某说："如果你能帮我在你们公司吸储，让我用来抵押贷款，我决不会亏待你。"李某同意，回公司鼓动说，只要拿9350元就可以得1万元的存单，一年到期后另按银行利率付息。大家觉得很合算，纷纷响应，117人交纳1617550元。

李某扣除1.5%的好处费，余款由商某补足173万元，存到西新桥城市信用社，其中63万元按实际存款开出存单，由存款人自己保管；另外109人的110万元用3个储户代表姓名存，存单由李某保管。

接着，李某和商某拿着110万元的存单到同一家信用社办抵押贷款。合同约定：信用社贷款110万元给商某，期限4个月，用那3张存单做质押担保。如果到期不能还款，由担保方承担连带责任，信用社有权扣去担保方的存款。然而，贷款到期后，商某逃跑了，被捕的只有李某。

骗子骗人骗习惯了，一不小心也会骗同伙。

13. 向朋友揽储

新疆建设兵团农牧团场大规模实施危旧房改造工程，团场许多陈年旧房都需推倒新建。在农七师车排子某团场打工的吴某，略懂泥瓦技术，拉起一支20多人的建筑队，承包下这工程。

然后，吴某找来几个团场里的朋友，说："现在有钱放在银行最蠢，做生意搞投资才合算。我现在承揽了咱们团危旧房改造工程，手头有些紧张，你们把闲钱借给我，我可以高于银行利息，年底连本带息兑现。”第二天，李某拿1万元现金给吴某，吴某对天盟誓，当即写字据：“今借李××现金1万元整，利息按1分8厘计算，年底连本带息还款壹万壹仟捌佰元整。”

他把老婆孩子从重庆接来，宣扬说：“我老婆、孩子、房子都在这里，我已是团场的人啦,你们放心，年底绝对兑现！”高息借款的事传开，投资的人很快多起来。吴某又要求说：“不能声张。高息借款，国家不允许。”后经公安机关调查，有20来人借款给吴某，总数达12万元。

到年底，吴某从工程中赚7.8万元，但一算还不够还账。当晚，他趁夜深人静时，携妻带子逃走。他给一位朋友打电话说：“对不起了。你的钱我暂时还不了。今年工程是赚了些钱，我打算用这些钱做其他生意，以后赚了钱再还你，并请你转告其他朋友。我欠你的钱最多，我那3间房子就归你了。”一年多后，警方从吴某老家将他抓获，但他家里一贫如洗。

“绝对兑现”，意味着砸锅卖铁也要兑付。但骗子不是这么理解。要他们兑现，只能像酒鬼，只有喝醉了才肯吐。

14. 向乡亲揽储

浙江瑞安鲍田的郑某，从部队转业在深圳某房地产公司工作，辞职与人合伙办房地产交易评估所、金漫江咨询有限公司，从事有关房地产的业务，生意非常顺利。后来，他以个人名义注册成立深圳金恒业有限公司，但没有足够资金，于是把目光转向拥有众多亲戚朋友的家乡。

郑某回瑞安，对一贫如洗的弟弟说：“你干这些赚不到钱，还不如帮我借借钱，我不会亏待你的!”他向弟弟和弟媳承诺：如果能以2%的月利息帮他筹到资金，他便以3%的月利息回报他们，而且房地产分红还有他们的份儿。后来，他姐姐及弟弟的岳父等人也卷进来，一起为他“跑”钱。5年间，郑某仅在瑞安鲍田非法集资就达4000多万元，上百人受骗。

开始时，郑某也讲信用。借来的钱，人家想要回去，二话不说就连本带利还。然而，郑某的生意并不顺。深圳国土规划局对金恒业公司进行资格调查，认为其资产评估差，根本就不具备房地产开发资格，责令其停业检查。被取缔经营权后，郑某将自己的公司挂靠在有资格经营的罗芳置业有限公司，联合经营，共同开发深圳“曦龙山庄”。由于资金周转困难，郑某撤资。但“曦龙山庄”在郑某撤资后发展很好，郑某便以当时一起帮助征地为由要求分红，遭到拒绝。郑某向广东省高级人民法院起诉，被判败诉。郑某又纠集20多个马仔到罗芳公司捣乱，罗芳公司的老板李某也纠集30多人到郑某公司打砸，而且对郑某的弟弟进行人格侮辱。于是，郑某雇凶杀了李某。

在对该案进行调查时，许多受害人不仅不配合，反而要求不要立案，认为一立案，郑某他们就不会还钱；如果不立案，郑某还有1亿多的资产，可能会还他们的钱。他们哪知，经过这样一番折腾，郑某负债数千万，只能靠四处高息借款度日。

善良的人们总是把骗子想象得很美好。

防诈骗实用指南

- 这类案例在全国各地发生太多了，需要特别警惕！骗子可能以无数种“发财”良机出现，诱惑力大，防不胜防。
- 关键一点：在“投资”之前，不妨像何女士那样到实地认真考查一番（可惜她行动得太晚了些）。
- “投资”这类企业之后，应当像股东一样严密关注其发展。一旦发现异常，及时撤退。

六、借投资行骗

1.“千万富翁”的投资

江苏的陈某，到苏州市某材料供应公司，自称是某物贸公司老板，有数千万元的资产，要买下该公司位于阊胥路面积达3000平方米的商品房。他说，目前苏州还没有一个像样的休闲娱乐场所，他想建一个大规模的娱乐中心。

材料供应公司被说动，签订转让协议：陈某以高价买下该商品房，购房款2520万元分3次付清，一周内陈某先付50万元预付款，材料供应公司在收到50万元后由陈某接管大楼。一个月后，陈某给材料供应公司一张50万元的支票，然后开始进行装饰工程招标。

私人老板郑某很想得到这个装饰工程，对陈某进行“公关”。陈某说他已经把工程交给另一家装饰公司，公司已付20万元订金。郑某马上拿出20万给陈某，并签订合同。陈某还收郑某“协作费”2万元。可是，装饰工程迟迟不见动静，郑某起疑心，终于报案。

当民警追到陈某包租的宾馆时，陈某正在卷铺盖准备溜走。民警在沙发、地毯下发现数枚诈骗用的公章。经查，他账上只有300多元，倒有几十万元的债务。

作为骗子来说，陈某没有称“亿万富翁”已经是谦虚了。

2.“温州能人”的作秀

浙江温州的苏某，曾创办新中国第一家城市信用社——温州市东风城市信用社，因此入选《共和国之最》。他还创办温州第一家民营企业——东方企业集团，在深圳看中一块地皮。准备建一幢26层的中南大厦，总投资近1亿元，虽有深圳市中南实业股份有限公司合作，但资金全部由东方企业集团投入。

其实，苏某没有那么多资金。于是，他未经中国人民银行批准，以无风险、高利息为诱饵，采取还本付息的办法，非法向社会公众吸收资金。

由于苏某在温州知名度高，很多市民相信他的宣传。

多年来，他形成一个习惯：企业越是陷入困境，越要花钱请媒体替他宣传。他曾在资金周转不灵时，9天时间里，温州的3家报纸杂志连续9次图文并茂地报道他的“温州纪事”、“深圳传奇”、“明日宏图”和“乘风破浪正当时”，说是“人们完全有理由相信，苏××和他的‘东方’一定会在深圳这块‘码头’上走出一条金光闪闪的大道来”。这样，又吸引一批人相信他并投资，让他又一次渡过危机。

据不完全统计，近几年全国各地报纸、杂志介绍他的文章有上百篇，且多是“鸿篇巨制”。在他被刑事拘留一个月后，某电视台还播放他的“光辉业绩”。有一位受骗者深有感触地对记者说：“越是关心时事的人，就越相信苏××。”

等到关心时事的人们不相信苏某时，为时已晚。警方介绍，苏某非法吸存的1.85亿元公众存款，以及银行贷款6000万元、私人借款1000万元，都没能使他走出困境，造成经济损失达2.8亿元。

原报道还介绍，苏某长期生活糜烂，挥霍无度，但没介绍有关记者们分享了多少残羹冷炙。当一个文人丧失知识分子应有的良知时，完全可与妓女相提并论。“文娼”之害甚于娼妓，从苏某案中可见一斑。

3.“养蝎大王”的致富术

湖北武汉纸坊镇的周某，是个老骗子。早在1988年年初，《湖北日报》的《内部参考》就发出《名噪全国的“养蝎大王”周××原是大骗子》的材料，揭露周某以“养蝎大王”、“民间科技型企业家”、“对国家有突出贡献科技人员”的名义，以及受过一些领导人接见的情况大做文章，编造“蝎毒价值十倍黄金”等谎言，在湖北、湖南、广西、广东等地行骗。骗局被揭穿后，畏罪潜逃。2001年，湖南《新闻天地》杂志发表《毒蝎大骗局》一文，揭露周某故技重演。

然而，周某又窜到海南海口，伪造银行进账单和海口市中达会计师事务所的“验资报告”，在省工商局注册成立“海南联久生物科技有限公司”，自诩1987年获“全国星火科技成果奖”、“养蝎提取蝎毒技术被列为湖北省星火计划”、“全国十大杰出青年代表”、“科技企业家”等，在省市5家报纸上大肆进行虚假广告宣传，说公司有雄厚的资金，周某本人有丰富的养蝎技术，公司在省外有众多产业，已开发多种蝎子系列产品，拥有提取蝎毒的高科技技术，河南某药业有限公司的“乌杞蝎精”提供的蝎毒产品，代养种蝎能有高利润回报，并炮制出“养蝎致富典型莫××半年赚千万元”、“养蝎圆了轿车梦”的假新闻。

该公司的运作方式是：公司提供种蝎，客户领养，种蝎回收，高额回报，即养殖户代养一组60只种蝎，只需交纳1000元押金，公司保证在3个月的期限内，每只种蝎产仔20只，60只种蝎共产1200只仔蝎。3个月期满后，客户只需将60只种蝎还给公司，公司退还押金1000元。同时，保证以人民币每只1元的价格回收仔蝎。如果每只种蝎产仔不足20只，也按20只回收。周某就是这样引诱人们上当，与他签订代养合同，公司获取押金。然后，公司采取“后人养前人”的手段，周而复始行骗。

经初步审查，该公司与1059人签订代养合同，收取押金2192万元。除退还养殖户押金200万元、支付回购仔蝎费用198万元以及支付公司各项开支、购买产房、支付土地租金等费用外，周某将606.35万元人民币、2.76万美元据为已有，一部分资金去向不明。

周某之类“拆东墙补西墙”的集资骗子，很可能深受“永动机”理想的启迪，可惜他们忽略了关键的一点：“永动机”在地球上迄今仍只是些无知者的梦想。

4.“跨国公司”回国

河南某市一家大企业正愁资金的时候，总经理陈某的朋友介绍来一位孔某，说是欧亚集团(香港)国际投资有限公司的资金部部长，准备把投资在东南亚地区的150亿美元转投到蒸蒸日上的祖国大陆。如果项目确实有发展前途，大量资金即可注入，要求回报率极低。

陈某听了，马上求见。孔某及其公司驻海口办事处副总经理曹某，专程到河南进行实地考察。不久，曹某告诉陈某，香港总部已同意他们的投资方案，暗示陈某给他们送好处。陈某很高兴，马上给他们送钱送物。

然后，陈某到海口，经过一番讨价还价，商定投资5000万元人民币，年回报利息7%，45天资金到位。双方到海口某律师事务所，在律师的见证下签字画押。一切手续办妥后，陈某按规定交律师见证费6万元，只等资金到位。但从此以后，陈某再也联系不到对方。赶到欧亚公司海口办事处，保安说那公司早几天就搬走了。他这才从噩梦中醒来，发现已被骗57万元人民币。

警方查明，这伙骗子基本都是山东东明的农民。通过中介公司，他们在香港九龙尖沙咀注册成立跨国投资公司“欧亚集团(香港)国际投资有限公司”，聘请一名女秘书值班，然后授权在内地开设办事处，到处放风说他们有大量资金外借。企业上钩后，他们又通过考查等手段，骗取各种各样的费用。一年多时间，受害企业达100多家，涉案合同金额100多亿元，骗走现金500多万元。

海南几家律师事务所也卷入此案，但涉案几名律师“下落不明”。后来，这伙骗子不想让律师分赃，便虚构一个律师事务所自己当律师。

这伙骗子不仅使受骗企业陷入困境，还让不少官员难堪。有关地区的市委、市政府主要领导为成功引资而高兴，曾与骗子频频会面、照相留念、出席新闻发布会、宴请敬酒等等。可如今，那些留在市民心目中的“新闻”如何消除?

一伙农民骗了大批大经理、大律师、大官员，不知是为农民“争光”，还是丢脸?

5.“爱国商人”回乡

广东信宜怀乡镇农民廖某，利用关系移居香港，几年后回来，变成“香港世界商务中心集团”的总裁，说是要支援家乡经济建设，受到热烈欢迎。廖某先后当选为茂名市政协常委和广东省政协委员，被授予“茂名市荣誉市民”。几年间，这位著名的“爱国商人”轰轰烈烈干了三件事：

一是承包茂名福华农村合作基金会和信宜基金会，以1分5厘的高息招揽存款，然后自借、自批、自用资金6000多万元。他还以同样方式在广东惠州、清远和广西等地开设农村合作基金，融资9300多万元。

二是兴办农庄。分别与增城市小楼镇的9个村、信宜市朱沙镇的5个村、高要市金龙水库，以及附近的多个村庄签订协议，开发增城仙姑大庄园、信宜现代庄园及高要江南避暑大庄园。村民将山地交给廖某开发，廖某每年交付一定租金给村民。廖某大做广告，称只需投入1万元即可购买仙姑大庄园一亩果园，可获50年的投资收益，利润将达50万元；购5亩果园，还可另送200平方米的别墅用地。全国各地约2000人参加仙姑大庄园的投资，总额达1.5亿元。而廖某只向村民交部分订金，至今还欠村民租金、工人工资和修路工程费300万元。以同样的方式，廖某在高要江南避暑大庄园骗得资金3500万元，在信宜的现代庄园骗得3.04亿元。

三是投资建设项目。说是要在广州建设世商集团大厦，高达17层，投资6.5亿元，从一家金融公司骗得8000万元，而他在广州五羊新城和中山一路的闹市中围块地，挖个基坑，就再也没动。同时，说是要修几条对广东经济发展起到重要作用的路，如湛江至徐闻的高速公路，潮阳至陈沙一级公路等等，并与省高速公路公司、湛江高速公路公司签订合同，在项目设计方案未定、营业执照未批的情况下私自发包工程，骗取几十万元保证金。

由于廖某在茂名的基金会出现支付问题，股东不断向各级有关部门反映，茂名市公安局对他进行立案侦查，并实施监视措施。结果，颇具讽刺意味。在廖某的办公室，各种荣誉挂满墙。其中一块荣誉牌与墙齐高，挡住一扇窗户，使人无法看到这个角落。这天，他砸烂这块荣誉牌，从窗户爬出，沿着窗户外沿和管道爬进隔壁房间，然后由私人秘书和司机把他装进一个纸箱运出大门，逃得无影无踪。据公安部门调查，廖某先后诈骗15亿元，但不知能挽回几何。

恩赐“荣誉牌”是一大“国粹”。据有的地方志书揭露，“贞节牌坊”也有假。如今“优秀”、“先进”、“最佳”之类含金量几何，有目共睹。那么，何以年年乐此不疲？明显有二：对颁发者来说，体验了一番“皇恩浩荡”的快感；对骗子来说，起到了太阳镜的作用。廖某如此逃脱，也太不给“荣誉牌”面子了！

6. 准董事长

上海的贾某，早因诈骗罪分别被判5年和6年徒刑，但她根本没思悔改，在社会上继续诓骗：

——她到龙门路一家饮食店吃点心，认识店主王某、孙某夫妇，带他们到自己经营的商场，鼓动说："做点心生意起早摸黑很辛苦，股市又有风险，不如把钱投到我的羊毛衫生意里，我保证给你们100%的回报。"说得他们当即决定投资2.7万元，以后又不断把钱投进去。后来，这对夫妇觉得投资回报少得可怜，开始怀疑。她又说："我表哥秦某是泰国人，是大老板。他要到上海来投资做生意，要办一个'申达投资公司'，注册资金有6个亿，委托我做董事长。公司开业以后，凡是参加投资的人都可以分到很多利润，而且还可以到公司工作，享受很高的薪水。公司还要到川沙建造'申建综合楼'。"她精心伪造一份盖有申达投资公司公章的《工程委托书》和盖有西达商场印章的收款凭证，带他们到川沙看一块并不属于她的地皮。结果这对夫妇在贾某那里又投资46万元，本钱也无归，只好自己互相埋怨，互相指责，最后离婚。

——贾某偶然认识姚某，照样吹嘘她泰国老板要到上海投资6个亿，自己马上要当董事长。凡是在这公司投资的，都保证给高额回报。姚某和丈夫离婚，现款不多，家里值钱的只有房子。经不住诱惑，竟写一张房产买卖委托书，将房子委托贾某全权处理。贾某把这房子卖5万元，给姚某6000元。但她从此消失，弄得姚某母女只好在单位里暂时栖身。

据法院调查，贾某诈骗17人，其中包括住院时的医生、以前的邻居、开电梯的人、卖杂志的摊贩，总金额达124万元。这些钱大部分已被她挥霍掉。

俚语说："说得树上的鸟儿到手上。"骗子就有此等口才。

7."活菩萨"

王某只有初中文化程度，无业，但在北京南苑地区曾红极一时。有人称她为"活菩萨"，有人说她是观音转世来救苦救难，甚至有人想给她建庙供她为神。她王某何德何能受人如此顶礼膜拜？

原来，王某以借钱做生意为名搞高息集资。她找的都是同村的邻居、朋友、亲戚。开始时，人们取得勤，因为怕上当，她就垫上自己的钱，如数给利息。逐渐地，人们相信她真的有钱，就连本带息一同继续存。她家门庭若市，来取钱的，来送钱的，络绎不绝，都以为她给乡亲们带来财富。

法院审理查明：她编造自己和亲属做期货、房地产等生意，需要大量资金的虚假事实，以给付高额利息为诱饵，授意朱某等27人为她非法吸收公众存款，骗取朱某等吸收的存款4200多万元，骗取徐某等7人非法吸收的存款1100万元，骗取孙某等110余人非法吸收的存款2000万元，总计7300多万元，直接受骗达140多人。法院以诈骗罪判处王某死刑，缓期二年执行，剥夺政治权利终身，没收个人全部财产。受骗的人们惊醒，纷纷索债，有的人哭闹不止，向法院、向政府请求保护自己的血汗钱。但为时已晚，他们的钱财已被王某挥霍得差不多，大部分受害人的钱无望追回，只能花钱买教训。

给活人建庙，好像只有明朝著名太监魏忠贤在鼎盛时期享受过。骗子竟然有此等荣耀，其“贡献”也大有直追魏阉之势了。

8. 母子开公司

本来，这是两个不幸的人。江苏启东的老陆，想做水果和水泵生意，向邻居、熟人借大笔钱，结果亏损，继而暴病身亡，给这个家庭留下近30万元的债务。其妻黄某、其子陆某相继停薪留职，继续做生意。没有资金，他们就以高息搞非法集资，声称月息3分，期限1—5个月，很快筹集到50多万元。他们用这笔钱卖布匹，销汽车，开饭店，倒服装，办娱乐中心，还成立由陆某任董事长兼总经理的南通嘉炜贸易有限公司，好不热闹。

由于种种原因，一桩桩生意都跟这母子俩无缘，50多万元很快亏掉。然而，他们不是金盆洗手，而是变本加厉，更疯狂地非法集资，把月息提高到5分、1角,甚至1角3分，令人瞠目结舌。他们印制借据，加盖嘉炜公司的章，采用拆东墙补西墙的方式，迷惑不少人。5年时间，有670多人的血汗钱投进来，总额达2200多万元。

骗到钱就开始享受。陆某以车代步，连平时换下的袜子都要送到洗衣店洗，还在南通一家三星级宾馆长年包房玩乐。黄某则在启东宾馆包房，俨然是个富婆。终于有人向有关部门举报，他们丢下920多万元的债务一走了之。

月息1角3分，这么高的利息谁敢许诺？只有骗子！因为他们许诺的时候根本就没打算践诺，别说1角3分，就是1元3角也敢许诺。

9. 假冒港商

新疆伊犁的苏某，声称是香港百灵贸易公司负责人，与中外建新工程公司签订一份合同，百灵公司投资1.3亿元在伊犁州奶牛场兴建玉米精加工厂，土建工程价值2000万元，中外建新工程公司承包，百灵贸易公司收取建新公司押金1万元。押金交后，却几个月不见开工，建新公司报案。

警方一查，发现这苏某是假冒港商，已与8家建筑公司签订土建承包合同，收取押金9.2万元用于个人挥霍。此外，他还以同样手段在河南石桥县、尉氏县和乌鲁木齐市天山化工厂、伊犁、霍城县芦苇沟等地大肆行骗。

10. 假冒台商

江西九江的黄某等人，在九江市江西轻工业机械厂临时租用一间办公室，设立“九江轻风工艺机械厂”，骗领工商营业执照，用假身份证在中国银行九江市分行开户。然后，以台湾永信木业集团公司广州办事处名义向全国各地邮寄“合资公函”，寻求加工高档木制工艺品的合作伙伴，承诺提供生产设备和负责产品销售。

结果，有四川、陕西、江苏、山西、河北等地不少企业被骗，到广州和九江考查，预付设备订金。短短一个月，他们就骗取了各地企业和个人的定金127万元。

11. 真华人假考察

林某原是广州人，迁居美国后加入美国籍。他回中国旅游，说是顺带考察经济合作项目。深圳的中国国际企业投资公司经理吴某和湖南长沙金辉有限公司总经理王某，获悉湖北襄樊有4个大型建设项目在寻找投资人，而林某则有10亿美元在寻找投资项目，便竭力撮合。襄樊市某县协作办、襄樊某实业公司分别与吴某签订6亿、1亿元人民币的引资合同，商定提成3%。

签约后，吴某等人陪同林某及其妻子朋友一大群人到襄樊做实地考察，林某对此非常满意。考察中，他不时打手机用英语跟国外公司联系，确定首批资金于3月14日汇到襄樊市工商银行。离3月14日还有好些天，林某一行人只好一边旅游观光，一边等待款到。为此，东道主花了十几万元，吴某和王某等也投入几十万元。

离3月14日只差一星期，襄樊市警方却获悉林某没有任何有效证件，而只是当地有关人员代办住宿等手续。调查结果，林某美籍是真的，但引资是假的。还从浙江上虞警方得到一份传真："美国人林××意欲投资800万美元，在上虞市梁湖镇成立上虞新世纪实业有限公司，生产销售纯净水，并向工商部门领取营业执照。但该人离开上虞后，仅在电话中与镇领导有过联系，所投资金分文没有到位，公司在成立前后的近3万元费用也没结清。"另外查知，林某在重庆期间，因为经济纠纷被重庆市法院没收护照。

3月15日，警方对林某进行搜查，发现他随身携带的两个存折仅各有人民币10元，另有55元人民币和1美元现金；投资意向书倒有足足一密码箱，涉及十多个城市，还有大量空白意向书。

最近，有个骗子在西部进行投资诈骗，被捕后"理直气壮"地说："我如果有钱，还到西部来干什么？"林某这类来自海外的骗子也持同样的逻辑："我如果有钱，还到中国来干什么？"

12. 邀请"合作"

湖南麻阳的王某，很早就有一个宏大理想，倾毕生精力，创建一艘中国的"经济航空母舰"：一家超级跨国公司。但他的实力距这理想太遥远。他到深圳打工，走马灯似地在十几家公司任职，也找不到合适的位置，几年工夫只赚得一套住房，而这套房也被法院变卖抵债。转而承包某报信息服务部，又涉嫌诈骗，被处劳动教养3年。劳教出来，他用三天三夜撰写一份《致中华有志健儿的一封信》：

80年代中期，我国曾经有一位活跃在中国信息产业舞台上的叱咤风云的人物，其名字曾频频出现在全国大小报刊杂志上，1988年7月2日《中国××报》还专门撰文介绍了他“订报三百种，年赚三百万”的事迹，被誉为“中国的信息大王”……这个人就是我——王××，1986年毕业于湖南科技大学信息科学系，今年33岁……我准备在我所新结识的朋友中，选出50位志同道合的有志者，入股加盟我的公司，立志带领大家共同奔富，在中国再增加50个“百万富翁”。现致函于你，意在邀你加盟，不知尊意如何？

该信具体说，他准备成立一家“经济技术发展有限公司”，召集个人股东。他个人出资90.2万元，另外49人每人出资2000元共9.8万元。以这100万元作为注册资金。每个投资者都是永久的股东，每年年终享受公司的税后利润分红。每个投资者一年后的股份可增值到40万元以上。在此基础上，吸纳上千亿民间闲散资金，组建一家超级跨国公司。然后，办几件大事：

一是用20亿元组建一所国际一流的名牌大学。

二是建立企业经营管理公司，开发销售高质量、高品位、高价格的名牌产品，建立覆盖全球的跨国连锁店。

三是创办一份大型日报《国际经济技术信息报》，其权威性和影响力必须超过《经济日报》。

四是创办或收购一家“跨国银行”，像美国金融冒险家索罗斯邦那样操纵国际金融市场。

这封长信最后写道：

人生在世，区区几十年，不求惊天动地，也要轰轰烈烈；不能流芳百世，也要遗臭万年。男子汉，大丈夫，要有战死疆场，马革裹尸还的大无畏英雄气概……

“九天阊阖开宫殿，万国衣冠拜晚旒。”而今中华民族处在历史的紧要关头，金碧辉煌的大汉民族官殿，神工鬼斧的市场经济冕冠，祖国的繁荣昌盛，民族的兴旺发达，要靠我们当代人去开拓、去拼搏、去冲杀、去争夺……

为中华振兴，何事不能为？

为振兴中华，何事不敢为？

谨祝你

在新的起跑线上阔步前进，飞黄腾达，财源广进！

你真诚的朋友“经济技术发展公司”筹建负责人：王××

为方便起见，暂以筹建处负责人的私人商品房住宅地址(房产证、身份证复印件附后)作为通信联络收款处，有关信函和入股汇款请汇寄：518102广东深圳宝安区西乡镇乐园街2栋303室王××收。如欲与王××通电话，请传呼(0155)3322333呼×××××。万一亏损，我将以个人资产来保证付息给朋友们。如要求退股的，可一并还本付息。

这封信还论证这一理想的意义不亚于京九铁路和三峡工程，挺诱人的。然后，王某从杂志上抄一大堆姓名和地址，寄往全国各地。

结果挺失望，4个月仅28人汇来5.6万元，对于他那宏大的理想来说，实在是杯水车薪。很快就有人要求退股，而他又连这点钱也退不出，自然惊动警方，贻笑大方。

骗子总是“心比天高，命比纸薄”。除了嘴上(笔头)功夫，实力与“理想”相差太远。

13. 拿鸡毛当令箭

河南焦作市计划委员会曾作过《关于河南省云蝶轻型飞机开发公司新建YD系列轻型飞机生产线项目建议书的批复》，要求先做好可行性研究，然后按程序报批。云蝶公司法人代表南某得到这份批复后，并没有跟市计委进一步联系，便任命沁阳市做玻璃生意的杨某为生产厂长，开具委托书让他开始跑地皮和资金。

杨某拿着南某的委托书到博爱县柏山镇贵屯村村委，说是要在这里征地300亩建飞机制造厂。村委研究后表示欢迎，让他在这里白吃白喝，还借给600元钱。3个月过去，征地办厂的事一点进展也没有，便将他赶出村委大院。

杨某走进贵屯村赵某家，说是来集资的，等飞机厂建成后，按每月3分到5分的利返本付息，还可以安排子女进厂工作。赵某动心，兄弟每人给他5000元，并把自己的老院子给他做厂长室。后来，赵某又凑6000元给他。

杨某拿着赵某的钱，带着女儿、女婿及亲家等人，浩浩荡荡到武陟、洛阳、郑州及福建泉州、四川成都等地"引资"。这样，村委对杨某也另眼相看，将他重新奉为座上宾，并与他签订用地、用工协议。

后来，因被一位参与集资者的妹妹举报，杨某落网，南某闻风而逃。

骗子的专长就是"无中生有"。对于已有眉目之事，稍加利用岂不易如反掌？

14. 直骗总经理

彭某是个老骗子。她原是四川成都420厂医院的护士，下海做生意，因诈骗他人巨额财物被判刑4年6个月，其间因逃脱加刑6个月。刑满释放后，又多次行骗，被处劳教2年。劳教期间，她多次写信对外行骗，又被延长劳教3个月。

在劳教所，彭某从报纸上看到资阳市骆巍制药厂的广告，便给这个药厂总经理张某打电话，说有极重要的事要见他。张某来到劳教所，她说她是因为走私汽车被劳教的，但警方没证据，没有搜到她存在广州的几千万元资金，她打算把这几千万投资到药厂。4月1日解除劳教当天，她到资阳找张某，说她的钱已经汇到内江中行，还有一辆雅阁轿车在内江，要张某送她去内江。

当晚到内江，彭某说要送一辆车给张某，并带他到成都汽贸公司内江分公司，以42万元的价格订合同。然后，和汽贸公司的人到中行提款。中行说，她的款没到。这样，汽贸公司不肯给提货。

第二天，彭某带着张某到资阳，自称是台商，要投资4000万元在这里办个度假村。见市开发办主任后，达成投资1500万元、购地10公顷的口头协议。然后，到资阳市最高档的涉外宾馆海峡大厦下榻，要求包下一整层楼，要住进她30多名职员。大厦总经理与市开发办联系，证实这是一位台商富婆，便让她包下第七层楼。她本人要最高档的套房，又要求弄个保险柜到房间放美元和汇票。

4月4日，彭某在市开发办领导的陪同下考察资阳城西开发区，选中一块地。

4月5日，星期天，彭某打电话给开发办主任，说她的职员从广州乘专机给她送购地资金，希望派一部车陪她去成都接款。到成都，她叫陪同人员到一家餐厅等候，自己先办些其他事。在餐厅外，她看中一辆红色桑塔纳，就对这车司机张某说，她在资阳投资办厂，要租用这车，并请司机帮她找4个小姐照顾她的生活。

出租车司机张某帮彭某去找小姐，突然又觉得彭某很面熟，回忆起《成都商报》曾追踪报道过一个叫彭××的女骗子，照片连登了六七天，肯定是她。她如今又说是到资阳投资办厂，莫不又是骗人吧？于是，他驱车到《成都商报》社。该报社派出吴某和李某两位女记者，扮成彭某要找的小姐，亲眼目睹她最后一番表演。

看来，把我们的报纸版面、电视镜头让些给骗子，还是挺有社会效益的。

15. 直骗政府官员

福建安溪县统计局法律股股长林某，在停薪留职期间，伙同该县魁斗镇的陈某、易某等人，在广州成立源昌达企业发展有限公司，然后北上，参加黑龙江齐齐哈尔的观鹤节，直接给仙鹤区区长挂电话，要求洽谈合作项目。区长自然表示欢迎，当即要求分管工业的陈副区长与他们接触。陈副区长将此事转交给仙鹤区计经委分管经贸的张副主任。张副主任根据他们介绍的情况，让区物资供销处主任李某接洽。通过交谈，李某觉得项目可以做。这样，区里决定派张某和李某应邀前往广州考察。

在广州，林某等人领着张某和李某到市区一个挂有“广州市源昌达企业发展有限公司”招牌的办公室，见副总经理余某(实为易某冒充)。易某介绍公司有关情况，又安排他们去中山市一个玩具生产厂考察，到生产车间看生产线及玩具半成品。经过进一步洽谈，并电传给陈副区长审定，双方在广州正式签订有关合同及协议书：合资创办齐齐哈尔市儿童玩具厂，设备投资380万元，甲方(齐市方面)出资152万元，占股份40%，乙方(广州源昌达方面)出资288万，占股份60%。乙方承诺联营公司生产经营的全部产品，均由乙方提供产品订单，保证满负荷正常生产，产品全部销往海外，年产值保证在1200万元以上。协议要求，第一期进口设备定金，甲方付49万元人民币，其中先付15万元，余下34万元由乙方垫付，待联营厂生产后从利润中扣除。联营厂委托乙方订购进口生产设备。国产设备由双方在国内厂家选购。乙方收到甲方设备订金后，负责进口设备到广州。商检检验合格并评价后，甲方付给乙方第二期设备款71万元人民币，甲乙双方会同海关商检共同验收设备，按商检核定价格，由乙方负责运往合资联营厂。从书面上看，齐齐哈尔方面并没有什么风险，是个很好的项目。

合同签订一个月，仙鹤物资供销处连15万元也筹不到，眼看项目要泡汤。仙鹤区天桥办事处所属的兴民机械加工厂厂长王某得知，直接找到区领导，接手这个项目。张某和王某带着巨款飞广州，将合同协议上合作单位的甲方改为兴民机械厂，合资厂名改为齐齐哈尔市新源儿童玩具厂，就将15万元交给林某。不久，张某和王某又携带二期款71万元再到广州，发运设备。林某带他们去一家货场看了那些进口设备，包括两台注塑机、四套模具，当即组织车辆装车发运。张某和王某在货场亲自看设备的海关报关复印件，又看着设备装上运输车，也就没有去注意负责运输的货运单位及车辆车牌号、发货单等证件，便将4万元现金和67万元现金支票交给源昌达公司的财务(实为同伙)。

张某和王某回齐齐哈尔后，林某还在电话中说："放心吧，过两天就到。司机又不是第一次跑东北。你把厂房车间、供电等准备好。过两天货一到，我和公司的技术人员到齐齐哈尔，月底生产出第一件玩具准没问题。"然而，一天又一天没有消息。区领导决定派两名检察员与张某、王某到广州找人，发现那公司招牌不在，人也不见。一问，才知道这家公司的办公楼租期已到，未再续租。到银行查询，被告知那笔67万元的款已被取走。

齐齐哈尔方面的损失，不仅仅是巨款。市纪委、监察部门立案开展调查，形成一份调查报告：

张×同志作为区计经委分管经贸工作的副主任，在具体与外地来人洽谈合作生产项目过程中，对对方的真实情况未做详细了解审核，特别是在参与去广州考察中，没有对有关方面的企业性质、隶属关系，资信状况等做认真、详细、准确的考察，即盲目地赞同我方合作单位与对方签订合同协议，并且在两次付款过程中没有严格把关，尤其在对方搞所谓对设备验关和发运的骗局中，对有关手续审查不细，盲目轻信对方谎言，同时亦未采取一定保障措施，导致我方86万元投资被骗的严重后果。对此，张×同志负有主要领导责任。而且在此之后参与对被骗款追查负责费用支出中，存在比较严重的不合理支出现象，支出中无任何票据的开支总额达9361元。

王××同志作为企业法人代表，在接续原合作生产项目后，没有对原考察情况做认真复核，并且在先后3次去合作方期间，亦未对有关单位企业性质及资信等情况作详细审查，盲目与之签订合同和协议，先后两次将共计86万元款付给对方，在对方搞所谓设备验关和发运中对有关证件和手续未作详细审验，亦未采取一定保障措施，盲目轻信对方谎言，造成所领导的企业86万元资金被骗严重后果。对此，王××同志负有重要领导责任。

陈××同志作为主管仙鹤区工业的副区长，在责成下属部门与外地来人洽谈合作生产项目过程中，没有严格认真审核有关人员的洽谈和考察情况，并且在亲自前去考察过程中，亦未对有关单位的资信等情况进行认真准确认证，在对其合作单位产生疑惑的情况下仍未引起其足够重视，更没有及时采取有效防范措施。致使我方有关人员盲目将合作投资款付给对方，造成86万元款被骗的严重后果。对此，陈××同志负有领导责任。

以上3人均犯有严重官僚主义失职错误。

除上述3人外，仙鹤区物资供销处主任李××，在开始与对方洽谈及考察过程中，亦存在有对有关情况了解不细，审查不严，考察不利，盲目与对方签订合同协议行为，给我方接续合作单位制造了虚伪印象，对此，李××同志也负有一定责任。

（摘自泉州网）

直到6年后，安溪警方开展打击系列诈骗犯罪专项斗争，这才逮到林某这伙骗子。

这是典型的“挥泪斩马谡”。幸好这几位官员比较廉洁，否则真要挨“斩”了。

16. 伪造政府公文

庞某曾被上海宝安县法院判刑20年。刑满释放后，到深圳与他人合伙办名川公司，自任董事长。这公司在深圳承包酒店欠债70万元，庞某逃到内蒙古。

在内蒙古，庞某继续使用名川公司的营业执照和公章，骗取内蒙古某厅级部门发给的“中华人民共和国港澳台侨企业批准证书”和包头市某部门发给的工商营业执照，然后与内蒙古西部天然气股份公司签订协议，约定名川公司认购6500万股天然气股份公司的股本，骗取公司筹备处的信任，取得公司发起人资格。但因股本没有按时打入，不久被筹备处开除。可是，庞某仍以该公司发起人的名义，伪造政府文件和工商营业执照，以呼市为基地，利用内蒙古多个工程项目到外地“招商引资”，以给工程项目和高额回报为诱饵，采取预收工程订金、保证金引资前期费、银行开票费、借款等手段，骗钱、骗物、骗吃、骗住，使数家单位和个人上当受骗，诈骗金额累计达150多万元。

赵某原是呼和浩特市糖厂厂长，因贪污受贿被判刑，后出任呼和浩特市宏信贸易有限公司总经理。赵某结识庞某，两个骗子团伙协同诈骗。为获取庞某诈骗集团的引资款项，按照庞某的授意，赵某还亲手起草“内政发389号文件”，即《内蒙古自治区政府关于呼和浩特市宏信贸易有限公司和深圳市名川投资有限公司进行项目建设的公开招商引资函》，指使员工李某用电脑扫描内蒙古自治区人民政府的红头文件和公章，采取拼接的方法，进行仿真伪造。赵某将伪造的文件提供给庞某，庞某复印给团伙成员，到北京、四川、辽宁等地进行非法招商引资活动。警方查明，赵某共伪造各类政府和有关单位公文9份，其中自治区政府文件3份，自治区部门文件2份，金融部门有关证明3份，其他文件1份。

在骗子眼里，政府文件跟他们的“合同”差不多。

17. 利用国有企业

浙江平阳县顺溪镇的洪某、李某和包某等人，找到福建三明市三元区富兴堡街道办事处,说是在台湾云林县开餐馆的林女士要来这独资办厂，总投资200万元人民币，制造蜂窝纸板成套设备生产线,年产值达3500万元以上，委托他们三人具体操作。街道办自然很高兴，热情派人协助他们跑区里、市里办各种手续。不到两个月，三元区计划局、外经局、三明市外经局有关投资企业的可行性研究报告、中华人民共和国台港澳侨投资企业批准证书等文件均办妥。不久，三明市工商行政管理局核发企业法人营业执照。

接下来，洪某拿着蜂窝纸板生产线设备图纸请三明机床厂帮忙生产。该厂说没有能力加工生产这种机床，要找到总厂。总厂特意进行市场调查，认为这套图纸比较先进，全国目前只有广州和北京两家企业生产，市场前景较好。于是，甲方三明机床厂与乙方洪某达成合作协议。合作初期，按双方事先商定的价格，由乙方先行投入购买原、辅材料,配套件和加工费等资金，生产线完工后由乙方销售。甲方有生产权，乙方不得将订单委托第三方生产。鉴于甲方需添置必备的设备和新建厂房，乙方必须适当垫付资金。5年之后，双方可自由发展。协议还确定，乙方在三明独立成立一家有限责任公司，负责蜂窝纸板生产线的技术和销售工作。地点设在机床有限责任公司大门内，甲方为乙方提供两间办公室。双方还签订厂房租赁合同，将三明机床厂原职工食堂租给乙方作生产场地。签完合同和协议，乙方对要作为办公室的两间闲置房进行装修，安装两部电话，“三明市瑞泰机械制造有限公司”的铜质招牌则挂在三明机床厂的大门口。

与此同时，浙江丽水松阳县吴氏漆器有限公司在广东一家报纸刊出广告，称该公司专业生产儿童智力玩具、旅游工艺品、古代人物等系列木制工艺品2000多种，产品畅销美国、法国、荷兰、加拿大及东南亚国家，现因本县原材料紧缺，满足不了外商的需求，为节省长途运输，长期出差费用，决定将资金、技术、销售三输出，在广东寻找一家条件具备，木材资源丰富的企事业单位或个人合作，共同经营。该公司负责技术传授，销售全部产品，并预付生产订金，款清发货。

广东清远县新兴化肥厂的谢某与侄儿齐某看了这个广告，想在家乡开办一家这样的厂，便与吴氏漆器有限公司联系，并应约前往浙江考察，了解产品的销售渠道、年产值、利润等情况。随后，吴某亲临广东清远实地了解资金、租用厂房的落实情况，双方这才达成协议：谢某和齐某为甲方，投资51%，吴氏公司为乙方，投资49%，在清新县太和镇兴建一家年产值800万元的清远市顺意工艺品有限公司，乙方包销售联营厂所生产的产品。

接下来订购生产设备。吴某说："据了解，这种设备浙江温州有。不过，温州的产品性能会差些。听朋友讲福建三明也有，较为先进，但价格要贵些。"他们决定还是要三明的先进设备。第二天，吴某等回浙江，与谢某顺路到三明订货。

在三明瑞泰公司，很快订下购货合同：广东清远顺意工艺品有限公司向三明瑞泰机械公司订购RT型系列木制工艺设备84台(套)，总价值107万元。合同生效交50%订金，75天后交货付20%，设备安装调试出合格产品付15%，另5%作为质保金，"三包"期满付清。合同签订后，谢某马上到三明建行提取10万元现金作为订金，吴某称要回浙江将33万元电汇给瑞泰公司。回广东后，谢某打电话到瑞泰公司，得知吴某那33万元已汇到三明，便将另外10万元又汇到瑞泰公司户头。

然后，谢某打电话与吴某联系，被告知电话已停止使用。谢某急了，赶到浙江丽水吴氏漆器有限公司，吴某原来的那间办公室是空的。问厂里人，这才知道那是吴某租的。谢某马上拨打瑞泰公司的电话，也停机。马不停蹄赶到三明机床厂，大门上那块"瑞泰机械公司"的铜质招牌还在，但办公室也是一片狼藉。在这里，还有来自河南驻马店、天津新科技产业园、广东汕头、陕西韩城、辽宁沈阳等地的客户，他们的遭遇和谢某一样。

就在三明警方对此案进行立案侦查时，这伙骗子又开办"泉州市洛江虹鑫机械厂"，挂靠在泉州中侨集团机械制造公司，并又在南方一家报纸上出现这样的广告：浙江仙居县金贵银制品有限公司欲在广东寻找一家条件具备，木材资源丰富的企业单位和个人合作创办木制品工艺厂。又有一些人像谢某一样上当受骗。

警方抓获洪某、李某和包某，但同伙中的陈某、徐某、毛某等人在逃，也许又在某个其他地方继续行骗。

"国有企业"这无形资产，倒是给骗子充分利用了一把。

防诈骗实用指南

- 这类骗子跟前一类有所不同，有相当部分是真的，需要特别小心！
- 在他掏钱实施项目之前，别"借"钱给他。
- 最好暗中到他声称的公司去实地考查一番再作决策。

七、网上陷阱

上网是种时尚，方兴未艾，而网上金融诈骗也日益增多。美国哥伦比亚州的 Amiel Joseph Bosanko，在拍卖网站上贴出广告：出价最高的人，将得到一个可能以极高价格出售的稀有的棒球卡片。他利用竞买者的信任，收许多钱，却没有发送过任何商品。最后，Bosanko 在家中被捕，罪名是互联网拍卖诈骗。

据美国联邦贸易委员会的网站透露，在拍卖网站上出现的互联网拍卖诈骗案件增长较快。1997 年这类案件只有 100 起，2000 年猛增至 1 万起。该网站还透露，全美国每星期都会发生近500起互联网诈骗案件。近年来，网上金融诈骗也开始在我国出现。

广东阳江林某等人，在广州芳村区租下金融大厦1305室做办公地点，注册成立广州市东方神龙数码科技有限公司，并在北京、郑州、沈阳、成都等地设分公司，设4个网址。该公司的神龙数码网(www.shenlongnet.com和 shenlongshuma. com)打出一句诱人的广告词："点击神龙网,养家轻松松"、"想轻松赚钱吗？快来轻松网站"、"点击'神龙网'，马上就赚钱"。该网站发行"神龙数码卡"，每张380元，说是网民购买该卡后，只要每天进入该网站点击广告33次，连续点击3个月，就可得891元，扣除购卡的380元，实得511元。每人限购5张。凭这5张卡按要求点击3个月广告，可获利2555元。还称凭该卡可在指定商场、专卖店购物享受8折优惠。短短时间，他们在全国除西藏、台湾外的30个省、市、自治区的210多个市县发展368个代销商。许多人被高额回报吸引，借用别人的身份证大量购入神龙数码卡，甚至有人买上千张。通过各地代销商，销售80多万张，总额达2.3亿元，购卡人8.6万名。

当年5月底，该网站便没有继续付给网民广告费，各地网民纷纷向公安、工商部门举报。武汉代销神龙数码卡的7家代理商，因无法向网民支付广告费，向当地警方投案。各地代销点无法支付广告费，纷纷遭网民围堵。公安部迅速部署广东等有关省、自治区和直辖市公安机关查处，抓获犯罪嫌疑人100余人，缴获"神龙数码卡"6万张，冻结、扣押赃款2000万元人民币。

千万别以为骗子愚笨。他们也是每天天一亮就睁大了两眼，一发现什么新事物就扑上去。

防诈骗实用指南

- 众所周知，虚拟的网上各种骗子都特别多。当然不全是骗子，那些知名网站一般是可信的（只要不被假冒）。
- 对于那些新出现的，又未经合法手续审批的，掏钱时可得多几个心眼儿。

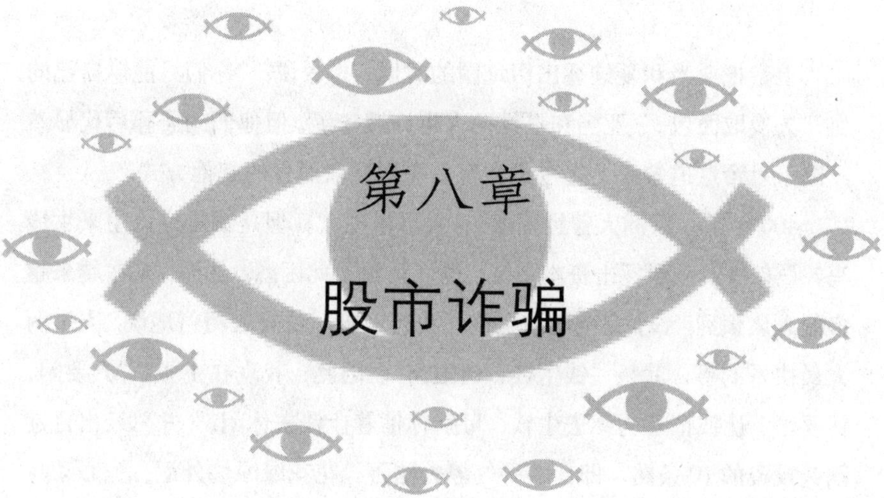

第八章

股市诈骗

一、 趣话“股票”

上帝把亚当和夏娃逐出伊甸园的时候，指令说：“你们只能以自己的血汗去换取面包。”亚当和夏娃两人也许遵守了，但他们的子孙后代显然没囿于上帝这道禁令，迄今仍在努力探索换取面包的其他方式。

400年前，欧洲人曾经困惑：“人可以生人，但是钱难道该用来生钱吗？”有些人强烈抨击资本主义，也许正出于此困惑。然而，现在越来越多的人认识到：钱，完全应该生钱！我还曾听一位友人粗俗地说：人生两大最快乐的事，就是“钱生钱，肉滚肉”。因此，我现在主张：“人要闲，钱要忙。让钱忙着为你去生钱，可别你忙着让钱去休闲。”并总结出百姓闲钱投资的10条路，即：心平气静去储蓄、花花绿绿炒外汇、惊心动魄炒股票、步步为营买基金、稳扎稳打买债券、一举两得买保险、天长地久置黄金、坐收渔利置房产、天高云淡玩收藏、嘻嘻哈哈玩彩票。

股票是指享有股份的凭证。比如说我们三个人合办一个公司，所需资金100万元可以由三个人平摊，即每人三分之一，也可以不平摊，即你资产雄厚些出资51万元，我资产薄一些出资34万元，他更差一些出资17万元。假设每股为10元钱，就可以说你有这个公司的51000股，我有34000股，他有17000股。公司盈利，按这样的股份分红利；公司亏损，也按这样的股份分担。

股份公司发行的股票有以下特点：

一是对股份公司享有一定的管理权，主要是参加股东大会、投票表决、分配公司盈利的权利。股东权力的大小，取决于股东所掌握股票的数量。比如你占有大半的股份，自然说话声音可以提高八分；他只有一小部分，说话就不能老三老四。如果他那小部分股票还分散在成千上万人的手中，股东会不可能请这成千上万的人都参加，而只能请他们选代表参加。

二是要承担公司经营风险，即公司盈利多你分红也多，盈利少你分红也少，亏损多少你也相应得损失多少。

三是只进不退，即只能入股而不能退回股金。你说你投51万元太多了，现在有其他用钱处，要退出钱来，行吗？对不起，不允许！

四是可以流通。光不允许你退钱是不够人道的，因此允许你转让给别人。为此，产生了证券交易机构，你可以拿股票到那儿去变现。

真正有实力、有眼光、有魄力的投资者主要是看中其二功能，即选定自己认为发展前景很好的公司，坐享其成。比如说，你对某公司的发展前景非常有信心，它初期发行的股票每股仅10元，由于公司很兴旺，10年后每股涨到100元，这种赢利就很可观。如果你在10年前投资比尔·盖茨的公司，无疑发大财。

股票流通也能盈利。股票的价值在于公司的未来，某种意义上说也有“赌”的成分。A股票目前值钱，你要转让出去，可是他认为这股票的发展前景很好，就收购过来。你今天每股10元卖出去，也许明天每股就涨到15元，他就轻易地从每股获得5元的盈利。当然，这股票也许明天就变成8元，他每股要损失2元。这就是所谓的“炒股”，你炒来，我炒去，炒得不亦乐乎。中国人一般都不善于低估自己的能力，越来越多的人认为自己能够把握股市，急功近利，多数看中股票的这一功能，而不指望从公司分红利。特别是2007—2008年，连小街小巷的卖菜老头老太都挤着进股市，还有不少老人连养命钱都不留了，警方戏言：“股市火爆了，抢劫犯罪都少了！”广西一个办假股市的罪犯说：“股民很疯狂，都想暴富。”所以股市骗子也猛增。

“炒股”这“炒”字用得非常妙，一是传神，生动形象地描绘出热锅里炒菜那种火燎燎的场景，挺抢眼的；二是很通俗，不论达官贵人还是平民百姓，不论专家学者还是目不识丁，没几个人没参与过或没见过炒菜。炒菜关键要看火候。炒股也一样关键是看“火候”：这股票明天后天还能升吗？甚至要考虑再过一分钟两分钟之后能否再升。炒股的目标谁也不含糊：获取最大盈利，简而言之是既要争取在最高价时卖出，又要争取在最低价时买进。而这最高价与最低价比“火候”还难把握。往往是你卖出之后它还在涨，你买进之后它还在跌。

说炒股是艺术，还在于它是难以全凭理性来把握的。理论上，你都懂得要研究所持股票公司的经营，要判研该股的走势，要关注国内国际政治、经济、军事动态，但在实际操作当中，还是失误比成功多。好比文艺批评家，他对艺术创作的理论了如指掌，甚至能对获诺贝尔文学奖或奥斯卡电影奖之类的作品的优点和缺点分析得头头是道，对读者、观众讲得天花乱坠，然而叫他动手去创作一部小说或者执导一部电影，恐怕没几个人爱看。炒股也一样，弄清基本原理，掌握基本技巧是必要的。如果过高估计自己的智商，过分相信自己的分析，必然亏多赢少。有时，不妨多跟点你的“感觉”——而非“理智”走。

著名经济学家吴敬琏甚至说：“中国叫做炒股票，外国没有这个说法。什么叫炒股？炒就是抢帽子——抢价格的帽子，造成整个股票市场基本上是一个投机场所，是炒作的。外国没有这种问题，中国是有人在炒作。”他说，股市不是赌场，更应该是一个投资的场所。

在美国，股票持有者大都是“做长线”的长期投资者，而只有少数“做短线”的“炒股者”。20世纪90年代美国纽约交易所的平均换手率在20%～50%之间，即股票2—5年转手一次，也就是说绝大多数人是持有2年以上的投资者。即使到格林斯潘所谓出现“非理性狂躁”的1999年，也只有78%，即1.28年换手一次，也还是做一年以上“长线”的人占多数。而2000年我国沪深股市流通的年平均换手率分别是499.10%和503.85%，即上市流通的每一张股票平均要转手5次以上，停留在每位购股人手中的平均时间不超过两个半月。简而言之，中国股市的炒作者太多，而投资者太少。

据国家体改委调查分析，我国股市特点是散户众。人数上，散户占87.62%，中户7.81%，大户3.13%；资金上，散户占60%，中户17.9%，大户21.9；投资者文化，小学及小学以下程度的约占4.3%，初中12.1%，高中、职高、专科为32%，成人高等教育毕业为18%，全日制大学及以上者33.6%。值得注意的是，下岗者占股民总数的14%，其中有41.2%的股民为女性，超过了女性股民占股民总数32.3%的比例。再是离退休人员占8.7%。这从另一个角度说明，中国股市投资者的质量不高。

即使高素质的炒股者，也不需要什么高投入。《楚天都市报》报道，中国地大（武汉）江城学院大四男生胡某大二时揣着600元生活费进军股市，历经去年大跌，在今年股市元气尚未恢复的情况下，他仍然赚8万多元。2009年3月30日，他拿出一张股票交割单来证明自己的炒股成绩，说："最近两个月赚了1万块。"同时，他的学习成绩没落下，今年研究生考试，他跨专业报考中国地大（武汉）古生物与地层学专业，笔试成绩超出去年该校专业分数线40多分。看来，炒股只需课余玩玩就行了。

中国股市呼唤真正的投资者！

与股票一起炒的，还有一种"基金"。

外国有个笑话，一位美丽女郎对一位大作家说：如果我们结婚，生个孩子，取你的智商和我的美貌，那是再理想不过的了。这位作家则说：如相反，取我的外貌和你的智商，那不糟了？我们日常生活中也常听人感叹：如果把某人（物）和某人（物）相加除以二就好了！当然，这只能是种幻想。不过，我们仍然常说："取长补短"。

证券投资基金（简称"基金"），就是这样一种产物。利润与风险成正比。在所有的投资项目中，炒股获利最多，但风险最高。国债获利少，但风险也小。把股票与国债的优势集中平均一下，就是基金的优势了。

不仅炒股（基金）之时惊心动魄，被骗之时也是惊心动魄的。采访过兰州黑市的新华社记者王克勤、王宏写道：

> 在采访中记者发现，几乎每个受害"股民"都承受着惨重损失带来的巨大精神创伤、债权人步步紧逼的社会压力、亲友不理解带来的思想负担和深深地自我反省的内疚与痛苦，更为严重的是许多人还不断受到诈骗者及其走狗的恐吓和威胁。据甘肃省综合部门有关人士称，近四五年来，兰州市至少有两三万人在这些证券黑市"炒股"被"洗"，按平均每人最少入"市"5万元计，起码有数亿元老百姓的血汗钱被诈骗者"合理"地掠为已有，因此造成了成千上万家庭倾家荡产、妻离

子散，甚至家破人亡。

法学界有人士大声疾呼：证券诈骗非同普通诈骗，它是一种个别人对整个社会公众的诈骗，其社会危害程度不仅远远高于普通诈骗的危害程度，而且要比目前正在全力打击的传销诈骗危害更大、隐蔽性更强、欺骗性更高。应该引起社会各方面的高度重视，依法严肃惩处，否则会危及整个社会的安定和社会经济的有序运行。可以说，证券黑市不除，民无宁日；证券黑市不除，国无宁日！

记者还具体采访了几个受害者：

——55岁的下岗女工李某，为给年近三十的大儿子娶媳妇，也为了给收入微薄的家庭增加一些经济来源，李老太太从妹妹和弟弟那里各借来2万元，加上家里的一点积蓄，一起投进股市。怎奈人老眼花，又识字不多。在兰州市西固天乐证券经营部，老太太总是苦于看不清大屏，两三个月无甚收获。恰巧，有一个姓马的小伙子左一声阿姨右一声阿姨，"好心地"劝李老太太到兰州力鑫经济信息咨询服务有限公司去"炒股"。老人家觉得有一台电脑可看、有专业经纪人指导、每天中午还供一顿免费午餐，这条件还真不错。李老太心想："股票市场嘛，肯定只有国家办了，应该不会有问题。"于是在马某的"帮助"下，老太太硬是忍痛割肉损失6000元来到"力鑫"，把9.4万全额资金交给了"力鑫"的老板。岂料，仅仅4个月，在经纪人马某的"帮助"下，李老太太"亏"得只剩下3300元。案发后，李老太太气得跳河。

——"股民"李某，投入55万元在甘肃华信投资咨询有限公司"炒股"，在吃了一段时间的免费午餐后，多年积存的53万元便付之东流。这时他才大梦初醒，知道几元钱的免费午餐只不过是"华信"割他大腿肉煮成汤又喂了他一小勺而已——但后悔没用，因为他将55万元打进"华信"账户后，除拿到一个该公司所谓的账号与一个空的"一卡通"外，连个收条也没有。

——有一位不肯透露姓名的"股民"，在那里投资13万元，仅3个月，就被"爆仓"(洗劫一空)。最后，她还倒欠诈骗者"融资"带给她的"债务”5000元。为了逃避这份“债务”，她干脆远走他乡，有家难归。

——受害“股民”张某借来妹妹一家四口多年来靠卖拖鞋、摆地摊存下的5.2万元加上老伴的抚恤金及数年的积蓄6万元，被“华信”洗得仅剩1.9万元。63岁的张某老太太因无力还债，亲戚反目成仇，被外甥举刀追杀。她还受到诈骗者的威胁和恐吓，有家不能回，精神几近崩溃。

——36岁的下岗女工陈某在给记者提交的调查表中这样陈述她的生活现状：“自从借钱到西固惠康公司(即现甘肃金业商贸有限公司)受骗后，所投入的2.8万元血本无归，致使原本就艰苦的日子雪上加霜，还债成了家庭痛苦的主基调，导致夫妻感情破裂。如此沉重的灾难就像乌云一样笼罩着这个支离破碎的家庭，每逢过节，催债的电话令人心惊肉跳，而上门要债的人更是难以打发，说尽了好话，做了无数的保证，凡家中有一些收入，总是先挤出一些还债。就这样，承受着精神折磨的苦难日子，不知这种黑暗日子何时才是尽头！受到的冤屈何时才能伸张！”

在愤慨与同情之余，总结经验教训，发现这类受骗跟其他被骗根本原因的性质是完全一样的：一是轻信，二是无知。正如黎昌政所说：

广大老百姓对于电脑、电脑系统及信息技术等现代科技产物缺乏深入的了解，一知半解，或知之甚少，难于识破高技术、信息化时代利用电脑作案的阴谋。记者在采访中了解到，很多投资者都是下岗工人，他们文化水平较低，缺乏必要的证券知识。很多人都是利用历年为数不多的积蓄，有的甚至是买断工龄的钱来炒股的。金鹏公司查封后，投入资金血本无归，相当部分股民生活陷入了困境。他们只是认定了他们眼睛见得着的“实时交易”，并且对眼睛见得着的一些以假乱真的东西固执之极，殊不知，狡猾的犯罪嫌疑人在背后设置了多少陷阱！直到今天，一些受骗者还把曾经挂在金鹏公司一份类似工商登记的证书，当做中国证监会颁布的证券经营许可证！

美国《华盛顿邮报》前两年曾刊登该报记者克莱·钱德勒发自上海的一篇文章，题为《在中国，股票骗局使小投资者受损》，摘要如下：

随着股市的持续飚升，数百万类似夏的小投资者的权利却受到了侵害。神秘的投资基金联手控制股价的涨落。公司的管理人员利用公司发展策略的机密信息为个人牟利。会计人员签署虚假或具有误导性的财务报告。中国财政部最近的一项调查显示，去年全国有98.7%的公司在年度收益报告中作假。与此同时，商业记者为得到热门股的回扣或装满现金的“红包”，无所顾忌地在交易所中吹捧毫无价值的公司。

政府考察证券法遵循情况特别小组负责人程思危在最近的一项报告中说，中国股市“充满了非法活动”。

中国对普通罪犯采取强硬的惩处手段是出了名的。但是，股票诈骗犯不把最近颁布的证券法放在眼里，不怕会受到严惩。

……

不管怎样，要阻止这种趋势可能需要好多年。两年前被聘为中国证监会首席顾问的前香港股市最高监管者梁定邦说：“在中国，我们的市场监控系统仍然处于相对低级的阶段。股票交易市场能够发现‘异常交易’情况。但问题是计算机上反映的问题实在是太多了。从一开始，这些问题就让我们应接不暇。”

防诈骗实用指南

- 股市诈骗中最多的是各类咨询诈骗。要么，狠狠骗你一次，溜之大吉；要么，忽悠你一把。
- 最新落网的浙江绍兴网友“蓝天雄鹰”，只有初中文化。2008年3月，他在网上开始传播炒股技术，一时间信众成千上万，被股民奉为“民间股神”。他所谓的“炒股绝招”，最终让股民亏损连连。
- 这类受骗跟其他被骗根本原因的性质是完全一样的：一是轻信，二是无知。

二、假冒股市

1. 虚设股市

甘肃兰州曾发生一系列虚设股市、虚假融资的集资诈骗案，性质恶劣、影响极大，涉及15个公司，10余起案件。在此仅选最大一例。

王某当过兵，退伍后在成都铁路局工作，1989年停薪留职，下海经商。虽有对财富的热切向往，但终因各种原因历经近10年的扑腾，所获不多。1998年春节，回成都探亲，认识“高人”赵某与李某。在他们的指点和启发下，王某认为终于找到发财的捷径。回兰州后，他立即注册成立以“财务、会计、审计咨询服务、计算机软件开发”为名的甘肃国泰财经服务有限公司（简称国泰公司），自任公司法定代表人。

公司安装了虚拟股票交易系统，招聘、培训工作人员，在成都设立虚假的股票接单结算点，让经纪人到各证券公司营业部等处，以其公司是证券公司的所谓远程大户室、入金5万元可享受大户室待遇、有专人进行业务指导、提供大比例融资等为诱饵，诱骗股民从事虚拟股票交易，然后以假报单、假成交、假平仓、假融资的手段，诈骗股民资金。为了隐瞒其诈骗活动，王某还与赵某等编造与成都恒盛公司、国泰证券四川分公司的虚假合作协议，由结算人员将股民的交易报单报至其在成都设立的虚假结算点。

1998年9月，随着兰州受骗群众举报虚假证券交易行为的增多，政府有关部门在正规证券交易场所公布了合法证券公司名单，并要求非法经营证券业务的公司停止非法经营活动。王某为逃避监管，从国泰公司抽出60万元后，转让给臧某。臧某未出一点钱就变更成为公司法定代表人，王某躲在幕后“垂帘听政”。臧某交付5万元后，王某又让臧某授权他管理公司业务及资金划拨，重新主掌着该公司的一切。

1999年年初，国泰公司因非法经营股票受到查处，但王某侥幸未受到惩罚，随后他却以此为借口，卷走全部入场交易者的资金。但他又注册成立仍由臧某为法定代表人的甘肃中亚财经服务有限公司（简称中亚公司），用原有设备继续采用模拟股票交易方式，诱骗股民进行所谓股票交易，继续集资诈骗犯罪。2000年3月，臧某因故退出，王某自任总经理，负责公司财务、行政、业务等工作。

2000年1月，王某为扩大规模，又假冒他人为出资人，成立甘肃华信投资咨询有限公司（简称华信公司），将两公司尚未平仓的股民转入华信公司，并诱骗吸纳新股民继续进行模拟股票交易，诈骗钱财。同年6月，王某为获取更大非法利益，又注册成立兰州华陇财经服务有限公司（简称华陇公司），采用前述手段诱骗股民进行模拟股票交易。

从1999年年初至2001年2月案发，王某在操纵中亚公司、华陇公司、信达公司经营期间，还利用吸引客户经营中国商品交易市场现货仓单交易及代理转让部分原始股的机会，指使工作人员将部分现货仓单客户的保证金和认购原始股客户的资金截留，后在政府有关部门责令给股民平仓退款时，因王某已将股民资金挥霍或用于其他经营活动，无力平仓，遂用这些资金给股民平仓退款，却隐瞒真相，让客户之间进行虚拟交易。

兰州市严厉打击集资诈骗案的统一行动开始之后，王某不知去向。2001年4月21日，经甘肃警方全力追捕，王某在深圳落网。案发后虽经公安机关千方百计地追款，也仅追回、冻结赃款380余万元及轿车、电脑、手机、办公用品等，远远不能弥补受害人的损失。

《人民法院报》发表这个案例的最后写道：“‘天下无贼’是一个美好的大同社会，我们期待这个美好日子到来的时候，千万不要忘记——当心你身边的骗子!”

2. 擅发“原始股”

广西科康生物科技股份有限公司前身是南宁市科康生物公司，经过科技攻关，取得了人工养殖金边蚂蟥以及从中提取天然水蛭素两项科技成果，号称“国内规模最大、技术力量最雄厚的专业从事天然水蛭素研发和生产的高新技术企业”。但有市民举报科康生物科技公司在非法发行“原始股”。

经查，从2004年5月起，科康公司负责人周某与广西南宁市一投资管理有限公司法定代表黄某密谋策划，签订《改制、融资策划书》，未经证监部门批准，就通过互联网和街头摆摊设点等方式，以每股1～3元的价格，面向社会公开销售广西科康生物科技公司“原始股”。

短短3年时间，这家公司非法售出广西科康生物科技公司“原始股”700多万股，涉案金额近千万元，殃及500多人。他们大多是中老年人，被骗的金额少则1万元至2万元，多则高达20多万元。兰女士以每股2元的价格购买1万股科康公司的“原始股”。她说：“有一天我经过南宁市文化宫时，一群人正在发放所谓‘原始股’宣传资料，我看过中医方面的书籍，知道水蛭素具有治疗心血管疾病的功效，所以就买了，没有想到会上当受骗。”

骗子也讲“科技兴骗”呢！

3．冒充远程大户

陕西渭南市劳动局干部汤某，与姘妇陈某成立“渭南世纪通财务顾问咨询有限公司”。在未经证券部门、工商部门许可的情况下，非法从事期货业务，骗取他人资金。公司大张旗鼓地购置电脑、信号接收器、交易结算软件等设备，并大量虚假宣传，招募经纪人到正规营业厅开发客户，拉拢投资人。

他们以高额回报为招牌，以虚假融资、“T＋0”交易为诱饵，诈骗投资人到该公司进行所谓的股票、期货交易。他们宣称是某某证券营业部的远程大户，有专业跑道。其实，只是用接收器等设备，装模作样地将深市、沪市和香港恒生股市的大盘交易等信息接收过来，并自制交易单，模拟股票、期货交易，骗取客户巨额资金。不明真相的股民还以为自己的钱已经流通于深市、沪市，其实全部是骗局，公司的所有交易与深市、沪市没有任何关系，客户的钱大部分到了他们的腰包。

另外，他们还通过鼓动客户频繁交易、强行平仓等手段，收取手续费、融资融券利息等，使股民不断亏损。初步统计，有150多人上当受骗，诈骗金额高达726.7万余元。

4．冒充法人代表

在网上，陈某自称是云南某投资公司法人代表，频繁出现在网上各聊天室和论坛，博得众多网友的信任。一年后，他消失两个月，重新出现时说，这两个月他在筹划某投资公司上市事宜，已取得有关方面批准，并给许多网友发电子邮件说还有些内部职工股，上市后可增值10倍，想要的网友可通过他购买。很多网友相信，汇了款去，据统计达300万元。从此再也不见陈某。有的网友急了，飞赴昆明，发现陈某住的只是一间租来的民房，早已人走楼空。

5．“模拟”炒股

广西有10家信息咨询公司开展所谓“模拟”炒股业务，1400多名股民受骗，3558万元人民币被“模拟”掉。这些公司一开始就暗藏诈骗的玄机。公司从工商注册伊始，使用的几乎都是假身份证、假资料，手法惊人的相似。按照现行法律法规，开办从事证券业务的经营场所必须经过国家证券监管部门批准。而这些所谓的“信息咨询公司”在没有任何证券营业批准手续的情况下，打着“信息咨询”的幌子，暗地里非法从事证券业务，代理股民买卖股票，大肆收取股民的保证金。他们还派人四处去证券公司拉客户，而1～10倍高额融资的承诺，则是他们摇向股民的“橄榄枝”。

股民一旦落入陷阱，公司便开始“模拟炒股”的表演。他们采取虚假下单炒股的手法，即在接受股民委托后没有实际下单，而是打电话让同伙接收。电信部门检查后发现，这些公司的电话线路根本没有通往股市，他们煞有介事的“下单”与股票交易市场没有任何连接，只是一种骗人的游戏。如汇升公司所谓电话下单，实际是罪犯同伙在五一路一出租房里冒充证券人员接受电话报单；而亿隆达公司则在营业场地旁边设立了“后盘房”，一根电话线从“后盘房”接到公司，便是代客进入股市下单的电话了；正德公司“后盘房”与营业厅一墙之隔；公司给客户的成交单、交割单、结算单都是模拟证券交易系统打印出的假单。正如长辉公司一位经理所说，资金根本没有进入股市，全在“信息公司”内部“流通”。

目前已被羁押的原汇升公司股东邱某在接受记者采访时，道出了公司赚钱的奥妙。这位曾向多家公司传授骗术的电脑“高手”说，公司主要是截留手续费和印花税，同时向股民融资，利息每天千分之一，最高的融资达3.6倍。而“股市有输赢”、“七亏二平一赚”这些股市常规，则成为公司老板常用来任意调用股民资金的障眼法。警方查处正德公司时，客户的资金应有数十万元，但公司账上却只有几千元余款，其余已被老板挥霍。有的老板干脆携款潜逃，股民们一夜醒来，公司已人去楼空，股金全部打了水漂儿。

如果资金全都在，用得着跑吗？

6．“自发股市”

有些股民为节省交易手续费，形成“自发股市”。在这种股市里，更是危机四伏，险象横生。

四川平武原农机水电局职工陈某，来到锦阳市南洋体育场“自发股市”，声称有6手长虹股票要抛，一个叫“起子”的人想“吃下”，约定第二天成交。第二天，身携巨款的“起子”应约而来，被陈某的人带上出租车，在大街小巷七弯八拐，顿起疑心，连忙用手机叫几个“兄弟”跟上。果然，被带入一间出租屋时，陈某早在那儿等着，桌上放着两把匕首，好在“起子”的人及时赶到，反将陈某打得鼻青脸肿。不久，陈某又把目光转向锦阳颇有名气的“大姐大”张某，谎称有8000股长虹股票要出手，诱骗张某买入。成交之日，陈某雇了杀手一起来到张家，连张某的丈夫都杀了，只因张家保姆突然冲出房屋疾声呼救，来不及抢劫现金和股票。

在这种“自发”之处，无异于自然的丛林，弱肉不被强食才怪。

防诈骗实用指南

- 跟进银行一样，首先得辨别这家股市经营者是否合法。
- 企业上市，需要经过严格的审批手续。在国家相关部门批准之前发行的“股票”，自然不可靠。
- 有的骗子先利用合法身份获取周围人的信任，再把这只虚构的“内部原始股”的前景和收益都描述得非常好，几年内股价可翻好几番，不可能向外人销售，因为咱们的哥们儿关系，所以才弄点给你，并嘱咐一定不能对外和任何人说。等大笔钱骗到手，他就“失踪”。

三、咨询诈骗

1. 网上咨询诈骗

在中国股市狂飙猛进中，网名“带头大哥777”的王某在网易开博论股，自诩为“散户的保护神”。其博客点击数堪称“中国第一博”。他自称1972年出生于吉林长春一个高级干部家庭，中专毕业后在人民日报某月刊任职；1992年去上海，进入万国证券，先后做过大户管理员、操作员、分析师、操盘手和主操盘手；1995年2月，个人资产达到最高峰4725万元，但因“3·27”国债事件输得倾家荡产。他宣称：“我要是天下第二，没有人敢自称天下第一。”“我的预测准确率超过90%。”“股票就是我的王国，散户就是我的兄弟。有我在你们就可以藐视一切机构，藐视一切主力，他们在我剑下除了颤抖什么都不会。”

其实，在王某背后，一个77人的团队是其分布在北京、成都、济南、上海、深圳等5大区的下线。“下线”们既帮带头大哥代理所辖区域内的讲课培训，也发展散户和机构客户的操盘指导业务。初期专为散户免费指导，咨询的QQ群也免费。人气一旺，就解散免费QQ群，不再接受任何团队外的咨询。他说："该收费的我坚决收费，想学习技术的，1万元一位，想成为我客户的一分钱不少收，而且没有讨价还价的余地。有时候做恶人比做好人更让人高兴。"他公开宣言：除4天10个课时一对一讲课收费1万元外，全国巡讲每人4000元。同时，开始代人操盘。散户客户资金起点20～75万元，机构客户起点资金是300万至1500万元。散户客户收10人，机构客户只收8个。每年完成100%～150%利润就停止；人员完成后递增，并非无限制。2006年年底2007年年初，带头大哥团队成员QQ群开始广招会员，按照指导和服务内容的不同级别，各群确定每年收费标准。前后12个QQ群，每群100～120人不等，实际收取会费1300万元以上。其中，转博后所开群至少获利1100万元。

王某的"事业"仍在像雪球一样不断滚大。大牛市面前，股民、基金公司们对他的追逐仿佛让其嗅到了风暴来临前的危险味道。于是，他想逃身。他任董事长的长春聚隆科技投资咨询有限公司成立。该公司的主营范围包括：投资方面信息咨询；计算机软、硬件研究，开发，网络工程，技术咨询，技术服务及相关产品销售。其次，履行向退出其QQ群的用户退款一半的承诺。其三，慈善公关。对"快乐777"慈善小学捐款20万元，长春市数位领导出席仪式。同时，他表示，会将其股票技术总结后出版，征集全国各大省会城市的销售代理商。但一切都为时已晚。7月4日，吉林省公安厅网警总队以"涉嫌利用网络非法经营投资业务"将其刑拘。

当前，"带头大哥777"式的骗子不少。又如：

——"股市义庄"，即预先告诉散户要进场拉抬特定股股价，让散户跟随赚一笔。其实，这只不过是一种股市诈术：庄家骗散户上门，就是要出清货源。先给散户少许甜头，等散户上钩，自己捞一票后就落跑，义庄对散户"情义相挺"，犹如"鳄鱼的眼泪"。在山东海化股票讨论区中，一位署名"股口巴老干部"网友发表文章写道："我想了很久才决定很谨慎地发表此帖，大家不用问我是谁，我的目的只有一个，想告诉大家，只要明天的散户不跑，那么明天下午两点半之前，我会拉个涨停。"果然，第二天下午出现1844张大单涌入，将股价拉到涨停。股民后来发表文章，尊称他为“义庄”。但没几天，山东海化的股价并未像义庄所说的连续涨停，当日甚至暴跌7.73%，这名义庄也在网站落跑了。

这是根据一则外讯改写的。原文最后一句值得一读：“大陆股市资讯不透明，股民无法透过公司业绩和技术分析去选择股票，反而任凭消息满天飞……成为大陆股市乱象的另一个诈骗奇观。”

——“香港VS投资基金”，南京的张某在互联网上看到一则关于投资香港VS基金赚钱的广告，称“投资该基金，确认后第二天返利，每天按投资数额5%—10%返利”。高额的回报让其心动不已，便按照互联网信息上留下的通联方式与对方取得联系，并汇款1万余元。数日后，张某果真收到对方承诺的每天850元的汇款。但在张某准备将第二笔款汇给对方时，却发现这家网站已经关闭，随即报案。南京警方先后赴山东、河南、北京、广东等地调查取证，在江苏海安将27岁的犯罪嫌疑人陆某抓获。陆某2003年大学毕业后，回原籍从事设计工作。在与网友聊天中获知投资基金可以获取巨额利润后，便打起诱骗“基金迷”们的歪主意。他请人帮助设计一个虚假的“香港VS投资基金”网站，随后便在各大网站的BBS留言室广泛张贴广告信息。通过QQ、MSN等网络聊天工具，以高额回报为诱饵，诈骗全国十多个省份1200多人600多万元。

——“代垫交割款服务”，台湾高雄的张姓男子，以33万元买了一张股票，原本想要打算当日冲销赚取价差，想不到在收盘前仍没有卖掉，变成现股买卖，结算后需要股票交割款33万元，而他的存款只有22万元，还差11万。正不知如何是好，他突然想到可以利用GOOGLE网站搜寻“代垫交割款”关键词，果真找到一位李先生提供这项服务。经电话联络，除了交手续费2000元，还把证券账户的存折、印章、提款卡，全寄出去作为抵押品。想不到，过了股票交割时间，他发现李先生不但没有帮他垫付交割款，而他交出的存折还被列为警示账户，不但股票违约交割，还成了诈欺犯。不甘心被骗的张先生决心要找出这个骗子。他根据原先骗他的行动电话号码，花了两星期时间，终于在“露天拍卖网站”、“网际光华蚂蚁市场”以及GOOGLE网站找到那位李先生。一个网友还谈到曾被此人骗走存折，只不过这个李先生现在却“卖手机”及“代收人民币”。为了与他见面，他佯称要买手机，远从高雄赶往台北车站与他见面。经报警后顺利将那位李先生带回警局。

如果受骗者都像张先生这样执著，骗子一定会锐减。

——网上“抽倒”，据美国证券交易委员会（SEC）消息，目前有近1/4的联邦有价证券调研涉及各种形式的网络诈骗。与1999年比较，这种不正当行为的发生率已增加了37%之多。骗人者利用电子邮件或者其他一些网络联系方式建立起某种（一般是较小）的股票市场。网络股票诈骗案中增长速度最快的一类是间接股票操作，也称为“抽倒”式操作，即利用网络聊天室、电子邮件和一些网站激起人们对某种小股的兴趣，并投资进来。一旦该股涨到一定的价位，诈骗者立马抛出从而获利，只剩下那些上当者对着手中毫无价值的股票不知所措。尽管多年来诈骗者没有使出什么新花招，但是网络确实给他们带来了便利。以前需要一大群人守着密密麻麻的电话才能完成的事，现在只需一个人操作一台电脑就可以解决。然而，他又提到，在网络给诈骗节省开支和提供方便的同时，它也帮了受害者一个忙，那就是可以更多地通过网络查找到幕后操纵者的所在。因为骗人者都会在网上留下自己的足迹，这使得他们最终落入法网。一个年仅23岁的加州男子在很短期的交易中借SEC的名义赚取了前雇主大把钞票。而SEC和FBI正是通过追查该犯所发电子邮件中的电子签名于案发后72小时就将其捕获。

真是“成也萧何，败也萧何”。

2. 电话咨询诈骗

利用电话（手机）进行股市咨询诈骗的也不少，如：

——“扶持保证金”，深圳的何小姐加入某投资顾问公司，成为该公司的会员，委托该公司提供投资价值分析意见及建议。2006年9月26日，自称该公司调查员的罗某打电话给何小姐，说该公司总经理王某某为挽回公司声誉，准备亲自帮亏损较多的会员赚回股票钱，还给何小姐王某某的电话。何小姐即打电话给“总经理”王某某，王某某称这次帮助的名额有限，只有50名高级会员。因当时何小姐身体有病，符合扶持条件，让她先交10万元做扶持的保证金，并称这次扶持会员行动很保密，不能泄露机密，必须缴纳保证金。何小姐随即找罗某要银行账号，罗某给何小姐一个户名为王某的建行账号，称王某是公司经理，也是这次扶持行动的人员。何小姐往该账号内汇入10万元。汇款后，何小姐接到王某某电话，称其他会员都汇入保证金15万元，如果何小姐不汇入全额保证金的话，就要取消她的扶持名额。王某称多加的5万元是公司提供炒股资讯机器的押金，何小姐将机器还给公司后，这5万元押金会退还何小姐。于是，何小姐又汇入王某账号5万元。但在汇款15万元后，发现再也联系不上罗某、王某某及王某，王某答应寄给她的炒股资讯机器也未收到。何小姐到深圳天安数码城找该公司，得知公司已搬走。

——"美国股权手续费"，李先生接到自称深圳市证监局林某的电话，称为弥补他前期加入某投资公司会员的经济亏损11万元，证监局将会采取补救措施，至于什么措施在林某将他的情况反映到前沿公司后再定。次日上午，李先生又接到自称该投资公司董事王某的电话，王某称将以转让董事股权的形式弥补其损失。全体董事用抓阄的形式，摊到哪位股东就由哪位股东出资股权，并称该投资公司的股票10月12日在美国上市，要他抓紧。当日下午，王某致电给李先生，经抓阄确定转让股权的是谭某总经理。于是，李先生与谭某联系，核实股权数量，并提出签订股权转让、资金保障合同，同时传真空白的股权转让、资金保障合同。次日，李先生与谭某联系，谭某提出要他交纳他们去美国办理股权证的相关手续费用，李先生即通过工商银行汇给谭某6万元。汇款后，李先生电话通知谭某，双方通过传真签订正式的股权转让、资金保障合同并签字，谭某答应10月9日从美国回深圳后汇给其股权证及6万元的票据和相关手续。李先生于10月10日、11日拨打谭某等人电话时，发现上当。

——"转让法人股报关税"，吕先生先是在一家公司指导下炒股亏损3万元，又在某投资公司亏损2万元。有一天，他接到自称国家监审委的一女子电话，问其是否在某证券做股票获利60%，吕先生据实相告。两天后，一自称前沿证券经理李某的男子致电称接到国家监审委电话后，了解到吕先生的情况，表示抱歉，并称公司董事长向某将转让给吕先生1万股法人股，以补偿其损失。李某还称转让法人股要交1.8万元报关税，并提供给吕先生电话。随后吕先生致电向某。向某要他在当天10时前把1.8万元转到他的工商银行账号上。吕先生因急于挽回损失，就按向某要求汇出款项。当日下午，李某又来电要吕先生与他公司董事长徐某通电话。吕先生即致电徐某，徐某要吕先生在当日15时前汇给他1.5万元个人所得税，吕先生也照办。后来，李某称会邮寄给吕先生股权转让协议。到约好时间，吕先生并没有收到李某所称的信件。

——“购买美国股票抵押金”，孙小姐接到一自称是深圳证监会罗某的女子电话，称调查其对某投资公司的服务满意程度。孙小姐回复说该公司不好，她在该公司的股票市值损失达三分之一。罗某便称让该公司负责人联系她，商量怎么解决问题。不久后，一自称该公司总裁顾问的王某与孙小姐电话联系，称他准备带一些对他公司不满意的人做一只股票，并称该股票准备做一个涨停板，利润非常可观。孙小姐在王某的劝说下，汇给他4.8万元做抵押金。王某称该只股票放到12月再做，其他人的钱都退了，而孙小姐的抵押金，王某则帮她买了该投资公司在美国上市的股票，公司同意孙小姐以每股12元的价格认购3万股，并要孙小姐补交31.2万元。孙小姐再汇出31.2万元后，王某又说要再转让2万股法人股给她，到年终可分红。孙小姐于是又再汇给王某20万元，多日后才发现自己被骗，总计被骗56万元。

一口气读完这四个深圳福田警方提供的案例，我竟然对电话产生抱怨。冷静下来，又怨受害人：你怎么那样轻信电话里的言语呢？难怪中国证监会期货监管部要于2007年6月22日发表现郑重声明，称近期有不法分子采用伪造中国证监会期货监管部函件和印章，盗用期货监管部名义的手段，向期货经营机构征订书籍，从事诈骗活动。此外，还有不法分子冒用期货监管部领导、工作人员或其亲友的名义，向期货经营机构推销产品、征订书籍等。而中国证监会期货监管部从未向期货经营机构组织征订过任何书籍或其他材料。请各期货经营机构务必注意识别，防止上当受骗。如有不法分子的线索，应及时向派出所等报告并向公安机关报案。

防诈骗实用指南

2009年4月14日,《新闻晨报》报道,又一位“民间股神”栽了——简凡(原名韩XX)因涉嫌巨额诈骗被上海警方逮捕,涉案金额约2000万元。在此采访中,一位不愿具名的圈内人向记者报料,整体看,“民间股神”们的生存状态或者说盈利模式大体有六种:

一是办讲座,很多所谓的民间股神,就是通过讲座发财的。目前炒股资金量超过10万元的股民已非常普遍,而眼下股市讲座的行情基本在1000—2000元/人/天。这很怪,如果让很多人花2000元买个东西之类的,要犹豫考虑半天,但到股市这个逻辑就不存在,尤其在行情好的时候,一天花费一两千元的讲座倒是很“叫座”。有些人办讲座,一次可赚70万元!

二是卖软件,在股市里摸爬滚打的人都了解,股票不好炒,充斥着各种技术指标、财务基本面等,而有些咨询公司就可以通过开发简单的软件,然后将其出售给一般投资者大大赚上一票。2007年行情火爆时,券商营业部有人散发“黑马”炒股软件的广告。

三是代客理财,主要是基于“信任”。有些人炒股水平确实比较高,就会有亲戚朋友的资金找上门来,也就有“代客理财”这种盈利模式。这种模式一般不承诺“保本”,双方会签订均认可的条款合同,一旦出现问题,目前没有专门法律给予保护。

四是私募基金,在股市中私募也是很大的一个群体,他们属于比较合规的代客理财,募集资金一般是通过信托的方式。

五是一级半市场豪赌,这种模式风险大收益也大,类似“风险投资”,早年很多投资者在这里翻了船。很多投资者被诱惑上钩的理由之一是,以3元5元每股的价格投资,一次投入几十万元甚至上百万元,而等到投资的公司上市后,可能获得超过几倍的投资收益。这种方式的风险在于,信息披露并不透明,所投公司最后可能无法上市,一旦失败,投资者会血本无归。

六是二级市场赚差价,这是目前最流行的一种民间募资模式,通过二级市场买卖股票赚取差价,获取利润。这种方式也是最容易出现“黑嘴”的地方。一些投资公司会包装所谓的“专家”，通过报纸、电视台等推荐股票，甚至连续推荐，自然会有跟风的投资者，也成为“抬轿子”的主力，庄家借机逢高出货。

四、股市贼眼

证券交易大厅，人山人海，人们大都全神贯注在同一个目标：大屏幕上那红红绿绿、稍纵即逝的数字。可是，千万别忘了，这些人当中也许有个别人长了第三只眼和第三只手，有的甚至可能在服务柜台内。如果证券公司的设施和规章制度不够完善，就会给歹人实施罪恶提供方便。

1. 现场偷看

四川成都股民苏某有10.4万股长虹股票，但当他到证券公司查询时却发现，他的这批股票已被7家券商冒名“盗卖”，损失8万多股。苏某向公安机关报案，在破案未果之前，只好将8家券商告上法庭。

不久，此案告破。原来，朱某和毛某两人在四川省信托投资公司福兴街证券营业部偷看到苏某的股东代码，后又从营业部电视显示屏上获悉苏某买入10万股长虹股票已成交的信息，便决定以苏某为目标，伪造苏某的身份证及股东代码卡，先后到成都4家证券公司，在未受任何质疑的情况下，以苏某的假证件设立资金账户，将苏某的2.9万股长虹股卖出，骗得款项78.9万元。

除此之外，该两名案犯还以同样的手法将俞某、全某的各类股票5500股骗卖，得款4.38万元；还骗卖曾某1万股“四川制药”股票，在提款时案发被捕。

2．骗账号密码

辽宁沈阳的老太太王某，在中国长城信托投资公司证券营业部有70多万元的股票。有天，她在股市认识一位男青年小王，谈得挺来。交往多了，小王不仅掌握了她的账号密码，还借她求他帮助买人民币纪念册之机留下了她身份证的复印件，制作一个假户口本、假死亡证明、假遗嘱公证书。然后，他拿着这些假证件来到证券交易部营业处，声称他母亲王某去世了，要求办证券继承。好在服务小姐心细，忽然想起两天前还看到那老太婆，不大可能这么快就死，便向领导汇报，并立即到大户室看一下，却发现王某好端端坐在那儿看大盘。

3．“股票专家”代劳

职业股民李某在广州某证券公司被众多新股民奉为“股票专家”，有些人还将自己股票买卖的操作权放心地交给这位“专家”操作。李某轻而易举地获得了这些股民的交易户口资料，便利用证券公司管理疏松，开始盗取他人股票账户的资金。据查，李某先后在袁某账户上作案22次，盗得人民币3.8万元；在吴某账户上作案11次，盗得人民币7万元。

4．管理员破译

高某是北京某证券部大户管理员，利用工作之便，从计算机上调阅客户资料，发现许多客户用自己的出生日期为资金账户设置密码。高某破译客户贺某的密码后，又伪造贺某的身份证和股东卡，到别的证券营业部以贺某的名字开户，回自己单位闯入客户资料库，利用贺某的余额19万元买一种股票，然后将这批股票划到另一个营业部卖出，到另一家银行将19万元人民币全部取出。

防诈骗实用指南

- 就像在银行存取款一样，最好与他人保持一条“一米线”。

五、合法公司非法经营

1. 超范围经营

设在西宁市的青海金鹏投资有限公司，是经工商部门登记注册的合法公司，其合法经营范围为：企业兼并、市场投资、投资理财顾问、技术开发，不含证券期货代理业务，公司注册资金300万元。但公司成立后，以从事投资咨询为幌子，超出核准登记的经营范围，逐渐开始从事非法证券期货业务。在这起股票欺诈案中受骗的群众达230人，涉案金额700多万元。据有关方面的调查，其诈骗手段主要是——

一是主管业务的人员全部与公司法定代表人实行单线联系，不得横向联系。交易单全部是实时行情，部分客户还进入股票交易所进行真实的股票期货买卖，经纪人严格按客户要求操作，相当一部分人员都有期货从业人员资格证。严格的操作程序蒙骗了包括公司部分工作人员在内的更多的人，有些不明真相的工作人员也投入资金或拉来亲朋好友投入资金做股票。

二是搞“模拟炒股”，即以不真正进入证券交易所交易的手段骗取钱财。公司吸引客户的一个重要诱饵是：为客户提供舒适的环境，每人一台电脑，同时可以提供1至4倍融资（向公司透支）。此外，还给工作人员一定的提成。公司普通工作人员为获得提成，竭力拉拢外面的股民转到金鹏公司。

三是以大量的合法活动掩盖其非法活动。公司以投资理财顾问的身份，受群众的委托或口头委托做“代客理财”业务。为了蒙骗群众，他们还在青海证券开有法人户，持有青海证券股东卡，让部分客户委托进入交易所进行真实的股票买卖，而让大部分客户委托进入模拟交易系统，进行虚假买卖。

四是最核心的工作人员实行本地化。长年坐镇公司的副总经理陈某就是西宁人，他甚至拍着胸脯对一些心存疑虑的股民说："我是本地人，乡里乡亲的，怎么能骗你们？"

五是视客户股票知识水平和精明程度分别对待。对于一些特别精明的顾客，金鹏公司往往劝他们到青海证券直接炒股，同时留下一部分通过他们的青海证券股东卡炒股，给他们提供就餐等便利条件。对这些精明人士不骗，让他们成为"活广告"，吸引越来越多的人。

六是留有一定的流动资金，保证股民存取自由。尽管有人对金鹏公司心存疑虑，多次反复存入取出资金，都按客户需要办理，从来没有因为提取现金问题与客户发生争执。放长线钓大鱼的招术，打消了很多投资者的顾虑，诱其上大当受大骗。

七是扯虎皮，拉大旗。上市公司青海明胶股份有限公司曾作为控股股东，和青海省金鹏投资有限公司等公司一起筹建昆仑期货经纪公司。由于青海明胶股份有限公司不在西宁市中心，所以昆仑期货筹委会借用了金鹏公司的一间办公室作为筹委会办公室。金鹏公司有意无意地误导，给投资者造成这样的假象：昆仑期货筹委会就是金鹏公司，青海明胶还是金鹏公司的股东，即使公司出了问题，也可以由青海明胶股份负责赔偿损失。

这两起案件给股民带来什么样的结果呢？新华社记者黎昌政在报道中描写：投资者"辛辛苦苦筹来的用于投资的数万元甚至数十万元资金血本无归。今天，犯罪嫌疑人仍然逍遥法外，而受骗的数百名投资者，只能站在昔日热热闹闹而今却被查封的这家公司门前，悄然无语，欲哭无泪"。

2．黑手操纵股价

"亿安科技"前身为深圳市锦兴实业股份有限公司，于1992年5月7日在深圳证券交易所上市交易。1999年3月，广东民营企业亿安集团收购深圳商贸控股公司持有的深锦兴超过四分之一的股权，成为深锦兴第一大股东。同年8月深锦兴公布更名为广东亿安科技股份有限公司，"深锦兴"股票随之正式更名为"亿安科技"。"亿安科技"股票在1998年8月仅5.6元左右，而到2000年2月飚升到126.31元，涨幅高达21.5倍，被广大股民誉为中国股票市场的神话。

据中国证监会披露，广东欣盛投资顾问有限公司、广东中百投资顾问有限公司、广东百源投资顾问有限公司和广东金易投资顾问有限公司自1998年10月5日起，集中资金，利用627个个人股票账户及3个法人股票账户，大量买入“深锦兴”股票。持仓量从1998年10月5日的53万股，占流通股的1.52%，到2000年1月12日最高时的3001万股，占流通股的85%。同时，还通过其控制的不同股票账户，以自己为交易对象，进行不转移所有权的自买自卖。这四家公司通过它们控制的股票账户进行几乎没有成本的对敲买卖，来影响证券交易价格和交易量，联手操纵“亿安科技”的股票价格，大肆牟利。截至2001年2月5日，上述四家公司通过控制股票账户共实现盈利4.49亿元，股票余额77万股。

在作恶者暴利的同时，是广大散户的暴失。“亿安科技”股票暴跌从2001年1月中旬开始。鉴于“亿安科技”股票出现的种种异常行为，中国证监会在1月10日宣布，查处涉嫌操纵“亿安科技”股票案。当天，亿安科技股票以42.66元跌停开盘，全天均封死在跌停板上，且成交极度萎缩，此后接连跌停。

从126.31元跌到42.66元，你说有多惨！

从5.6元到126.31元，大都是操纵者赚的；而从126.31元到42.66元，则大都是散户们赔的。

3. 内幕交易

米切尔·古滕贝格尔是瑞士银行投资研究部门执行董事。2001年，他欠朋友埃里克·富兰克林2.5万美元。富兰克林当时任职证券交易经纪公司贝尔—斯特恩，是公司旗下一只对冲基金管理人。古滕贝格尔提议，向富兰克林提供股票评级内部信息来抵消自己的欠款。由于工作关系，古滕贝格尔能够阅读分析人士对不同股票升降级的建议。凭借古滕贝格尔提供的评级信息，富兰克林利用自己管理的基金迅速交易。两人在债务清偿完毕后继续“合作”，分享税后盈利。在这之后的5年间，富兰克林利用古滕贝格尔提供的数百条信息赚了约500万美元。

在古滕贝格尔和富兰克林的多年“合作”中，越来越多的人卷入其中，最终形成了华尔街罕见的内幕交易团伙之一。富兰克林的同事罗伯特·巴布科克是其中之一，他用同样的非法信息在两年多内赚了66万美元。富兰克林的另外两名同事也利用同样的非法信息赚钱。同时，古滕贝格尔也将内幕消息透露给其他朋友和朋友的同事，使他们也得到非法获利。

两人的非法行为持续了5年时间。然而，华尔街另外一个内幕交易团伙的非法行为引起美国证券与交易委员会注意，最后顺藤摸瓜查到古滕贝格尔和富兰克林。富兰克林面临四项证券欺诈和两项欺诈同谋指控。如果罪名成立，他将被判处5年到90年的有期徒刑。

美国证券与交易委员会执法部主管官员琳达·查特曼·汤姆森说：“这些（犯罪）行为没有发生在晦暗的锅炉房，而发生在通常被认为‘顶级’的华尔街公司，被告几乎违反了华尔街的每条法规。”

谁规定灿烂的阳光下不能犯罪？

4. 发布假信息

股市中打假，倒不像假钞一样有假股票，而是假信息。何晓晴曾在《中国证券报》揭露：

在我国，会计信息严重失真已成为一种社会公害。据上海对22家市管企业及202家子公司的审计，查出114家企业虚增利润22.69亿元，65家企业虚减利润4.93亿元，两抵后共计虚增利润17.76亿元，实际利润仅为8.69亿元，仅为报表利润26.45亿元的32.85%。财政部对全国110户酿酒企业的会计状况进行抽查也发现，有102户企业的会计信息严重失真，收入、费用不实的金额共计近25亿元，形成虚假利润13.88亿元，其中企业报表利润与检查组核实的利润金额相差一倍以上的达41户之多。财政部最近又对159户企业会计信息质量进行了抽查。抽查结果表明：会计信息仍在不同程度上存在失真，其中最严重的是利润指标失真，抽查的159户企业只有2户不存在利润总额不实问题。

在这种会计工作大环境被严重污染的情况下，尽管监管部门对上市公司会计信息的真实性要求相对较严，上市公司也不可能全都出污泥而不染。相反，它们还比其他非上市公司有着更多的会计信息失真的冲动，如在不够条件的情况下为了增发新股、取得配股资格，在够条件的情况下为了避免戴ST、PT帽子等。

事实上，中国证监会成立以来对上市公司所作的处罚，50%以上是因为会计账务的虚假。典型的有1996年的“渤海事件”，1997年的“琼民源事件”，1998年的“东北药事件”、“红光事件”和1999年的“蓝田事件”、“闽福发事件”，还有最近查处的“活力28事件”等，都属于这一类型。

除了上面提到的这些典型案例，在年报、中报公布时期，也是上市公司会计信息失真的高峰期，所以投资者得格外留意。

《财经》杂志曾发表封面文章《银广夏陷阱》，揭露深圳股票交易所上市公司银广夏(0557[行情—资料])年度业绩绝大部分来自造假。

银广夏曾经是大牛股，从股价到业绩，均创下了令人炫目的记录：银广夏的每股盈利0.51元；股价则从13.97元启动，一路狂升，涨至35.83元。次日实施了优厚的分红方案10转赠10后，即进入填权行情，完全填权并创下37.99元新高，折合为除权前的价格75.98元，全年上涨440%，高居深沪两市第二。年报披露的业绩再创“奇迹”，在股本扩大一倍基础上，每股收益攀升至0.827元。

《财经》在天津海关查到最关键的证据：天津广夏年度出口额仅480万美元，第二年年度更是只有3万美元。这表明其所宣称的前一年年出口5610万马克、上一年年出口1.8亿马克的说法纯为编造，从而证明，银广夏在过去两年间创造的“巨额利润”神话，完全是一个骗局。

据报道，上市公司信息造假主要有三种情况：

一是业绩炸弹。在年报中是绩优高成长公司，转眼间业绩却骤降，让众散户一起挨“炸”。由于炸弹是隐蔽的，谁也无法提前得知，最终是想跑也跑不掉。

二是假账。随着某些上市公司所谓“黑幕”的陆续披露，触目惊心的假账在投资者面前现了原形。

三是投资收益。从公开的资料看股市投资似乎收益不错，实际上虚假巨额盈利的背后却是巨额的亏损。

上市公司会计信息失真的情况远不止上面所提到的这些情况，也不可能在一年两年之内彻底消除。投资者对公司提供的年报、中报之类信息，不可不信，也不可全信，得加以甄别，区别对待，以防上当受骗。虽然我们相信造假者将得到其应有的下场，但因假账遭受巨额损失的投资者目前仍只能自叹倒霉，只能自己多个心眼，越是绩优股，投资者的戒心就越重。

防诈骗实用指南

- 合法金融机构的经营，并非全都合法。对此，应保持必要的警惕。
- 人称当下中国企业一般有几套数据，对政府一套，对税务一套，对银行一套，对股民又是一套。
- 对相关数据，也应该保持必要的警惕。

六、股市“黑客”

赵某是上海市某河北证券公司的电脑清算员。“证监会”明确规定：证券从业人员在任期内不得直接或间接以化名、借他人名义持有、买卖股票，赵某明知故犯。然而，尽管他有种种优势，还是失算，7800股兴业房产股票被套牢。这时，他刚好参加一个计算机安全产品的研讨会，会上有人介绍某股票价格异常波动是因为计算机系统中的数据被人偷改了。这样，他便想利用自己的专长操纵股价，使自己的股票解套。

经过几次试验，他决定正式下手。这天下午1时整，上海市海南某证券公司上海营业大厅，股市准点开盘。这一时期，全国股市都处于低位盘整时期，交易十分清淡。可是，这天下午，兴业房产和莲花味精这两只股票开盘后走势十分怪异：刚一开盘，这两只股票迅速被拉升到涨停价位，成交量也急剧放大，在短短几分钟内成交达数百万股，然后很快回落到上午开盘价附近。

这一异常情况引起证券公司的注意，马上通过电脑检查成交记录，发现电脑系统遭“黑客”侵入，有5条数据记录被修改，造成该公司以涨停价大量买入兴业房产和莲花味精两只股票。后经全部抛售平仓，损失人民币300多万元。经公安机关一个多月的侦查，终于逮到赵某这位“黑客”。

股价异常波动，股民损失很惨。在上证交易所，虹桥机场转债的首个交易日，开市5分钟后，每张面值为100元的“机场转债”竟然以1.88元开盘，接下来是1.30、1.20、1.70，这样持续了5分钟左右，低价筹码被呼啸而来的大买单全部扫净，成交价迅速拉回100元。据统计，1元附近成交7176手，累计面值7176.6万元，而实际成交金额只有96.3万元，就是说在这5分钟里抛出的投资者损失621万元。

防诈骗实用指南

- 当股价异常波动时，应当非常警惕。

七、警惕某些媒体言论

可能对股民造成误导的信息，不仅仅来自某些上市公司，也常见于大小报纸、电视、广播等媒体。《中国经营报》记者周建莉曾详尽分析这些五花八门的言论，摘要如下：

一是媒体误导股市。据证监会人士称，新华网时评不代表管理层意见，三大证券报同时刊登的《风物长宜放眼量》一文，并非出自新华社的电讯稿，也就是人们常说的“通稿”，只是刊登在新华网上的普通文章。当然，作为网站的新华网与作为国家通讯社的新华社，两者所承担的功能以及权威性不可相提并论，“新华网”与“新华社”不可混淆。但事实上，该稿刊登出来后，许多人认为它就是新华通讯社的稿件，代表了有关管理层对市场的看法，外电对此也多有报道。当天股市反应是止跌启稳，收出蛇年第一根阳线，并且被众多股民当做是“救市稻草”，只是好梦难成真，很快便被人从梦中叫醒。受骗上当的读者怪只怪自己眼力不好，只当那天是愚人节开了个善意的玩笑吧！

二是渲染“庄股时代的终结”。由于证监会对中科创业及亿安科技的查处带动庄股集体表演高台跳水，证监会也表示要严厉查处违规操作，各媒体相继报道了有关“庄股时代终结”的文章，专业人士纷纷建议在没有庄的市场应转换思路，放弃跟庄操作…… 这给人的感觉是十年的庄股市场在一夜之间消失得无影无踪，让人不得不产生疑问：“可能吗？”

三是宣称一级市场无风险。一级市场可以称得上是股市中的“至尊”，长期演绎着只赚不赔的神话，但这一神话以悲剧的方式结束了。这个变化的好处就是给投资者提个醒，一级市场也不是一个稳赚的市场，也需要进行基本面的分析，看上市公司的质量才能确定。随着发行市场的改革，稳赚不赔的市场将不复存在。

四是盲目预测行情。如各媒体相继报道有关各著名证券机构提供的关于某年大盘走势预测报告，各机构及专业人士一致认为某年大盘行情将延续去年的牛市行情，预计高点产生的时间段应在上半年，而下半年行情因不定因素太多可能出现跌势。有业内人士指出，其实在年前大盘已明显呈现出疲惫状态，相当一批高价位股已放出调整信号。为什么如此之多的业内人士一致推崇大牛市行情呢？究其原因，无非是怕被客户（股民）责骂。只要你说大盘好，别管是真是假，听起来就高兴，如果说不好，碰巧又蒙准了，那股民的唾沫星儿还不把你给淹死。

五是宣称新股、次新股不会被套。随着大盘不断走强，新股定位越来越高。由于新股上市当天没有涨幅限制的特性而时常上演暴利神话，而其筹码的“清澈性”成为黑马奔腾的园地。以目前价位来看，真正有投资价值的凤毛麟角，一旦大盘开始调整，新股也会套人。

六是宣称炒重组股万无一失。对于ST股或其他问题股要特别注意风险防范。ST郑百文已向我们发出信号，重组不一定能炒。

七是盲目推崇中长期持有国企大盘股。很多专业人士曾大费口舌地向股民着力推荐国企大盘股，乍一听似乎颇有道理，但细细一想，让人疑惑。国企全面脱困，呈现出一片大好局面。但脱困的背后是绝大多数企业为了脱困而脱困，治标不治本，经营机制、股权治理结构没有得到有效改善，缺乏可持续发展的核心竞争力是制约国企的根本因素。对于二级市场来说，由于绝大多数国企大盘股所属行业已经显露夕阳产业的特点，成长性很低，因此，缺乏足够的想象炒作空间。对于市场而言，国企大盘股长期低迷是正常的。

八是鼓吹国有股减持不会给市场带来冲击。相当一批人士认为国有股减持不会对市场造成冲击。实际上，国有股减持与股市的活跃性应该是一个相辅相成的关系，即成功的国有股减持需要在一个活跃的证券市场背景下完成，从近几年的新股发行就可以看出来，而股市应该是经济运作的晴雨表，股市的长期活跃性并非靠出台什么利好、利空政策，政策调节只能在短期效益里起作用。另外，国有股减持的目的无非是通过股市套现帮助国企彻底脱困，让市场众多人士一起来为国家分忧，要注意的是“别帮富了别人帮穷了自己”，到那时可就没有人来帮你了。

也许，以上几点只是作者的个人意见。但不管怎么说，至少是提醒我们在这些方面值得特别警惕。

深圳自由撰稿人谭某，曾在报上发表题为《琼海药：业绩高速增长》的文章，称“琼海药中期已完成每股约0.4元的税后利润，该公司对完成全年每股1元很有信心”，“这对琼海药来说，成长速度不亚于深科技”。经广东省证监会调查证实，这是作者推测和虚造出来的。这些虚假的信息，误导了投资者，违反了国务院证券委的有关规定。为此，广东省证监会对谭某作出公开批评。这是该证监会成立以来处理的第一桩散布虚假信息案，但这肯定不是中国股市第一次散布假信息，也不可能是最后一次，也不能指望每一次假信息都能得到及时查处。对于我们广大投资者来说，只有多睁大自己的眼睛，多开动自己的脑筋。

我常常惊诧于说假话比说真话更自由。

防诈骗实用指南

- 任何媒体上说的都并非全是真理，哪怕所谓“专家”说的。
- 网民将“专家”戏称为“砖家”，不无道理。这是信息时代的悲哀。
- 我们无法要求媒体说什么不说什么，但我们可以控制自己看什么不看什么，以及相信什么不相信什么。

八、基金有黑幕

《财经》杂志以《基金黑幕——关于基金行为的研究报告解析》为名披露上海证券交易所监察部赵瑜纲对证券投资基金的一份跟踪研究报告，结论是国内大多数基金公司违法操作。

此报告由两部分组成，一是作者《基金研究分析》，以20家证券投资基金在沪市的买卖行为为研究对象，样本研究期间主要为8月9日到11月9日，扩展期为8月9日到12月3日。二是作者在第一次研究基础上的扩展性研究，为《基金风格及其评价》。第二次与第一次采用同样的研究方法，通过继续跟踪22家(样本期间增加汉兴和景福两只新基金)在沪市上大宗交易(成交量在1万股以上，含1万股)的股票汇总记录，分析证券投资基金在市场上的操作行为。

由于该报告的样本涵盖期为9个月，被认为可以基本反映基金的操作风格。该报告研究的对象，有10家基金管理公司，分别是博时公司、华安公司、嘉实公司、南方公司、华夏公司、长盛公司、鹏华公司、国泰公司、大成公司和富国公司；10家公司管理的基金分别为裕阳、裕隆、裕元(博时)，安顺、安信(华安)，泰和(嘉实)，开元、天元(南方)，兴和、兴华(华夏)，同益、同盛(长盛)，普惠、普丰(鹏华)，金泰、金鑫(国泰)，景宏、景福、景阳、景博(大成)和汉盛、汉兴(富国)。基金规模主要为30亿元、20亿元、15亿元和10亿元四种。

这篇文章内容分六个部分：一是“基金稳定市场”——一个未被证明的假设；二是“对倒”——制造虚假的成交量；三是“倒仓”——更能迷惑人的操纵行为；四是“独立性”——一个摇摇欲坠的幻觉；五是“净值游戏”——不仅仅是表面的欺瞒；六是“投资组合公告”——信息误导愈演愈烈。其中，对倒、对敲和高位接货三者是要害。特别是高位接货，极大地损害了基金持有人的利益。

这份报告公开发表后，在社会引起极大的反响。中国在线金融网所做的一项网上调查显示，在投票的1092人中，有60.7%认为《基金黑幕》客观公正，反映事实；17.8%认为该文反映一定现实，但也有偏激；仅有2.1%认为文章歪曲诬蔑，误导读者；另有19.4%则表示没有看过《基金黑幕》。

其实，早在《基金黑幕》发表前，全国人大常委会副委员长成思危在投资基金法起草工作会议上就批评指出：目前我国证券投资基金有一种不好的倾向，就是几家基金联手操纵几只股票，最终把老百姓给套牢。

然而，有关基金管理部门却赖账。所涉10家基金管理公司联合发表《严正声明》，说他们做的都是合法生意，指责《财经》恶意炒作。《财经》杂志寸步不让，立刻声明该报告有事实根据。然后是沸沸扬扬的大争论。著名经济学家吴敬琏站出来，接受中央电视台《经济半小时》专访。《南方周末》也刊载记者对吴敬琏的采访。吴敬琏说：双方的指控都带有触犯刑法的性质，一个说对方操纵市场，一个说对方诬告，执法机构管理机构要采取行动。为此，我那只懂之乎者也而从不过问经济的作家朋友萧春雷也愤怒地撰文说：

如果基金机构违法操作成立的话，不但面临刑事指控，还将面临民事赔偿。那些利益受损的普通投资者有权向基金索赔。吴敬琏说完这话两天后，中国证监会副主席高西庆说话了。他虽然提到基金操纵市场和对倒，却说：这和市场发育水平有关，可能不全是基金管理公司本身的问题。他没有提到这些行为是否触犯刑法，那语气，基金公司简直就是中国不成熟的证券市场的受害者。这太奇怪了。在我看来，问题的关键是基金公司的操作是否违法，如果违法了，什么理由也救不了它们。中国的市场经济体制也不成熟，难道大家都可以做违法生意吗？中国的政治体制也不成熟，难道各级官员可以腐败吗？

吴敬琏又说："怎么可能十大公司互保？难道他们之间互相的账在他们内部都是公开的吗？他们的操纵行为都是互相知道得一清二楚的吗？对于经济学家来说，这是不可想象的。十大公司本来各个之间是竞争对手嘛。而且法律上说他们不能够串谋来进行交易活动……"

这段推理很漂亮。如果《财经》杂志对基金公司违法操作的指控错了，那么，现在，十家公司的联合声明证明了他们互相串通，这本身就是违法的。如果指控是对的，这声明又增加了一条铁证。基金公司竟然笨到用一个确凿的违法行为去掩盖另一件真假未明的违法行为。我看他们对法律根本就不了解或不在乎，这种人不做违法勾当才怪呢。

我挂电话问一个在证券市场上厮混过的朋友。他说他知道《基金黑幕》事件，但没读这篇文章。他不屑地说："那算什么呀！基金干的黑事多啦，所有股民都知道。知道又怎么样？"

不怎么样。一个没有公平竞争的股市，少去招惹就是。可是心里不舒服：我不会发现了法律的盲区吧？

"基金黑幕"受到了社会各方的非议和指责。不少投资者认为，基金的违规运作最终"坑"了市场上最弱的群体——中小散户。而对于此等黑幕，我等中小投资者是无奈的，唯有在掏钱的时候"三思而行"，多独立思考，多问一遍：这个基金公司该不会违规坑我吧！当然这还不够，建议牢记张炜在《人民日报·海外版》发表的一篇忠告文：

《基金黑幕》引发的“地震”，将使中小投资者对基金的市场作用重新认识。在激烈的市场角逐中，中小投资者不必过分善意地看待基金，基金并非是你的同路人，而极可能与庄家一样是对手。中小投资者更不必对基金重仓股过分在意，你若随后买进也许就在为基金的出货接盘。曾经是基金重点关注的网络高科技股照样无情地下跌，而一度涨势喜人的国企大盘股恰恰根本未成为基金重仓持有的对象。中小投资者不需要跟着基金走，但应学习基金挖掘上市公司基本面的功夫。

自古有言：“男怕入错行，女怕嫁错郎。”现在得加上一句：“股民怕选错券商。”

防诈骗实用指南

- 将庞然的券商当做普通商人看待，也即他们为了自己的利润可能干出任何不义的事。
- 基金公司也有假冒。易方达、鹏华、广发等基金公司都曾发布《关于提醒投资者防止金融诈骗的通告》，说有些非法证券活动打着基金公司的名义，以知晓基金公司投资内幕或基金重仓股为由收取高额会费。实际上，这些公司没有从事任何私募业务，也不存在向客户承诺保底或分享收益、代理买卖股票以及投资咨询等行为，除基金公司直销机构和已公告的代销机构外，其他渠道的机构或个人代销各基金公司基金均属非法行为。投资者认购、申购基金，请到各基金公司直销机构和已公告的代销机构营业场所认购或申购基金，并注意核实对方的合法身份。
- 警方还提醒，有的骗子假冒某基金公司销售经理，向曾购买过某业绩不错基金的市民群发一条短信，表示可帮助客户通过汇款直销，以每份 1 元超低价继续申购到这只基金，抓住百姓获得较好收益后急于扩大基金投资的心理进行诈骗。其实，基金公司一般很少会主动联系客户。如果有人以基金公司名义打电话或发短信，千万别把账号、密码告诉对方，更不要轻易向账户汇钱。

第九章

黄金诈骗

一、趣话“黄金”

黄金是财富的代名词。奇怪的是，这不仅在中国，在世界各地都是；不仅在古代，在现代仍然是。沧海桑田，千百年过去，物是人非，一代又一代的人难以忘怀的还是此物。

中国人穷，但再穷也不能省黄金。中国家庭没有黄金饰品的很少。黄金饰品一直是很神圣、很昂贵的赠品，曾是富贵荣华的象征。出嫁的时候，礼单上红纸黑字写着要金耳环金戒指之类，你欠债也得买，否则不上你的花轿。时代不同了，只是将金钗变成金项链、金手镯。2001年年初，中国金币总公司在全国限量出售“千禧金条”，北京菜市口百货商场原定两天的配额竟几小时销售一空，上海出现深夜排队购买的奇观，在广州预售消息刚刚传出便预定一半……

爱屋及乌。人们喜爱黄金，也喜爱黄金所象征的一切，大凡美好的事物，就像总爱用美女来打比方一样用黄金来比喻:

——形容最佳时代：黄金岁月；

——形容最佳人缘：黄金搭档；

——形容最佳位置：黄金地段；

——形容最佳分配：黄金比例……

中国知识分子曾经不以为然，虽然倾慕“书中自有黄金屋”，但似乎从不在乎“黄金”本身。

有道是“金银天然不是货币，货币天然是金银”。人与人进行物资交流，最原始的交易是以货易货。这种交易局限性很大，你的鸡跟我的鸭不仅有物种之别，还有大小之类的不同，以物易物很难做到公平。要公平交易，就必须有一种媒介，这就是钱。然而，你的铜钱，我的铁钱，他的纸币，如果要进行交流也难有可比性，这就又需要一种钱中之钱——人们不约而同选择了黄金。

黄金是一种特殊之钱。改朝换代了，张姓天下不用李姓天下的钱，但可以用李姓天下、赵姓天下或其他任何时代的黄金。A国要有A国的钱，但到了B国怎么办？B国也要有B国的钱。如此，又得用上黄金。每当一种钱币面临困境的时候，黄金就大显身手了。中国俗话说“太平玩古，乱世黄金”，深刻地道出了黄金的意义。从现代来说，这“乱世”不仅指政治、军事之乱，还指经济之乱，如经济危机、通货膨胀、货币贬值等等。一块钱昨天能买一只鸡，今天就只能买只鸡蛋，普通的钱几乎不是钱了，堕落得跟草纸一般，这时就得靠黄金出来稳定形势。

银行诞生了，不停地衍生各种各样的金融工具，但离不开黄金。一国富否，一家银行有没有实力，就看它黄金储备多不多。即使发行纸币，也得以黄金作为价值基础。这种金融体制，称“金本位制”。

第二次世界大战后，美国以其占有全世界3/4的黄金储备为基础发行美元，这样全世界就建立起一个统一的“官价”：1盎司黄金=35美元。各国的货币不能直接兑换黄金，只能通过兑换美元间接地与黄金挂钩。由此，进而建立起以美元为中心的世界货币体系，即“金汇兑本位制”。

这样，黄金在全世界金融界的特殊地位就形成了。

对国家来说，黄金是一种具有战备意义的储藏物资。一国的货币购买力，往往是以黄金作为后盾的。

对普通民众来说，黄金是一种重要的避险工具。美国加州大学一位经济学家研究560年至1973年的金价，结果是如果考虑通胀、物价等因素，那么在这漫长的413年中，金价基本上没有什么变动。这个结论可以从两个角度思考：

一是黄金的保值作用确实稳固；

二是要想作为长远的投资，黄金不是理想的对象。

早在几百年前，马克思就曾经预言说：将来社会，没有阶级，没有金钱，黄金只能用于盖厕所。

如今城市的厕所大都用瓷砖贴面，洁白如雪，够美了，比许多平民的住房高贵得多。要是能用黄金盖厕所，你想象那有多美!

黄金的命运，似乎出现了上述预言的苗头。近30年，黄金“非货币化”趋势明显。1973年美元与黄金脱钩，1978年黄金正式退出国际货币体系，逐渐远离世界经济漩涡的中心，国际金价已经从最高时每盎司800多美元跌至不到300美元。金融市场从“黄金时代”迈向“美元时代”，美元成为真正的硬通货，黄金在世界金融市场日益边缘化。在国际货币体系中的核心地位逐渐丧失。80年代开始，黄金价格虽有起伏，但总体上是走下坡路。1999年，以英国为主的一些西方国家大量抛售黄金造成金价暴跌，曾出现每盎司255美元的最低点。因此，很多市场观察家认为，黄金作为长期投资保值、对付通货膨胀和国际清算的传统作用正在逐渐减弱。有人预言，黄金已风光不再。

然而，这种趋势还有很多未定的因素。世界黄金理事会投资局主席温伯格公开表示：“美元的远期前景不乐观,因为美国的内外债非常庞大，而货币与美元挂钩的国家被迫追随美国货币政策也增强了全世界的货币风险。因此，各国应考虑把黄金列为主要储备资产，以求减少一种货币操纵世界经济的风险。”

1999年诺贝尔经济学奖得主罗伯特·罗德尔相信，黄金在21世纪仍将是重要的储备资产。他说：“货币体系存在着动荡的危机，黄金则能在储备中起稳定的平稳作用。货币体系只有28年历史，而且还有通胀的风险。”他预测到2010年，金价将会升至每盎司600美元。然而，目前的金价已升至每盎司900多美元。

不仅如此。经济学者陈彩虹认为：

即使有千万种理由认为黄金作为货币的重要性越来越弱化，黄金货币的基础地位并未丧失。如果不只是以时下黄金的市场价格来评价黄金作为货币的重要性，而是从本质上，从国际货币体系发展的前景来看待它，黄金的货币地位应当说是越来越强盛，而不是相反，尽管它的表现方式在发生着重大的变化。

陈彩虹还陈述了他这一看法的理由，首先是黄金作为“制度货币”发行基础的作用并没有失去，其次是黄金货币作为储备手段的功能没有失去，再次是黄金货币作为流通和支付手段的功能没有失去，第四是黄金货币在金属市场上主要是作为货币进行交易而不是作为商品交易，这是黄金货币地位的最强大的证明。

《新京报》记者最近从世界黄金协会获悉，2008年全球黄金首饰销量下降到2158万吨，跌至20年来的最低水平，但中国大陆金饰总需求量仍有较强的反弹，为326.7吨，位居世界第二，仅次于印度的469.7吨。另据英国《金融时报》报道，中国于2009年4月24日宣布，其黄金储备已增加近一倍，成为全球第五大黄金储备国，中国此举意味着黄金在多年受到“冷落”之后，再度受到“追捧”。为此，世界黄金协会首席执行官施安霖表示，恶劣的全球经济环境以及高企且波动不定的价格影响了很多关键市场的首饰购买，但当市场价格有吸引力的时候购买力反弹，说明黄金首饰的潜在需求十分强劲。

看来，黄金厕所还得耐心期待。

俗话说“真金不怕火炼”，本意是指真的事物不怕考验，但我们还可以从另一个角度来品味这句话，这就是说黄金自古有真假之分，自古就有人以假乱真。

某丹客说是能炼金子。有个富人就重金聘请这丹客和他的爱妾到家里来炼，先付2000两银子做母金。炼十来天的时候，有个仆人突然来告诉丹客说他母亲暴病而亡，丹客大哭一阵，然后对富人说:“我得赶回去奔丧。这炉里的金子就麻烦您和我爱妾一起照看，我过几天就回来。”丹客走后，富人和他爱妾通奸。丹客回来，打开丹炉一看，里面并没炼出金子，便说一定有不干净的人冲走财气，大骂富人和爱妾。富人自觉理亏，又赔他许多钱财，让丹客心平气静带他爱妾走。后来才听说，丹客早把那母金运回家了，而他的爱妾只不过是个妓女，串通好来骗人。

又如一个书生相信炼丹术，将很多母金给了丹客，结果给偷跑。书生到处找这丹客，恰好找到。不等书生开口，丹客就赔礼道歉，请他喝酒，说:“我现在正好跟一个富人订了一份契约，说是等我师傅来，就可以给他炼金子。你先当一回我的师傅吧！”书生急于拿回自己的金子，就同意装扮成丹客的师傅，一起到富人家炼金子。有天，丹客对富人说有急事出门一下，炼丹的事有他师傅在。谁知道，丹客这一走再也不回，富人只好找书生算账，好不容易才摆平。

还有一种诈骗更可笑。有位道人，手里拿着一只铁牛在街上乞讨，高呼着“铁牛道人”。这样一连喊几个月，有天突然跑到一个钱庄里。钱庄老板问这铁牛有什么用处，道人说这铁牛能屙金粒。老板要求买这只铁牛，道人坚决不肯。好不容易求得道人在钱庄里住一夜，叫人把铁牛藏到密室里。第二天到密室一看，那铁牛果然屙出几粒黄金。那道人取了铁牛就要走，怎么也留不住。老板越想越不愿错过这宝物，派人到处去找，再三请求将那铁牛转让给他，勉强达成一个协议：以铁牛每日屙金的数量，按一年计付银两。老板咬咬牙，花巨资买下这铁牛。开始几天，这铁牛还能像以前一样每天屙几粒，但没几天就不屙了。这时，一个婢女得急病，老板叫她丈夫赎她回去。后来发现，那道人早买通这婢女，由她暗地里把金粒放在铁牛屁股下。老板派人去找那道人和婢女，怎么也找不着。

防诈骗实用指南

黄金诈骗主要是以假乱真、以次充好。民间鉴定法，据行家归结，主要有以下7个方面。

- **一是看：黄金的外表光泽和颜色是人们接触黄金的第一直观感觉。看，就是仔细观察黄金的外表光泽和颜色，进行判断。黄金有其独特而美丽的金属光泽。黄金的金黄色光泽明亮而耀眼，将其放在强光之下它会闪烁灿烂的光芒。对纯金而言，其颜色应为金黄色，细看之略显红色透出（赤金）。**

- **二是掂：黄金给人们的第二直接感觉是沉。掂，就是根据黄金给人们沉甸甸的这一感觉。黄金的比重很大，拿在手上就会有沉甸甸的感觉。如果拿在手上的物体与日常品相差无几，或者很轻，可以大胆否定不是黄金。这种定性的方法，对于纯金而言是有效的。不过，比重法对不同配料的K空和空心的金饰品，目前还存在许多困难，某些金属（如：钨）的比重与黄金近似，应注意。**

三是扳：纯的黄金给人们的第三直接感觉就是软。扳就是凭手感直接了解黄金的软硬程度，黄金的延展性很好，具有较高韧性和较低硬度的综合表现。越纯越软。在实际生活中，利用黄金的延展性来鉴别真伪，对于纯金而言是有用的。我们可以在其开口处或搭接处用手指轻轻扳动一下，若系纯金，一定非常柔软，成色至少在95%以上。而K金则是扳不动的，还可用一根普通大头针，在其边角划出痕迹，有明显痕迹的话，纯度都很高。

四是试：这是一种借助于试金石为工具的检验方法。试金石是一种专门用来检验黄金的“黑色辉绿岩”。将所需鉴定的对象在试金石划出条痕，仔细观察其色泽中微带紫色的大概成分，然后选择真正的纯金对牌磨出的条痕，根据条痕辨别黄金真伪与成色，有了对牌，可使试金石法的鉴定精度大大提高。

五是点：这是借助试剂进行黄金的鉴定。硝酸是鉴定黄金的最好试剂。用玻璃棒蘸上少许硝酸于被测物上，若是黄金，则岿然不动，安然无恙。

六是烧：“真金不怕火”，客观地表明了黄金化学稳定性好，不易氧化这一事实。利用黄金这一特征，鉴定纯金非常有用，纯金在火中烧红退出，其颜色不变，而K金等则变色发黑。

七是听：即听其声韵。黄金比重大，硬度低，因而落在地上的声音显得沉闷，而不像其他金属落在地上，清脆而有余声。这种靠声音判定黄金真假的方法，需要一定的经验，并非人人都行。

二、黄金有假

中国人民银行是代表国家管理黄金的部门，可是有些人利令智昏，偏偏要到“太岁头上动土”：

——贵州江口的王某，伙同他人，从安顺携带自制的6487.5克假黄金到江口县人民银行出售，得款565153.54元。王某结识江口县黄金局局长刘某，便与刘某合谋，由刘某负责销售搀假黄金，好处分享。从此，身为黄金管理局局长、黄金缉查队队长的刘某，居然与骗子沆瀣一气，先后向当地人民银行销售2.9万余克搀假黄金。

——山东西霞的王某，和同居者姜某到黑龙江东宁，从当地金矿私买100克黄金，按比例搀进钨粉，在外面包上薄薄的一层真金，送到当地银行出售，获赃款2000多元。得手后，胆子越来越大。两个月内，他们一共出售掺假黄金7000余克，获赃款15万元。因为怕出事，换个地方，来到岫岩，在某金矿办理出售黄金手续，在岫岩某银行出售掺假金条7次，获利100多万元。之后，他们又流窜到孙吴县，继续制造掺假金条，在孙吴县某银行出售掺假金条9次，获利200多万元。直到岫岩某银行接到上级部门通知，将收购的黄金运送到指定熔炼厂。黄金在炉中熔化后，发现上面漂浮大量黑灰色掺杂物质。提纯后，发现所掺物质是稀有金属钨粉和钨块，总重量为12695克，以黄金收购价计算，价值93万元。

黄金骗子连银行都不放过，普通百姓就更不在话下。海南儋州王某等人，长期流窜各地，以黄铜粒冒充黄金，采取先踩点布线后调包等手法进行诈骗。当他们在陕西渭南利用5000克黄铜粒冒充黄金骗取5万元时，被当场抓获。

卖假黄金也太容易点了吧！

防诈骗实用指南

- **请记住：凡是值钱的东西，或者说凡是美好的事物，都有人造假。黄金自然首当其冲。**
- **骗子经常以黄铜粒冒充黄金，采取先踩点布线后调包等手法进行诈骗。**

三、金饰品有水分

某手表厂想借政治题材炒作，推出“毛泽东诞辰100周年钻石金表”，大做广告，称其含金量24K，表盘上镶有一枚足金毛泽东头像、300颗钻石、10颗名贵蓝宝石，表面采用永不磨损的蓝宝石水晶玻璃。哪料，经国家地质矿产部宝石鉴定中心和轻工业部首饰检测中心鉴定，发现黄金成色不足，表面钻石全是人造玻璃。结果，仅北京一地就有280名购表者集体索赔。

深港交界处的“中英街”是著名旅游胜地，主要旅游纪念品之一是黄金珠宝。然而，据深圳市技术监督局一次抽查，这里的黄金合格率仅31.3%，珠宝合格率为50%。黄金不合格问题主要集中在含金量和计量单位两个关键环节。有的商家还把镀金饰品和K金饰品混在一起摆放，蒙骗消费者。另据报道，在“中英街”港方商店中，也有假货。某小姐买的金手链，一星期后就开始变黑。有11家金行经港方法庭裁定：出售成色不足金饰或未展示金饰成色标志告示。

据新华网最近报道，福建省宝玉石协会秘书长王乃珠介绍，福建市场上大部分的黄金首饰来自深圳黄金首饰生产企业。在这些企业的金饰批发门市里，有一个行规，即给每个客户的“结算单”上都注明：“请依照规定，在4日内将本产品送当地黄金首饰检测机构检验上柜。”但通过对福建省金银饰品质量监督检验站、福建省宝玉石质量监督检验站、福建戴信珠宝首饰检测公正计量站、福建瑞信珠宝首饰检验站等的调查，发现绝大多数金店（金行或专柜）没有建立质量检验体系进行送检。在对黄金首饰市场的自律抽检中，已经发现市场上13克左右含焊药（焊点）的千足金首饰，黄金含量不足。黄金首饰送货上门的，其产品的黄金纯度大多数不合格，有的甚至黄金纯度很低。黄金首饰工厂寄货上门的，存在许多掺假现象。

注意力集中在“纪念品”和“饰品”上，含金量本身就无所谓了？

防诈骗实用指南

- 通常说24K的黄金是指纯黄金即100%的黄金。实际上一般首饰用的黄金有千足金（含量99.99%）999金和足金（99.90%）990金。含金量高于99.90%的黄金，就认为是24K金。它的摩氏硬度为2.5，一般统称为足金。黄金的标准计量单位是“盎司”。1金衡盎司=31.1035克。1常衡盎司=28.3495克。1钱=3.125克。通常在市场上所出售的金牌相当于1两2钱（37.42克）

- 选购首饰要特别注意组合金。所谓组合金就是成色不同的几部分组合成的一件金饰品。如一对耳针，其各部分的含量分别为：耳叶99.72%，耳塞杆93.72%，耳塞扣88.65%。为什么会出现这种情况呢？因耳针在佩戴的时候，如果耳塞杆和耳塞扣纯度很高，则会显得太软，佩戴起来不安全，所以适量加入其他金属，令其硬度变高，会增加佩戴时的安全感。当然最好的方法是到有测金机的金行去测量金饰的纯度。

- 还要注意选商家。2009年4月13日，周大福、周生生等12个黄金首饰品牌17个门店与福建宝玉石协会签订《福建省标准金饰达标金店公约》，承诺保证建立金饰质量自查体系，包括配备一名质检员和建立质检自查记录表；保证上柜黄金首饰来自正规的生产厂家或委托正规的厂家加工，保证首饰字印符合国家强制性标准GB11887的要求，有厂家名称、材料名称、材料含量等三项内容；黄金首饰售价执行价费分离办法，即依据上海金交所前一日公布价和行业平均成本零售费率统一当日饰金基准价格，根据工艺和款式放开饰金工费定价。17个金饰门店在公约中表示，上柜黄金首饰经单位自检或行业自律抽检被发现黄金含量不达标的，保证主动立即做下柜处理，未做下柜处理的将通过媒体向社会曝光。建议客户多选择这样的黄金商家，更建议黄金商家做这样的承诺。

四、金表骗局

辽宁的史某等人，结成团伙，精心设骗局。首先，由一人假装卖金表，主要选择那些在家能做主的40岁至50岁的妇女。其次，佯装买表人，手里拿着伪造在《金融时报》报眉处的《中国人民银行收购瑞士产20K金航雷达表的通知》，称此金表价值9.5万元。

这时，又有一个同伙假装一般市民路过，与受骗者搭讪，并劝“买表人”别上“卖表人”的当，称自己有熟人在银行当主任可以鉴别，然后帮助找这主任。另一个同伙佩戴某银行主任胸牌从银行里走出来，向受骗人出示《银行金融检验单》，称他们银行一三五或二四六收购这种金表。如果这天就是星期一就称二四六，如果是星期二就称是一三五，让受骗者以为买下这金表，第二天就可以到银行卖个大价钱。

这伙骗子在沈阳和平区、铁西区、沈河区、大东区频频出现，骗得赃款400多万元。警方侦破此案的消息传出后，有400多名被害人从各地自费到沈阳辨认骗子。

这真是一出戏。身临其境，很难不进入骗子分配给你的“角色”。

防诈骗实用指南

不管黄金制作成什么物品，其鉴别的基本方式都管用。

五、挖金骗局

有4个穿着入时的中青年人来到重庆长寿某村，找村干部说：“我们是国家地质勘探队的，特来你们村山上勘察地下宝藏，请派一名村民协助带路勘察。我们按国家规定，每天补助误工费50元。”村长李某当即带他们去。不到半小时，一行人来到飞龙山半山腰，他们取出仪器勘察一阵，对李某说：“帮我把地锄平，我好安装勘察仪器。”村长接过锄头在地上一刨，就刨出一个金光闪闪的“金娃娃”。

这金娃娃脚部刻有“光绪五年制”5个金字。有个人说，这是国家一级保护文物，至少值50万元，5人正好每人分10万元。如果平分成5份，破坏金娃娃的整体性，那就不值钱了。干脆由一人买下，给每人10万元。可是谁身上也没带这么多钱，想买的只好马上赶去重庆，乘飞机回北京取了钱再来。大家同意，并建议把金娃娃交给李村长保管。

回北京坐飞机要5000元，而那勘探队员身上没这么多钱，其他3个队员把身上的钱全部掏出来也不足1000元，于是向李村长借。李村长有金娃娃在手，同意回家拿钱给他做路费。回到李家，村长杀鸡买酒热情款待他们，并将自己家卖肥猪、卖粮食积蓄起来的4000元钱全部借出。酒足饭饱后，一人带着借款回北京取钱去，另外三人玩了一阵说回县城住宿也走了。

李村长等了几天不见回来，便跑县城四处寻找，不见人影。回头仔细看那金娃娃，竟发现是一坨干泥巴，只是外面包装了厚厚一层金色锡箔纸。

黄金如果这么容易挖，其价值一定比铁矿、煤矿更低。

防诈骗实用指南

别轻信有“来头”的人！

六、黄铜变黄金

新疆昭苏垦区农四师七十四团一连老职工熊某,路过团部农贸市场时,有个中年男子向她打听“张晓兰”的住处。熊某说不认识这个人。这人又对熊某说,他是甘肃人,在家经营一个商场,最近进了一批假电视,公安局要对他家进行搜查,他母亲怕藏在家中的一件宝物被没收,就让他到新疆来找张晓兰这个亲戚,将这件宝物交给她保管。这宝物晚上会发光,使黄铜变成黄金,铜越多金也就越多。现在张晓兰找不到,东西又不能带回去,不如将它暂时存放在熊某家,一个月后给5万元酬金。

这时，另一名男子走来,自称是刚从七十五团调到七十四团工作的老师,说曾在书上看到过类似的宝物,他有4万元钱,愿意买下这宝物。熊某信以为真,生怕失去发财机会,抢先到银行取了13.7万元买下这宝物。那男子帮她将宝物装入钱袋,交代说：“晚上12点以前不准打开看。”

熊某回家后,出于好奇,提前打开钱袋,发现宝物不见了,只有6块肥皂,立即报案。32名边防武警官兵迅速出击,经过两个小时搜捕,将两个骗子抓获。

类似案件在其他地方也有发生,但不包括在魔术表演中。

防诈骗实用指南

这类白纸变钱、黄铜变黄金之类的把戏，花点小钱买张门票去看热闹是可以的，要你拿大把钱买它本身，那就上当受骗了。

第十章

柜台里的诈骗

一、趣话“银行人”

柜台里的诈骗，在本书是象征性说法，特指银行员工中的骗子。

银行人自然绝大多数是尽心尽责为客户服务的，但也有必要把那极少数的骗子集中拿来剖析。

银行人有着自己行业的特殊性。李景彬《银行人就应当与众不同》一文中写道：

银行的设立条件，使得一开始它就必须有钱，否则，根本无法开业。我国商业银行法规定：“设立商业银行的注册资本最低限额为10亿元人民币”，“注册资本应当是实缴资本”。所以，社会上传言“银行福利待遇好”，银行职员“西装革履，进出高楼大厦；收入颇丰，出手一掷千金；地位优越，结交社会名流”，是中外银行业多年经营才获得的无形资产和商标价值。作为银行人应当扩大这种资产，纵然贫困也要像个富人，这是职业道德的一种表现。富有、值得信赖是银行的第一生命，它利用自身的信用吸收公众存款，不同于一般的企业用商品吸出公众手里的钞票。银行必须把安全性放到第一位，必须保证支付，不能赖账。否则，将导致社会动荡。一家企业倒闭，不致引起全行业的关门；一家银行的挤兑，可能造成整个银行业的崩溃。因此，对银行有更多的保护，是现代政府的普遍做法。如果银行员工的工资都无法保证，那这个国家的经济很快就要垮掉。

总之，银行的特殊性，在于它树立符合自己行业特点的人物，不要夸富，不要怕富。银行的使命是使穷人变成富人，自己就必须具备致富的能力，不能用衡量一般干部的标准来衡量银行人，银行人应当与众不同。

本章后面，我还要介绍不少关于银行人诈骗的案例，但平心而论，相对来说，银行人还是最可信赖的人。如果银行人从整体上来说不可信了，那社会将是不堪设想的。

万事达国际组织针对亚太地区13个市场的消费观念进行调查，发现有76%的中国消费者相信银行账单决不会出错。这一数据高居13个市场之首。在已经发生“信用透支”的当今中国，还能有这种信任，真令人感动。

防诈骗实用指南

- **要提防假银行，或者假冒的银行人。**
- **任何行业都难免极个别“内鬼”，对银行职员也应保持必要的警惕。要按规矩办事，不要以为有私交，在银行柜台之外将钱交给银行人，不要将存折委托银行人保管（这都是银行不允许的）。**
- **最好开办网上银行，可以随时查询。与手机捆绑的短信银行，你人还没离柜，在账上存入多少钱就通知你了。**

二、冒充银行人

1.“处长”的教唆

山东潍坊染织总厂设计员曹某，下海经商，通过银行一位老同学帮忙贷款300万元，成立潍坊海洲实业有限公司。但这公司一直不景气，虽有银行信贷支持，仍只能拆东墙补西墙。有天，生意场上的朋友请曹某吃饭，介绍认识中行青岛分行处长刘某。曹某借着酒劲，竭力奉承这刘处长。火候差不多时，她说："海洲公司目前资金困难，要做大买卖无钱周转，刘处长给帮忙贷点款吧，事成之后，必重谢领导。"刘某指导说："贷款的程序复杂，操作起来很难，不如拆借资金。我的关系很广，可以拉来资金，你只要在当地银行有熟人，把钱存上然后再转出来用一年，不是很简单吗？"两人一拍即合，当场敲定：刘某负责到省城以21%的高息拉存款，曹某负责在银行找可靠的关系。

曹某到中国银行潍坊分行对公存款组找老朋友李某。李某是部队转业干部，刚到银行，正为完不成揽存任务犯愁，一言为定：如果能拉进存款，留1/10在对公存款组顶任务，其余归曹某支配。

刘某也很快拿出成果，说是从省财政国债服务部拉到1000万元，除高利息，还要2万元介绍费。钱到账后，由刘某朋友借500万，剩下的归曹某支配。要求曹某在银行用假名存100元的定期。几无后，曹某、刘某等人到潍坊中行找李某，在营业厅办理1000万元汇票存款手续，中行出具银行进账单。办完存汇手续后，刘某叫曹某买6套汇票委托书，回鸢飞大酒店填写5套汇票委托书。然后再到潍坊中行，利用李某按汇票委托书填写的内容办理5份汇票，从潍坊中行骗得583.1万元，其中借给刘某朋友427.9万元，即500万元扣除一年的高息，付中间人息差或好处费155.2万元。算账时，曹某多算给刘某3万元，让刘某独得50万元。回到海洲实业公司，刘某叫曹某拿出那张100元的存单，用"消字灵"将存单上的100元改成1000万元。

没几天，曹某又到潍坊中行。在李某的协助下，用汇票、支票从中行诈骗316.9万元。至此，山东省财政局国债服务部存入潍坊中行的1000万元，除100万元留在中行对公存款组的账户上，李某给曹某出具储蓄存单外，其余900万元全部被曹某、刘某骗走。曹某送给李某1万元，以示感谢。

这时，曹某被判无期徒刑释放回来的二哥来海洲公司，成了她的帮手，她便甩开刘某单独行动。她到济南找山东联大机械施工有限公司副总孔某，用月息21%做诱饵，经他联系山东省青干院的蔡某，又由蔡某联系招远市农村信用联社主任董某，从这个信用社拉到存款500万元。另外，曹某伙同二哥找潍坊市社会劳动事业保险处会计曲某，由在潍坊中行营业厅任会计的曲某之妻提供一套作废的但已盖好储蓄所公章和记账员名章的空白“中国银行特种转账传票”，再由曹某将500万元汇票存入银行，然后又从曲某之妻手中取回这张汇票，背书转让，将500万元存到海洲实业公司在潍坊的账户。当天下午，曹某把一张50元的存单变造为500万元，连夜将假存单和一张62.1万元的息差汇票交给招远市农村信用联社。

几天后，曹某又以同样的手段，从招远市对外供应股份有限公司骗来两张500万元的银行汇票，然后用两张50元存单变造两张500万元的存单。不同的是，她伙同他人制作假委托投资协议，私刻存款人和潍坊中行储蓄所公章，企图将此款从银行骗出，因银行经办人发现对方身份证编号错误而未提取，又因案发被冻结，诈骗未遂。

就这样，曹某进行金融凭证诈骗作案3起，总额2500万元，其中1000万元未遂。案发后，追缴人民币及赃物计1205.4万元，造成经济损失294.5万元。

令曹某大失所望的是，直到走进高墙她才知道刘某根本不是中行的处长，而是青岛的无业游民，是个十足的江湖骗子。在公判会上，被判死刑的曹某久别重逢刘某。刘某只是被判无期徒刑，却吓得两腿直哆嗦。曹某问他：“你冷不冷？”刘某嘴唇发颤说：“不——冷。”

如果没有“青出于蓝而胜于蓝”，骗术也不会长足发展。

2. 离职后的揽储

辽宁抚顺石油公司总经理董某，经人介绍，以16%的年息为条件，将公司100万元现金存入中国银行市西支行。办理手续的热心人，是被称做“银行老张”的中年人。当时，张某还用一张“上海侨胞生活服务中心”的30万元支票，换取董某25万元现金，差额5万元作为支付首期利息，其余的利息待100万元存期到后再结算。于是，董某将30万元的支票和70万元现金一并存入银行。过两天，董某不放心，还要求介绍人到银行去拿一张对账单。介绍人很快从“银行老张”那里拿来100万元存款的对账单，证明无误。

没想到，两天后，这笔70万元存款就被人划走69.5万元。先是划到“上海侨胞生活服务中心”在该银行开设的账户，然后又被分几次划走，仅剩下几百元。而那张换25万元现金的支票，根本就没有入过银行的账。当时，因为张某和银行里的工作人员都很熟悉，到处打招呼，介绍人也介绍他是“银行老张”。张某正是利用这种关系，在替董某办理开户手续时，在事先准备好的贷记凭证上偷盖被骗单位的印章。

警方侦查得知：张某原系中国银行上海分行市北支行副行长，因犯受贿罪被判刑，离开银行后也无建树。张某利用和市西支行工作人员都很熟的关系，以“上海侨胞生活服务中心”名义先在市西支行开设账户，又利用老同学关系到某广电设备公司要7张空白的贷记凭证，接着在金融圈里散布自己能为企业获得高利息的信息，骗得金融掮客上钩，介绍被骗的董某。

真是“胡汉三又回来了”！

3. 无业人员代办信用卡

新疆乌鲁木齐的无业人员童某，复印信用卡申领表百余份，又以公司招工名义收取41人的照片，接着以银行“向社会事业单位招揽储户，庆国庆免费办理信用卡业务”为由，骗取5人的身份证，并为这5人申办信用卡。然后，又利用那41人的照片制作41张假身份证，到银行透支36万元。

某银行信用卡业务部发现这5张信用卡使用不正常，马上报警。警方很快找到在信用卡申领表上登记的5个人，可他们的姓名与申领表上的姓名不一样。这5个人说自己确实办过信用卡，是某银行业务员童某代办的，说是等通知到银行签名领卡，此后一直无消息。哪知童某将所获赃款都已挥霍掉。

骗子往往是“全才”，装什么像什么，要什么有什么。

4. 冒充银行上门“服务”

新疆乌鲁木齐的佟某好赌。一次在打牌时，有位在银行工作的朋友开玩笑说："我们打牌可以用信用卡透支。没钱时，先透支一部分，只要到时间给人家还回去就是。"由此，佟某居然真的打起信用卡的主意。他先自己办一张，熟悉操作流程，研究作案可行性。然后，冒充中国工商银行工作人员在报纸刊登招聘广告，招收"业务员"，并在某宾馆开房间作为他的办公室，与前来应聘者洽谈。他将申领信用卡的表复印给业务员，让他们到各个单位免费办理牡丹信用卡。每来一个申请用户，得到该用户的详细表格和身份证复印件，业务员就可以得到40元的提成。

骗得申请人的身份证复印件之后，佟某替换照片，按照身份证复印件上的信息制作足以乱真的身份证，然后到当地工商银行骗取信用卡。为应付银行调查，他在不同宾馆同时开4个房间，找几个朋友入住，交代好接到银行的核对电话该怎么说。就这样，他第一次办4张牡丹金卡，每张透支1万元。第二批，办3张金卡，透支3万元。紧接第三批第四批，一共办多少卡，透支多少钱，他自己也记不清楚。银行与警方联手查证，佟某冒名办43张牡丹卡，其中金卡22张，银卡21张，共透支32.5万元。

上门服务之类，过度简化手续，在给银行和客户带来方便的同时，也给双方带来风险，且成正比，得不偿失。

防诈骗实用指南

- **职场人物，一般只能在职场可信。除非是他们集体外出，否则不可轻信。**
- **骗子往往是"全才"，装什么像什么，要什么有什么。**
- **对上门服务之类多留一个心眼。**

三、“金融掮客”作奸

1. 骗存款

浙江宁波的戚某，曾以优异成绩考取浙江大学能源系。毕业前夕，他与人合伙盗窃现金8000元，逃到广州，在外地混几年溜回宁波。回宁波后，通过贷款中介人介绍，充当起“金融掮客”的角色。他认识鄞县某局长，为该局充当几次“中介”人，逐步赢得该局长的信任。在一次酒席上，戚某告诉局长，将款存到中国银行宁波市某支行，可以获得高利息。局长信以为真，将该局的公章和印鉴卡等交给他，叫他尽快去办理。

戚某让人模仿私刻“鄞县某局财务专用章”和该局会计的私章，又偷换该局的银行印鉴卡。某局则按戚某的要求，先后将1300万元存入某银行。戚某趁机在转账支票或汇票上加盖伪造的印鉴。短短的6个月中，先后将1300万元存款划到由他操纵的其他账户上，然后将这些资金转账或套现，分别用于个人存款、投资、借贷和挥霍。

鄞县某局财务人员进行现金核对时，发现1300万元不翼而飞。戚某闻讯，携带巨款匆匆出逃。警方虽然在四川宜宾将他抓获，但有500余万元赃款无法追回。

骗子也要投资。除了“感情投资”，也会有经济投资，如戚某开始那几次“中介”，肯定让某局长得了某种好处。

2. 骗贷款

南京城市合作银行三元支行行长杨某是个女强人，无奈同业竞争激烈，业绩不佳。她把手下“吸储能人”严某找来，要求想点办法。严某说有两个“金融掮客”能拉存款，但要“以储放贷”。杨某表态：只要能拉存款，可以按60%放贷。

“金融掮客”卞某，没几天就拉来3000万元存款。但也没过几天，他就说有个朋友在南京高源实业有限公司做彩管生意，要贷300万元，有南京恒鑫实业有限公司担保。杨某派员简单调查一下，就分两次如数发放。一个月后，卞某又出面，说五洲巨龙实业有限公司要贷350万元，由风华金属材料公司担保，杨某也照办。

另一个“金融掮客”王某，拉来1000万元存款。他说一台商在江苏句容投资1000万美元，成立江苏富有远东度假村有限公司，正在兴建华东地区最大的高尔夫球场，每张高尔夫球场会员卡可卖5万元人民币，第一期500张卡已售完，急需400万元资金周转，有合资企业南京中德电线电缆有限公司担保。杨某派人到江苏富有公司驻宁办事处看了看，也如数发放。

然而，这3家贷款公司其实都是负债累累的皮包公司。高源公司仅有一间办公室，为它担保的恒鑫公司严重资不抵债，早已停业。五洲巨龙公司未办工商年检现已停业，为它担保的风华公司变更法人，只有20来万元的货能抵债。江苏富有公司的法人代表某台商早已走人，为其担保的南京中德公司因欠债被法院查封。“金融掮客”拉来的贷款户就是这样一些“垃圾”，1000多万元贷款根本没指望收回。

于是，杨某被判处有期徒刑9年，并处罚金5万元。这是我国银行法颁布后第一个因“违法放贷”被判刑的银行工作人员。她觉得好冤，在庭审中叹道：“我一心为工作，没有拿一分钱好处，却落得如此下场。”

杨某个人是没捞经济上的好处，可是骗子呢？骗子捞了多少？

3．帮银行朋友“吸储”

江苏60岁的老太鞠某，租用泰兴市鼓楼南路三间门面，开一家名叫“珍珍百货”的超市。由于乐善好施，鞠某在当地成了出名的“慈婆婆”。鞠某以帮银行朋友“吸储”为由，许以不低于年利息15%的高息，频频向亲戚朋友、熟人借钱。37岁的妇女李某，女儿从小患脑瘫，家庭经济一直拮据。当她将好不容易聚起来的5万元钱从银行取出准备给孩子看病时，在回家途中被抢匪夺去。就在她成天以泪洗面的时候，鞠某表示要帮她，说："我朋友在银行有储蓄任务，你帮忙用房屋贷点款，月息1.5%，比存银行高得多，也算我帮你多赚点钱！"李某听信。6万元"借"出还不到3个月，鞠某主动连本带息给她。看到鞠某信誉这么好，扣除抵押贷款给银行的利息，轻易就赚400多元钱，她感到遇上"活菩萨"。不久，她将连同弟弟的钱共33万元交给鞠某，约定半年还款，不想鞠某突然"失踪"。至此，鞠某已非法集资3432.48多万元，277人受骗。

当一个人无缘无故对你特别"好"时，一定要警惕。

4. 外币兑换公司骗外币

新加坡永隆外币兑换公司，持有外币兑换和汇款执照，经营汇款业务，近年经营寄往中国的汇款业务。中国民工过去通过这里向家里汇钱未曾发现丢失，加上永隆新元兑换人民币的汇率高于其他钱币商店，打烊时间也较晚，吸引了许多中国民工。然而，突然有位民工发现一个月前交付的汇款仍未到家，前往查核，竟发现这家公司已关门停业。其他中国民工闻讯纷纷打电话向家中查询，回答都没有收到钱。

新加坡警察部队商业事务局接到报案后立即对永隆展开调查，金融管理局吊销了永隆公司的外币兑换执照和汇款执照。有1100多名中国民工报案，涉案金额700多万新元(约3500万元人民币)。

据说新加坡的法律是最严酷的，但并没能吓住骗子，且是"合法"地行骗。可见，不能幻想骗子会断子绝孙，防骗更主要还得靠我们自己。这家骗子公司是专事对中国民工汇兑业务的，不知是否像有些国外专用中文提醒不要随地吐痰之类一样具有很强的针对性。

防诈骗实用指南

- **还是直接与银行打交道为好。**
- **当一个人无缘无故对你特别"好"时，一定要警惕。**
- **骗子也要投资。除了"感情投资"，也会有经济投资。**

四、吃里扒外的行长

1. 违规经营

为寻求发展经济捷径，广东恩平擅自制定一系列违反国家金融管理法律法规的所谓金融体制改革“土政策”，鼓励单位和个人以“手续费”、“协储奖”等形式高息引资。中央提出“约法三章”，整顿金融秩序。人民银行江门分行先后对一些金融机构高息吸储问题进行检查和通报，建行广东分行也派出工作组赴恩平，重点清理高息贴水存款问题，组织人员回收贷款，协助恩平支行解决资金困难问题。然而，在这种情况下，非法高息吸储，违规账外贷款问题最严重的建行恩平支行，反而被树为先进典型，原行长郑某被提拔为副市长(因犯贪污、受贿罪被判死缓)。接任者，竟是一个毫无金融管理经验的镇长侯某。

侯某继续使用高息的办法吸储(贴水率高达18%～25%)，然后以更高的利息把这些存款贷出去，企图从中赚钱。所有非法吸储和账外放贷，都经过侯某审批。当地人们都知道：要贷款，找侯某签个名就行。仅一年半时间，造成损失36亿多元，导致该支行被迫撤销，200多名员工被遣。事发后，侯某潜逃近3年。在法庭上，他为自己辩护：一是自己不懂金融业务被“任命”，二是被下属钻空子，三是行政干预，四是前任行长留下的烂摊子负担太大，因此责任不在他，他只负行长领导责任。如果让他官复原职，他“有办法弥补损失”。

在某种意义上，侯某真有点“无辜”——他又不是银行选拔的行长，怎么可能对银行负责呢？

2. 非法吸储

广东佛山禅城区澜石镇邮政支局局长何某，频繁到澳门赌博，欠下巨额赌债。其间，她认识3名澳门人，对方得知其身份后，便设下圈套游说其投资澳门某“大项目”以快速回本。

何某从此铤而走险，擅挪巨款用于偿还赌债和个人投资。她利用储蓄监控不严的漏洞，通过“公款私存”、设立“中间账户”等方式非法吸储。何某最早对介绍者往往给予较高的提成，一般的标准是在5%左右。

她又承诺，只要在邮政存钱，将给予高于国家规定的存款利息，有的甚至直接给予奖金。这种办法吸引的是公款，以至很多单位负责人不惜冒着挪用公款的风险，将钱“存”到她处。甚至有当地某些村委干部为获取高额回报，在村民不知情下将数千万的集体公款存入。

由于非法吸存走漏风声，何某竟然雇凶伤人，警方介入调查，这才掀开这惊天大案的冰山一角，发现她非法吸储多达17.9亿元，涉及储户352户。

真如古人所言：“螳螂捕蝉，黄雀在后。”

3. 偷盗汇票

国家经贸委包装公司河南分公司总经理史某，请河南许昌科技城市信用社主任马某帮助拆借资金。马某找到董某，董某找到姬某。

姬某拿来两张银行承兑汇票，一张盖有中国工商银行的章，出票单位是邢台钢铁股份有限公司，金额为200万元；另一张盖有中信实业银行的章，出票单位为威海市金猴集团商贸公司，金额为100万元，还有盖好章的空白合同书。讨价还价，史某事先付2万元，贴现或贷款成功后再按总金额支付8%～10%的好处费。

可是，这两张汇票拿到河南济源工行一查询，发现是“克隆”的。警方深入调查，发现这有一个组织严密、分工细致的伪造、贩卖金融凭证和票据诈骗的特大犯罪团伙，涉及的23人来自全国各地，共“克隆”银行承兑汇票22份、银行大额存单1份、商业承兑汇票3张，累计金额2590万元，堪称全国“克隆”银行承兑汇票第一案。而姬某交代，其中一部份承兑汇票的原件是某银行一名副行长提供的，他每提供一张要收费2000元。

难道家长要当“家贼”吗？

4. 信用社主任造假骗贷

江西抚州临川农村信用合作联社下属的茅排农村信用社主任饶某，把自己几万元钱借给赌徒朋友方某。不久，方某将钱还给饶某，加付几千元利息。在方某的唆使下，饶某也参与赌博，没想输得精光。为了翻本，他竟然伪造假存单11份，金额达236.4万元。然后，伙同方某夫妇等人，用假存单先后到抚河农行营业部、长岭营业所、临川农行营业部等地进行贷款诈骗，共骗得114.9万元。他们将诈骗到的贷款拿去赌场翻本，结果全部输光。

幸好饶某只是一个小小的信用社主任。

防诈骗实用指南

这种情况最难防。我只能建议：请选择“家风”好的银行。

五、储蓄员骗储户

1. 填写一式两样的存单

山东济南的杨某，通过“公关”，一方面成立济南市A银行历下支行济王公路代办所，另一方面注册成立“济南楚银铝业有限公司”。每当储户来存款，他给储户填写真实的存单，但银行留存的第二联却被他抽出来单独填写，从中间截留大量款项。所挪用的钱，用于楚银公司和炒期货，再就是吃喝玩乐。但他办企业欠债、炒期货亏本，储户存款越来越多到期，拆东墙补西墙也难以招架。

这时，杨某结识济南B银行湖山路支行服务部主任徐某，臭味相投。

杨某要求贷款，徐某没答应。杨某又生一计，拉一些客户把一些钱存到徐某的服务部，由徐某更改进账单，然后把钱都划到楚银公司账上，另外给徐某个人好处。徐某答应。于是，先后有3373万元存款转入楚银公司及杨某个人账户，除支付高息500万元和投资楚锻公司520万元之外，其余全被杨某贷出或炒股、炒期货，然而又都亏老本。

陆续有储户拿着到期存单取不到款，A银行终于发现这当中的罪恶。

一手办银行，一手办公司，天底下有这样的好事？

2．骗客户重输密码

重庆垫江的陈先生帮其母取钱，来到某支行一储蓄柜台，将卡递进去，要求取1000元。陈先生输完密码，柜员说："密码不对，重输。"他又重输了一遍，才取到款。

不料，两天后，陈先生的母亲问为什么取了1200元，却只给1000元？他说只取1000元，母亲却说到ATM机上查了明细，他那天取了两次，一次200元，一次1000元。陈先生深感委屈，便去找银行那名柜员。

那柜员查了一下，说他只取了1000元。他问他输了两次密码，是否多了账？柜员否认。他不甘善罢，转找支行领导。支行有关人员查看了陈先生当天取款的情况，证明他当时的确取了两笔款。奇怪的是，他取200元与取1000元只间隔了20秒，这柜员显然有问题。

于是，该支行立即检查由那名柜员经手的取款流水账，赫然发现，这柜员近一年里，采取类似手法作案29次，共从储户账户里偷了1.9万元，每次金额从50元到200元不等。马不停蹄，该银行重庆分行在全行范围内展开检查，发现该行另一分理处也存在类似情况，一柜员从30多个储户账户里共偷了3.2万元。

这家银行善后工作倒是不错。

3．"克隆"储户存单

李某大学毕业入建设银行，工作积极肯干，聪明好学，不久就成为科里业务骨干，深得领导与同事们的喜爱。两年后，一个分理处主任调动，行领导将这副重担交给他。这家分理处成立不久，业务辐射面窄，知名度低，在激烈的金融竞争中显得势单力薄。李某与同事们动脑筋、想计策，使存款直线上升，不到一年时间面貌大为改观。随着客户不断增多，在社会上的知名度也大幅度提高，分理处连续被评为“青年文明号”，李某本人也被评为“文明标兵”、“岗位明星”，还参加上级行组织的“爱岗敬业”事迹报告团。

然而，这样一个优秀青年很快中金钱的魔。多年不见的老同学白某得知他在分理处负责时，设法找机会与他联系，经常请他出入高级酒楼，让他领略纸醉金迷的生活。看到白某出手阔绰，李某的心态有些失衡。白某趁机说：“你呀，就是死心眼。天天守着那么多钱，就不会动动脑筋吗？现在我有一笔能赚钱的生意，可惜少点周转资金。如果你可以搞到点钱，咱们一起做生意，赚的钱四六分，怎么样？”

李某点头。于是，趁着替同事顶岗的机会，他将一张空白存单复制成与储户相同的存单，拿到另一家银行办理贷款10万元。他把这钱交给白某，指望在生意场上大赚一把。其后，他又一次次将手伸向储户的存单，复制后拿去贷款。最后，当李某将20万元现金交给白某时，白某却告诉他：他们的生意亏了，20万元全赔进去了！李某这才感到害怕：“那20万元存折马上要到期了呀!”他想让白某借点先把贷款还上，然而白某却不见踪影。直到一名储户提前来支取存单，却被告之他的存单已被冻结，行里开始调查。眼看就要败露，李某带着仅有的900多元钱仓惶而逃。

有些骗子本身也是受骗者，也是出于无奈，但这无助于改变事实。

4.“代理”储户取款

农行陕西咸阳杨凌支行东风路储蓄所负责人张某，长得挺漂亮，曾被捧为“校花”，但染有毒瘾。那份令别人羡慕的工资对于她来说杯水车薪，欠下的毒债日见增长。于是，她盯上银行的钱，伪造储户存单，然后对出纳谎称代储户取款。多则10天少则三五天，她就要作案一次。两年间，她骗出85万元，挪用公款5万元，其中50余万元用于吸毒，20万元用于因吸毒被罚款。

杨凌支行召开储蓄所负责人会议，布置对各网点财务进行检查。张某慌了，连夜叫弟弟帮忙，在计算机上做手脚。但她作案次数太多，且金额又大，改起数据来很费时，改完总账来不及改分账。第二天，支行的检查组来，发现通知存款905470.86元有问题。张某说，可能是电脑的问题，要求让她检查一下。检查组离开后，她借口有事出去一下，跑得无影无踪。

看来，业务检查还是多些好，且要“突然袭击”，让张某这样的骗子再多找几个人帮忙也措手不及。

5. 边收储边转支

黑龙江兰西的刘某是个“小神童”，读小学四年级就获得黑龙江省初中数学竞赛一等奖，并代表黑龙江参加全国小学生速算比赛，又荣获二等奖。上初二时，当地建行的人登门来邀请刘某代表该县支行参加全国银行系统的速算比赛。这有点像开玩笑。可是来人说，建行可以聘刘某为临时工。如果参赛能取得好名次，就正式调入建行。结果，刘某参赛获得全国第七名，成为建行正式员工。

哪知，年仅16岁的刘某很快心术不正起来。有天午休时，他趁同事不在，以“姜海波”的名义打一张1元钱的存折，盖上一位同事的印章。有一天，有位姓马的客户来存8万元，由刘某经办。客户一走，他竟然通过电脑从马某存折里取出7.5万元，存入“姜海波”的户头。后来，马某提前来取5万元，却被告知他存折上只剩5000元，东窗事发，“小神童”流星般坠落。

从骗子这个角度看，刘某也是“小神童”。

6. 火烧储户存单

河南禹州的刘某，到表外甥女李某所在的磨街农村信用社存款10万元，李某却将此款偷偷挪给自己的弟弟做生意。这个弟弟不争气，把钱给亏了。一年到期，刘某来取款，李某只好如实相告，请求宽限一段时间。念在亲戚的份儿上，刘某忍气吞声。偏偏刘某的朋友张某向刘某索债8万元。她把10万元的存折拿出来，说一时取不出来：“不信,我把存折和密码给你!”张某因用钱很急，只得要存折和密码亲自来取。信用社当班小姐核对存折和密码，说：“我把情况向新领导汇报一下，你们明天再来。”

第二天，只有李某一人当班。李某接过张某的存折，开始填单。好像填错，填一张撕一张，随手扔进一旁的火炉里。填着填着，她突然将存折扔进火炉。张某责问：“你咋把我的存折给烧了？”她竟变脸说：“谁见你的存折了？想讹人是不是？”到公安局审讯室，她还坚持耍赖说：“我没见存折。他们来取款，掏了掏口袋，啥也没掏出来……”直到表姨家人出来作证，她这才承认。

骗子一般都很“坚强”。如果表姨家的人不出面作证，那么骗子之名很可能要落到张某头上，信乎？

7.“揽储状元”的背后

陕西潼关的兰某，从银行学校毕业后即被当地建设银行聘为代办员，先后在建行信用卡部、会计部和开发区分理处任记账员、出纳员、复核员等职，最后被委任开发区分理处主任。银行同业竞争激烈，为完成揽储任务，他不惜违规违纪。几位储户因无法兑出在基金会投资入股的本金，求助于兰某，他居然私自动用银行资金为他们兑现。他先后挪用公款38万元，用于给储户基金贴现、付债、付劳务费。当一些不符合条件的储户要求贷款时，他也擅自办理，以口头约定期限和利息，私自贷出公款269万元，竟然没有任何贷款合同及账务记载。他还自作主张，用13万元买50部手机奖励储户。就这样，他赢得“揽储状元”的虚荣。

同时，兰某还挪用银行资金为自己做生意。当地有许多金矿，但银行收购黄金不及时付款，令矿主很不满。他从中发现商机，从矿主手中低价收购，然后以国家牌价卖给银行，从中赚上一把。他还买下两座金矿，买两部汽车。不想金矿迟迟不见效益，弄得进退两难。

经查，兰某在当分理处主任的3年中，采取直接从银行账面偷支储户存款、私开“双整”存单和国库券收款凭证、转卖国库券收款凭证等手段，挪用银行资金1000万元以上，全部用于开矿、私自贷款和个人挥霍。后来，办案人员仅追回150万元贷款。

兰某在当地人民银行任纪检组长的父亲向警方举报，这才东窗事发。而由于种种原因，检察机关难以摸清他的犯罪底数，只好要求凡与该分理处有业务往来的客户紧急到银行登记核对，这才发现他涉嫌挪用达1000多万元。

原报道没有谈及当地这银行的管理情况，但我们从字里行间不难想见那是怎样一种状况。有道是“十案九违章”，看来不假。说骗子太狡猾，往往是抬举他们。

8. 私开新业务骗存款

叶某是著名作家，曾在贵州插队多年，对贵州有感情。苗族子弟杨某高考到上海，曾在交大、复旦读书。有一年，遵义饭店开张，贵州驻沪办事处邀请叶某去参加，认识杨某。杨某的名片上这么写着：中国民生银行上海分行营业总部负责人、经济师。从此，两人常有些交往。然而，杨某却将叶某骗了一场。叶某对《新民周刊》记者回忆说：

也是一次聚会上，他跟我说，现在银行对外的利率很低。内部有办理“委托投资业务”的，对象是社会上有身份、有成就的总经理、董事长、企业家和知名人士等。对于投资者的个人回报率是10%。我说，如果有书面的文件，那就让我先了解一下情况。不几天，杨某就将“委托投资协议书”发了一份传真给我。中间，他又打电话来联系过。后来就说好我“委托投资”50万元。

银行是个特殊的地方，它本身就包含着可靠、安全等金融要素。我相信银行，我是奔着银行去的。如果是另外的地方别的人，跟我说有什么投资有什么回报，我是不会相信的。这是常识。2000年5月31日，我带着50万元现金，来到浦东民生银行12楼的1223房间。这12楼是该银行的办公室，样子跟报社那样的一个个格子差不多的。杨某说，你看到的协议书是传真，现在我拿正式的给你。我看后觉得可以，杨某就说，那我就让隔壁的同事填一下再拿来。

一会儿，杨某回来，手里拿着填好的委托书和银行图章。委托书上的字，是另外一个人的笔迹。我再看一遍，无疑义，就签了字。事先，杨某还特地让我带上图章，所以我用了杨某的印泥，又盖上章。杨某也在协议书上盖了银行的章。

手续办理完毕，杨某就领着我来到底楼大厅营业柜台，钱存进银行。因为数目比较大，柜台里几个人用了几台点钞机。随后给了我一张“民生银行借卡存(取)款回单”，上面盖上了“中国民生”的章，直到2001年5月31日，存单一年期满。我到民生银行浦东支行去，我填单取款50万元，柜台的青年人从姓名上知道是我，挺客气地告诉我，叶先生你的账面上只有50多元。我听不懂了，我要昏过去了，50万变成50元了？

工作人员在电脑上查了一下，说我去年5月31日存款，第二天6月1日就提走了4万元。我说，不可能，我今天存明天提，谁吃饱了没事情干了？青年人就打印了一份我的提款清单，就是这张(展示给记者看)。

事情就出在那张“放在银行里的卡”上。后来才知道，杨某就是用这张卡把钱提空了。

叶某连忙找支行领导、上海分行领导，要求维护储户的权利和银行的信誉。银行方面说，这是个人诈骗，与银行无关。对方不承认银行搞过委托投资业务，说这项业务及委托书是杨某伪造的。红图章是假的，杨某名片上的“负责人”也是假的。双方分歧很大，叶某将民生银行上海分行告上法庭，要求银行赔偿50万元本金及一年利息的损失。

中国民生银行上海分行办公室主任助理陈某对记者说，叶某是将50万元人民币存进了民生银行的柜台。但是，在办存款磁卡和密码之后，他却没有把磁卡拿回去，让杨某掌握了这张磁卡。这在我们银行的说法里，叫“权力让度”。银行对职工的要求，是在银行规定的业务范围之内，遵从相应政策和管理法规，做好自己的业务工作。对于某个个人的某种个人行为，越出了以上法律法规的范畴，他自己负责。叶某不是在银行里认识杨某的，他们是在社交场合认识的。叶某听信了他一个人的话，说是银行有“委托投资业务”。我们银行开展的各项业务，都是要通过总行批准的，要有正式行文的。再说，这世界哪里有那么高的利息回报，年利率是本金的10%啊，这事情哪里会有啊!

骗子没有因为叶某是名人、友人和高智慧的人而心慈手软，几如死神对于所有生灵那样无情。这杨某如果没有意外死亡，该会如何应付叶某到期支取?

防诈骗实用指南

- **这种情况在现在倒是很容易防范。你可以开通手机银行（或手机短信），储蓄员帮你存进了款，你也许还没离开柜台，入账的短信就到你手机上了。如果等一会儿还没短信通知，可以马上咨询。**
- **你可以开通网上银行，自己账户是否正常，可以随时查询一下。**
- **你可以自己到ATM机上存款，当即入账，那比柜台还方便。不过，有些ATM机没有自助存款功能。**

六、信贷员骗贷款

1. 私自揽储放贷

河南镇平老庄镇小西岗村信贷员刘某，私自高息揽储。当时法定利率为7.5%，他给的利率高达50%。这样，人们纷纷把款存到这个偏僻小镇的落后小村。甚至，刘某还到相邻的南阳县一家宾馆包房间，长期吸纳外地存款。几年间，他揽到52个储户的100多万元存款，但他并没有把这些存款上交上级信用社，而将这些存款以更高的利息贷出去。他先后私自放贷143.53万元，个人获得利差6.1万元。但由于放贷手续不严，有些贷款户根本就没打算还款。

刘某欺骗储户，贷款户欺骗刘某，最终吃亏的还是储户。

2. 给自己放贷

工商银行浙江温州瓯海支行梧埏分理处信贷员胡某，对3笔自然人抵押贷款台账中的名称做不正常改动，骗得金额达116万元，然后去向不明。该支行在规范内部信贷管理过程中，发现胡某没有按时将有关档案上对抵押物进行核对，又发现无入库记录和抵押权证，于是向警方报案。

警方获悉胡某在上海证券交易所买进44.6万元的股票，当晚冻结他的账户。随后，又获悉胡某在大连出现，立刻赶赴将其抓获，但赃款仅追回60余万元。

3. 借企业之名贷款

上海市某银行的信贷员黄某，负责对上海印钞厂的存贷款业务。他竟然利用职务之便，采用伪造对账单、进账单的手法蒙骗印钞厂，擅自挪用180万元借给朋友。后来，他又将印钞厂的公章及法定代表人的私章复印下来，私刻伪造，接二连三从银行骗取贷款。先后21次从银行骗取贷款，累计金额3.5亿元。除以借新还旧方式归还贷款2.5亿元外，造成银行实际损失仍达1亿元。

信贷员骗贷款竟然像厨师“偷”吃菜一样容易，难道银行管理也像厨房管理一样简单?

4. 私自贷出客户存款

四川广元市通联建筑公司的熊某，通过交通银行广元支行房地产业务部负责人王某，揽到该银行修建宿舍楼的工程。王某请熊某帮助揽存款。熊某一时找不到有存款的人，便将自己4万元现金交给王某，由王某存入，并注明为委托存款。不久，中保人寿广元分公司下属的酒楼申请4万元流动资金贷款，王某竟以熊某及交行房地业务部的双重身份与这家酒楼签订贷款合同。

酒楼的生意并不好，每况愈下，濒临倒闭。而熊某生意很好，完成交行宿舍楼工程后，又联系到新的业务，急需资金。他拿着存单到交行取款，竟被告知钱被贷出去了，借方尚未还本金，要等还款才能取款。

5. 伪造储户印章

深圳的王某和刘某，炒房炒成房东，遂决定找银行“融资”。他们勾结好某银行的信贷员宋某，密谋将检察院行政处的2000万引存到宋某所在的银行。首先，宋某利用工作之便在他所在支行开了一个“深圳市人民检察院”的账号，拿到空白申请书、印鉴卡，交给他老乡毛某，让人冒充成宋某，拿着银行的开户资料上门为检察院办开户手续。然后，套取印章样本，造假公私章。接着，又找人冒充检察院工作人员的“替身”，到宋某所在银行申请开户，在申请书和印鉴卡上盖上伪造的检察院印章。宋某又提供“方便”，在没核对原件情况下，在开户意见栏写了“复印件与原件核对一致”。这样，王某又用假印鉴购买了检察院转账支票一本。次日，王某填好两张近2000万元的盖有假印鉴的检察院的转账支票，转走检察院款项2000万元。他们还用同样手段骗走国土局4000万元，至案发有1200万元无法追回。

骗子都有孙悟空大闹天宫之胆，谁的钱不敢“借”？

防诈骗实用指南

这是银行内加强管理的问题，要害岗位的职员要重点防范。

七、电脑黑客

1. 偷改软件

江苏邳州某银行的软件维护员孙某，到本行下属一个分理处办一张信用卡，只存10元钱。当天晚上，他登录到网上银行，将这10元改成50010元。第二天，他就从ATM机取出10张百元大钞。后来，他又为自己虚增一次10万元、一次13万元存款，陆续在全国各地联网储蓄所取出。

邳州支行向市分行申请安装一套库存现金查询系统，孙某竟然设计一套自动增加自己账上存款余额的程序，即每当余额低于5万元时，该系统会自动增加3万元。然后，他辞职去北京，陆续取用这些骗来的存款，半年里支取33.8万元人民币。家里人知道后，劝他自首。

这算是骗子之最了。因为只要一个人轻轻松松拨弄那么一会儿，一劳永逸，就有钱像山泉一样源源不断地流到自己口袋。从理论上说，山有多高水有多高，银行有多少钱他孙某也可以有多少钱。好在他家里人深明大义，劝他悬崖勒马。

2. 虚增存款

工行福建漳州芗城支行外贸储蓄所主持工作的副主任戴某，在全省银行系统更换电脑储蓄操作程序时偶然发现，他原来只能进入后台的密码也能进入前台操作，便乘储蓄所下班之机，利用电脑虚存76万元进入个人账户，同时办好上缴银行现金的手续，做平当天的账。然后，利用双休日，在漳州几个储蓄所取出十几万元，又特地到工行厦门牛山路储蓄所取出30多万元。星期一，他照常于上午10时送出报表，然后赶到厦门，将剩余的20多万元取出，直奔机场，逃往广州。

狼狈的是，在厦门，由于太慌张，丢一包20多万元，戴某也顾不上找，逃上飞机要紧。在广州火车站，戴某认识一个叫小华的人，委托他办一张假身份证。小华发现戴某很有钱，便鼓动合伙开美容厅。戴某答应，掏给几万元，可那人一拿钱就跑，他不敢报警。有天在公共汽车站等车，发现小偷在偷他的钱，本该抓住。没想到，小偷招呼一群同伙来围攻，反而把他的手给打断，但他仍不敢报警。就这样东躲西藏，忍气吞声，还是逃不过警方的追捕。

逃亡生涯如此窝囊，难怪不少逃犯宁愿选择自首。

防诈骗实用指南

信息技术人员虽然不直接与钱币打交道，但也是要害岗位。

八、充当骗子帮凶

1. 帮人骗存款

上海浦东天地科工贸公司法人代表陈某、豪纳建筑装潢工程有限公司总经理赵某和绿海工贸公司贸易部经理王某，三人共谋行骗。王某负责通过熟人、朋友做中介，寻找有资金的企业；赵某负责贿赂银行有关人员，设法弄到有关存款单位的印鉴卡等凭证；陈某则负责伪造印鉴，将企业的存款偷转到他们的账户上。

王某得知某医院有一笔资金，便通过熟人找到这医院财务科，说他可以搞“封资”存款，年息高达30%，但存款期间不得以任何形式取款。医院方面动心，同意将这笔款存到王某指定的银行。赵某也开始行动，找某银行信贷员，说：“某医院将带100万元来开户存款，院方会把盖过印鉴的贷款凭证转到我豪纳公司的账上。”信贷员表示：“只要双方单位约好，我们没意见。”这位信贷员将3张空白印鉴卡和开户申请单给赵某。第二天，赵某、王某和中介人到银行办存款手续，医院拿到30%的高额利差，皆大欢喜。

不久，医院发现这100万元存款只剩下2000元。一查，发现在他们存款的第六天，王某和赵某等人便到银行，在那信贷员的帮助下，用私刻的印鉴章，分两次将这项存款划到豪纳公司账上。

不仅如此，这家银行还有9笔共2490万元存款被人划走，这伙骗子还诈骗其他单位的存款4000万元。

银行门口的骗子往往离不开银行内部人员的帮助，一种情况是银行规章制度有漏洞，另一种情况是银行人得了骗子的某种好处有意无意为之。

又如山东栖霞的韩某，先后注册成立烟台北海贸易公司和青岛中恒基工贸有限公司，都是这样“经营”：从银行贷款后，先进行挥霍再考虑投资，往往是项目才一半资金就用完，然后采取拆东墙补西墙的方式，这里贷出来那里还进去，但时间一长，很多银行都开始防备他。在这种情况下，他另寻办法，但也不是正道。

韩某通过种种关系，认识山东省某银行的林某，进而结识滨州市城市信用社信贷科的宫某。他鼓动宫某到交通银行青岛分行存款，说那儿不仅利息高，还有丰厚回扣。宫某动心，存去600万元。通过银行职员杨某的帮助，在没有任何有效证件的情况下，韩某从交行青岛分行取走这600万元。事后，韩某给宫某80万元“利息”。不到3个月，这笔巨款就被挥霍一空。韩某又找建设银行栖霞支行文化路储蓄所的吕某，通过种种贿赂，使吕某为他们提供该所的空白存单及该行带有印章的文件纸一份。韩某按照纸上的公章，偷刻该行的公章及客户刘某的私章。再通过关系找到有存款的单位，揽存1000万元。他将这1000万元转到自己公司户头，伪造一张假存单给吕某，由吕某交给客户。很快，他又将这1000万元分批转出，继续挥霍。

只要宫某吕某想谋“好处”，他们不帮这个骗子也会帮那个骗子。对于银行来说，管自己的员工应该比管骗子更容易。

2. 帮人骗贷款

四川成都的高某，是个年轻的老骗子。他大学毕业不久就当上泸州市石油化工产品开发公司副总经理，利用父亲的职权以都江堰青城硫酸厂作担保，从省信托投资公司泸州办事处贷款400万元。到期不能还款，他因涉嫌贷款诈骗罪被公安机关拘留，在归还部分款项并对余款作出归还承诺之后才被释放。但他接着伪造资料注册成立新川公司，参与重庆赛特广告公司在长江边修建世界最大广告牌的项目，并合作成立重庆三业公司，法人代表为高某。公司成立，项目也有，那么高某的资金呢？

高某聘请从攀枝花某事业单位下海的黄某。黄某毛遂自荐，说跟中国人民银行雅安地区分行行长、党组书记杨某是老朋友，能够贷到款。其实，他们只因偶然下围棋认识，但杨某对他很热心，亲自给雅安信用社主任王某打电话，并一再催促，很快让黄某贷到100万元。不久，又贷到149.5万元。

贷款很快到期，高某的公司还不上，声称在上海浦东发展银行重庆分行联系到300万元贷款，要求雅安信用社担保，保证该笔贷款用于归还信用社的两笔贷款。杨某又支持他。这300万元也很快到期，高某仍然还不上，但在杨某的要求下，信用社继续为他提供连带保证责任。

按修建时的合同规定，那块建设中的广告牌必须按期拆除，也就是说这广告的巨额投资无望收回。法院审理查明，高某的公司负债1100多万元，债权及净资产仅230多万元，资金缺口达900多万元。

杨行长这样的行长太好当了！只要开个口，损失是别人的，人情是自己的。如果央行行长都这么当，哪个商业银行行长也别想当好。

3. 帮人伪造存单

山东莒县阎庄镇小长安坡的张某，想做生意又没本钱，便找当地某银行的信贷员徐某帮忙，求徐某借存单给他搞抵押贷款，他给徐某好处。徐某同意，先后两次将储户的4万元存单借给张某。张某用这些存单贷款经营化肥。

然而，张某不善经营，生意亏本。他又想用假存单作抵押诈骗贷款，并请徐某提供空白储蓄存单。徐某为尽快收回前两次借给他的存单，便先后数次将10余张盖好本单位公章及本人印章的空白定期储蓄存单交给张某。张某私刻某信用社公章，在空白存单上虚开储蓄金额，又在某行《关于核实回执单》上加盖私刻公章，先后从某行骗得贷款1.63万元。

难道说骗银行比做生意更容易?

4. 帮人非法集资

张某曾因盗窃罪被判刑，成为无业游民。他到新疆承包建设兵团劳改局西山贸易商场，留下404万元的债务，逃到湖南桃源。

在桃源，张某打通关系，成立湖南桃花源建材物资公司，挂靠在桃花源风景名胜区管理处名下。没有资金，又打通建设银行桃源支行桃花源分理处，虚开出388万元的存款资信证明。这个公司4年间只做过两笔生意，一是采取预付30%的方式，从河北定州胜利客车厂购得中巴十几辆，低价出售，得货款70多万元，既没付给厂方也没有入公司账上；二是以同样方式从湖南涟源钢铁厂购得100多万元的钢材，又是低价销售私吞。

在此基础上，张某串通建行武陵支行的杜某，骗开480万元的资信证明，成立常德市金鹏典当拍卖有限公司。另外串通建行德山支行行长程某，骗开3300万元的虚假资信证明，将原来几个小公司拼凑成更大的空壳公司——湖南常德万琦物业集团有限公司，用这个公司，张某以高利差、高中介费大搞非法集资，总额达4.337亿元。

建行德山支行行长程某及其营业部主任肖某，因为得了张某的好处，死心塌地为张某大开方便之门。只要有人愿意出资，不论开什么样的手续都可以，不讲价钱。每次出资方提出存单要求，只要一个电话，程某和肖某就会按“老办法”办好。本应用电脑打印的存单，他们用手填写，然后偷盖他人印章。他们先后为张某开出存单40多份，签订合同十多份，资金总额达4.237亿元。最后，建行方面查账才查出此案。

银行人与骗子结伙，如同警匪一家。

5. 帮人拆借银行资金

山东桓台农民宋某，只有小学文化，从事建筑业，但没赚到钱，想改行搞股票和证券交易。他结识建设银行淄博市证券交易部总经理逯某，声称自己在海南有3000多万元资金可以投资，但那里房地产不景气，想把这笔资金转回淄博，可是海南不准资金外流，只允许买成国库券带回，而这么大量的国库券也很难兑换成现金，因此想找一家金融单位，在武汉证券交易中心开设席位，通过证券交易使国库券变现。当时，逯某所在的证券交易部因成立时间短，企业存款少，经营十分困难。如果能把宋某这几千万元资金拉过来，自然很好。于是，双方很快达成协议：合作在武汉证券交易中心开设一个席位，开办费28.65万元和一切手续由逯某负责；开展交易的铺底现券300万元由宋某提供；席位所有权归淄博证券交易部，使用权归宋某；宋某使用席位操作只限于证券购销，并负有该席位一切经济、行政、法律责任，淄博证券部对交易中的亏损不负责任。宋某还许诺，给逯某30万元现金答谢。

申办席位获得批准后，宋某以淄博证券交易部的名义，到处宣传自己有几千万元国库券参加交易，拉不少关系，认识一些新朋友，向场内一些金融机构大肆拆借资金。为稳住逯某，他一边将许诺的30万元现金分两次亲自回淄博交给逯某，一边欺骗逯某，说场内交易顺利，赢利不少，并以场内赚取的赢利转出场需淄博证券交易部出具证明为由，骗取到淄博证券交易部的营业执照复印件，在中国银行武汉某支行设立淄博证券交易部的场外账户，然后将场内大量资金转移到该账户。短短9个月时间，先后与在中心内开户的40多家金融机构买卖证券、拆借资金，总金额达3亿多元。宋某将其中拆借来的1.4亿多元资金通过设在中国银行武汉一支行的淄博证券交易部账户转出，流向广西、广东、海南、山西、湖北、山东、天津和福建8省16个地市。

后来，逯某听说淄博证券交易部有可能被上级单位合并撤销，便通知宋某抓紧清理，结束武汉证券交易中心437号席位的业务。但宋某已经铺大的摊子，一时难以收拾，便同逯某密谋，以商丘公司的名义和淄博证券交易部签订假“租赁协议”，将签订时间倒回。然后，宋某开始外躲，导致拆借单位蜂拥到省、市建设银行讨债。

事后追赃，仅收回600万元，确认债权1.02亿元。

骗术高低与学历高低无关，而骗术比学历更容易变现。不少案例都强调骗子的学历很低，似乎说学历越低道德素质也越低下，实则大谬!

6. 帮骗子办假票据

甘肃玛曲某银行职员赵某，在新疆做边贸生意时认识张某。张某问：“我有一个姓刘的朋友能搞到银行承兑汇票，你在银行熟人多，能不能办贴现?”赵某一口答应。不久，刘某给他一张面值100万元的银行承兑汇票，要求他想办法找银行贴现，事成后按10%～20%的比例提成。按规定办贴现业务必须有自己的实体公司和相应的财产抵押，赵某便找一个开公司的老板杨某，以高额回报请他帮忙办理贴现。杨某也答应。赵某又找兰州某农行郭某帮忙，100万元现钞很快到手。两个月后，他们又办成一张480万元的汇票。两笔巨款到手后，赵某偿还以前做生意时的欠款，然后作为山东一家苹果酒厂的营销总代理南下广州。

经张某介绍，赵某在广东认识湖南人周某，决定合伙。周某对赵某说，他有一个福州的朋友王某，善于用伪造的汇票到银行贴现，可以一起干。这样，三人结成团伙，由王某负责提供银行承兑汇票资料，周某负责伪造汇票，赵某在郭某的配合下负责办理汇票贴现。王某委托福建闽清的张某帮他开一张银行承兑汇票，又通过别人伪造一份购销合同，从福州一家公司开出一张面值200万元的银行承兑汇票，将企业留存一栏传真给周某。周某到广州，找人伪造汇票。然后，赵某在兰州某信用社办理贴现。

为掩人耳目，赵某用100万元注册，在兰州铁路局附近成立兰州中环生物工程技术开发有限公司，不断在兰州某信用社办承兑汇票贴现业务，滚动式还款。最后一次是一张金额为300万元的银行承兑汇票，票号和密押号齐全，在全国联网的微机上查询，也没有什么问题，便给予兑现。可是，眼看该汇票就要到期，赵某迟迟不还款。信用社多次催，他都以生意不景气、资金紧张为借口，一拖再拖。信用社只好要求出票的闽清农行支付。不料，该行说这汇票是伪造的。信用社派人火速赶赴福建闽清那家农行进一步查对，发现该行确实开过一张300万元的银行承兑汇票，票号、密押号和汇票资料都是正确的，但他们手中这张汇票却是用高新技术伪造的。据调查，赵某先后12次持12张假银行承兑汇票在兰州某信用社及其下属的三家信用合作社办理贴现，成功10次，骗取2290万元，造成直接经济损失1210万元。

同一类骗子，天南海北也会同流合污。

7. 帮骗子作伪证

吉林长春汉森化学制品厂的销售员孟某，在麻将桌上认识中国银行长春市分行站前广场办事处劳动服务公司经理卢某，明白提出："我能拉来存款，你能不能找个熟悉的地方，把钱存进去再取出来，咱哥俩儿弄点钱花花?"卢某一拍即合。

孟某与中国人寿保险公司长春市分公司宽城区支公司副经理林某牵上线，卢某则与中行长春市分行清明街支行专柜主任郭某挂上钩。不久，在孟某的带领下，人寿公司的会计赵某、出纳董某一起到清明街支行存入300万元，存期一年。因公款不能私存，双方商定暂时在存款单位一栏填上单位名字，而银行底账用董某个人名字，以后再换过来。人寿公司为获得高额贴息，同意这么做。卢某要郭某再开3张同样带有单位名字的存单，在背面注明"不能抵押、担保，不能提前支取"字样，金额分别为240万元、40万元、20万元，由孟某交给人寿公司。同时，孟某以"怕提前支取"为借口取走全部真存单。没过几天，卢某称急着用这笔钱，派人持真存单和伪造的董某身份证到分理处取走240万元。后来，他们又如法炮制。审判机关认定，卢某、孟某以给高额贴息为诱饵，骗取几家保险公司存款2640万元。

长春市人寿保险公司为防范金融风险，开始将各基层单位存款单拿到相关银行对账，宽城区支公司的假存单被发现并被没收。林某慌了，孟某便把新换的一张绿色存单交给林某，说这是全国统一编号，带有防伪标志。然而，市人保公司总稽核杨某立刻指出，原存单上的开户行有三家，而新存单的开户行却只盖“清明街支行”的公章。杨某根本不相信孟某的辩解，决定亲自带人到清明街支行查账。

孟某无意间听到这个消息，他急忙告诉卢某。卢某找来清明街支行会计科长于某和交换员沈某，开门见山说：“明天保险公司要到你们那儿查账，你们替我搪塞一下，说‘有钱’就行。”这两人真让卢某伪造存款证实书，由孟某交回保险公司。第二天，人寿公司一行人到清明街支行，沈某对人寿公司递过来的“存款证实书”装模作样地算一会儿，肯定地回答银行确有这笔钱。人寿公司坚持要书面证明。沈某将他们领上二楼。卢某在二楼假冒副行长，说存单绝对没问题。杨某追问：“我们的存单原是存在站前分理处的。没通过我们转账，怎么擅自转到你们账上来了呢?”卢某无从应对，把保险公司人员又带到楼下，由于某冒充行长，满面笑容地告诉杨某：“要什么证明都可以，我们出——但是今天不行，我们办公室管章的不在，明天就给你们送去。”至此，人寿公司无奈。

在某电影中，吃了败仗的将领向上峰禀报说：“不是我军无能，实在是共军太狡猾了!”这样的话，真可以让杨某来戏说。

8. 找人骗钱箱

中国银行浙江温州分行押款驾驶员潘某，经常吃喝玩乐，又梦想发大财，竟打起自己运钞车的主意。利用工作之便，他掌握银行库款交接的操作程序，也摸透各分理处、储蓄所在交接中存在的漏洞。他找来同乡王某等3人，多次密谋，精心制订骗款方案。他们聘请一名驾驶员，利用其照片制作一张假身份证和假驾驶员证，用这两份假证件到温州市区某汽车出租公司租一辆东南—德力卡小型面包车，伪装成运钞车，并从街上买来经警穿的迷彩服、钢盔、断线钳等作案工具。

傍晚下起小雨。这伙骗子认为有利时机到，便开始行动，由潘某亲自驾驶假运钞车，王某扮成中行工作人员，其他人员扮成押运经警，来到中行温州市分行中心分理处接钱箱。该分理处的工作人员将71万元人民币和4万美元现钞装进3只铁皮箱子，并封好。车来了，跟往常一样，车一样的型号牌子，人一样迷彩着装警棍在手。大家本来就累，加上天色特别暗些，谁也没意识到车和人都是冒充的，就把钱箱送上那假车。

得手太容易，这伙骗子觉得不够尽兴。车开出15分钟后，得意忘形，不顾露出马脚，竟然用手机打电话给中行温州分行保卫科的负责人，挑衅说：“钱，我们已经提走，你们不要来了。”车开到市区金丝桥一幼儿园附近，他们将车、迷彩服、钢盔等作案工具丢弃，换上事先准备好的出租车。在出租车上，四人开箱分赃，然后分头潜逃。

这起诈骗案惊动全国。中央政治局委员、政法委书记罗干批示：必须尽快破案!警方首先抓到潘某，不久将余犯一一抓获。

银行人要找人来骗，就像大姑娘要勾引大男人上门，比一般家贼更难防。

9. 联手偷总统

赞比亚总统奇卢巴发现，他存在巴克利银行的工资8200万克瓦查(约合21678美元)，公然被人偷走。警方发现窃贼有3人，一个是与总统弗雷德里克·奇卢巴同名同姓的商人，另两名是巴克利银行驻赞比亚分行的职员。每次收到向总统私人账户划拨工资的单据时，这两名银行职员就把总统的账号划掉，填上商人弗雷德里克·奇卢巴的账号，再由这位奇卢巴从银行里把钱取出来，三人分赃。他们连续作案达16个月之久。

没人敢把总统剥得赤身裸体，但骗子敢把国王骗得一丝不挂，还要让他上街自取其辱。古往今来，君王被杀的不多，被骗的不少。所谓“欺君之罪”，从来吓不倒真正的骗子。

防诈骗实用指南

- **里应外合，狼狈为奸，应是防范的重中之重。**

后　记

我几乎每天都要通过新加坡早报网（www.zaobao.com）和香港凤凰网（www.ifeng.com）了解新闻，特别是后者滚动报道国内较多，还常刷新及时浏览。凤凰网每天都有好几条关于金钱诈骗的案例，而其中有些实属“旧闻”。

例如通州的张某接到一条短信，上面只有一句“请把钱汇入某某账号，汇完后给我回个短信”。张某正好从朋友处借了100万元，准备近期归还，见短信也没起疑，立刻汇出100万元人民币。转账之后，这才发现不对头。警方辗转云南、福建和广东，最终在福建泉州将犯罪嫌疑人赵某等人抓获。（2009年5月13日《北京晚报》）

这条消息经中国新闻网转载后，网民留言倒是大都抱怨张某：怎么这么轻易上当？

我也常怀“恨铁不成钢”之情怨道：“这种破招为害多年了，有的甚至可以追溯上百年，怎么还不断会有人受骗上当？”答案不言而喻：无非是不知道。

于是我觉得自己负有某种义务，于是数年如一日坚持关注这类案例，于是有了这本书。其中有部分内容，已在我《百姓与银行：最新指南》（中国金融出版社，2004）等书中写过。有的读者对我说："早看你这本书，我某次就不会受骗了！"我从不信"阴德"之类，但虔诚地希望更多的读者不再受骗上当！

本书古代案例，主要选自小谭、拙文编著《诡秘奇闻录——骗术大观》（同济大学出版社，1989）。数百个最新典型案例，都出自公开的媒体（绝大多数都已经法院判决，至少经过警方初步查明）。除早报网、凤凰网之外，主要还有国际央视（www.cctv.com）、中国警务报道（www.china110.com）、网易（www.163.com）和《法制文萃报》等，并通过百度（www.baidu.com）检索查了一些。

限于体例，没能一一注明新闻出处。观点性材料多有注明，有些未注明只因网上转载时没能注明作者姓名，请谅。如能来函教正，有机会出下一版时一定补上。